# 中国老龄化社会的老年性犯罪

OLD AGE AND SEXUAL OFFENDING IN AGEING SOCIETY OF CHINA

王志强◎著

中国政法大学出版社

2021·北京

**图书在版编目（ＣＩＰ）数据**

中国老龄化社会的老年性犯罪/王志强著.—北京：中国政法大学出版社，2021.1
ISBN 978-7-5620-9820-1

Ⅰ.①中⋯　Ⅱ.①王⋯　Ⅲ.①老年人－性犯罪－研究－中国　Ⅳ.①D924.344

中国版本图书馆CIP数据核字(2021)第009874号

-----------------------------------------------------------------------------------------------------------

出　版　者　　中国政法大学出版社

地　　　址　　北京市海淀区西土城路 25 号

邮寄地址　　北京 100088 信箱 8034 分箱　　邮编 100088

网　　　址　　http://www.cuplpress.com (网络实名：中国政法大学出版社)

电　　　话　　010-58908289(编辑部) 58908334(邮购部)

承　　　印　　固安华明印业有限公司

开　　　本　　720mm×960mm　1/16

印　　　张　　16.5

字　　　数　　265 千字

版　　　次　　2021 年 1 月第 1 版

印　　　次　　2021 年 1 月第 1 次印刷

定　　　价　　73.00 元

# 老年性犯罪研究的重要成果

## （代序）

人口老龄化是世界性的问题，也逐渐成为我国社会发展中的一个重要问题。从一些人口老龄化程度较高的国家和地区的情况来看，人口老龄化对社会生活的影响是多方面的，其中既有积极的方面，例如人们可以更加长久地享受经济社会发展带来的好处；也有消极的方面，例如老年人中的犯罪问题在增多，这不但损害了老年人的形象，也给社会带来了危害。我国是世界上人口最多的国家，随着我国进入老龄化社会，老年人的数量不断增多，其中的犯罪问题也会增加，如果不进行科学研究和有效治理，就会成为影响社会安宁的突出问题。因此，王志强博士新著的《中国老龄化社会的老年性犯罪》，是一项具有重大现实意义的重要研究成果。

人口老龄化与老年人问题是国际社会和我国持续关注的社会发展主题。人口老龄化是全球趋势，也是一段时间以来国际社会持续关注的议题。联合国 1982 年在维也纳召开的第一次老龄问题世界大会上，通过了包括 62 项建议在内的《老龄问题国际行动计划》，它希望社会对人口老龄化所涉及的社会经济问题以及年龄较长人士的具体需要，更充分地做出响应。针对老年人的生活发展，联合国大会于 1991 年通过《联合国老年人原则》，明确了"独立、参与、照顾、自我充实、尊严"五项原则，并把它作为有关老年人地位的普遍标准。联合国 2002 年在马德里召开的第二次老龄问题世界大会，总结了维也纳会议以来 20 年间世界各国在老龄问题上的进展，通过了《老龄化马德里政治宣言》和《老龄问题国际行动计划》，积极老龄化观念被纳入各国发展框架。世界卫生组织（WHO）为此次会议准备的《积极老龄化政策框架》中指出，"对待老龄化和老年人的观点，将决定我们以及我们子孙后代今后的生活经历"[1]。多年来，伴随人口老龄化的过程，我国在发展人口老龄化政策以及相关法律制度建设等方面，也进行了积极努力和不断调整。2019 年，中共中央、国务院印发了《国家积极应对人口老龄化中长期规划》。该规划明确了积极应对人口老龄化的战略目标：到 2022 年，中国积极应对人口老龄化的制度框架初步建立；到 2035 年，积极应对人口老龄化的制度安排更加科学有效；到 21 世纪中叶，与社会主义现代化强国相适应的应对人口老龄化制度安排成熟完备。[2] 在促进人口老龄化社会的健康发展中，学术研究者不能缺位，应当通过自己的学术研究工作贡献自己的智力成果，提供科学的理论支撑。

犯罪学是一门具有较强应用性的学科。研究现实社会中的犯罪问题，既是犯罪学学科发展的内在要求，也是犯罪学学人的社会使命。从一些西方发达国家的情况看，在老龄化的背景下研究犯罪问题，或者说将老年学研究与犯罪学研究相结合，是一段时间以来的一个研究热点。相比之下，我国在这方面的研究尚显薄弱，有些研究空白需要填补。数年前，我曾特别关注过老龄化社会的老年犯罪问题，发表过一些成果[3]。在研究中，我发现，非常有必要在犯罪学研究中更多地引入老年人和老龄化的议题，这样不仅可以突出犯罪学研究在促进社会健康发展中的作用，还可以扩展

---

〔1〕 世界卫生组织编：《积极老龄化政策框架》，中国老龄协会译，华龄出版社 2003 年版，第 47 页。

〔2〕 王俊岭：《中共中央、国务院印发〈国家积极应对人口老龄化中长期规划〉应对老龄化上升为国家战略》，载中央人民政府网，http://www.gov.cn/zhengce/2019-11/23/content_5454778.htm，最后访问日期：2020 年 4 月 18 日。

〔3〕 例如，吴宗宪：《论老年男性的犯罪心理》，载《政法论坛》1992 年第 3 期；吴宗宪：《老年犯罪人社区矫正论》，载《中国司法》2011 年第 8 期；吴宗宪、曹健主编：《老年犯罪》，中国社会出版社 2010 年版。

犯罪学研究的理论视野，丰富犯罪学研究的框架体系，从而为我国老龄化社会的发展提供必要的理论支撑点。为此，我指导了多位博士研究生撰写了这方面的博士学位论文，这些博士学位论文都出版成了专著。[1] 王志强博士在博士学位论文基础上完成的这部《中国老龄化社会的老年性犯罪》是最新的一本。在这本书中，作者将老年人性犯罪纳入到了老龄化社会的背景，并侧重在社会角度分析了我国近年来老年性犯罪的基本状况、影响因素以及预防的相关问题。从本书的研究思路来看，作者试图在老龄化研究与犯罪问题研究的结合中尝试新的研究路径，尤其是尝试引入了国外生命历程社会学研究中的"生命历程"（life course）理论。同时，也较为关注了国外关于生命历程犯罪学研究的一些成果。无论是从研究视角来看，还是从论述内容来看，这些探索对于促进老龄化研究与犯罪学研究的融合，都具有很好的启发和借鉴意义，值得充分肯定。希望这些探索既能丰富犯罪学的内容，也能贡献犯罪学学人的智慧。

研究老年人性犯罪中的关系和规律是十分困难的。与其他类型的犯罪相比，从事性犯罪研究的难度较大，对老年人性犯罪的研究更是如此。这不仅因为在搜集相关犯罪事实方面存在难度，还因为老年人的犯罪与性的关系在日常生活中颇为复杂。在研究老年人性犯罪的过程中，获取大量的统计资料极为困难，而个别案例的代表性可能存在问题，难以概括出反映真实关系和客观规律的理论结论。为了解决这些问题，王志强博士进行了多方面的艰苦努力。例如，悉心从"中国裁判文书网"中查找强奸案件，以此作为研究数据的来源，从而将个案研究与统计研究结合起来，通过分析统计数据揭示宏观规律，通过剖析具体个案挖掘深层内容。此外，由于受我国晚近传统文化的影响，在客观上极其重要的性问题，在日常生活中变成了难以公开言说的话题，进行学术研究需要极大的勇气。我对王志强博士在这方面的学术勇气深感钦佩，因为我自己曾经从事过性法学研究，发

---

[1] 郭晓红：《当代老年犯罪研究》，中国政法大学出版社 2011 年版；彭玉伟：《老年犯罪被害研究》，中国社会出版社 2014 年版。

表过一些成果[1]，担任过协会职务[2]，但是，未能坚持下来。王志强博士在这方面的坚持，难能可贵。

犯罪学是一个发展的研究领域，无论是研究框架、理论支撑或者研究结论，都有一个不断完善的过程。对于犯罪学研究的发展来说，与简单因循既有理论学说相比，对一些薄弱的研究领域进行探索更为可贵。本书作者在这个主题上的探索意义重大，因为老年性犯罪是我国学者关注不够的一个领域，也是一个需要更多探索的领域。在研究过程中，作者借鉴的理论观点和相关资料较为丰富，研究视野也较为开阔，很好地展示了对犯罪学研究的进取与开拓精神。同时，老龄化社会是一种内容十分丰富的新的社会生活形态，需要进行多学科的探讨，方能获得真谛。王志强博士的研究，在打破学科界限、进行学科整合方面，也有显著的进展，在一定程度上增强了认识老年性犯罪问题的科学性，拓宽了认识老年性犯罪问题的视野。应当看到，犯罪学与老龄化研究的融合以及对此问题的多学科研究，在我国还具有较大的发展空间，尤其在人口老龄化的全球趋势下，如何在借鉴国外相关研究的基础上突出研究的本土性，提出适合我国老龄化情况的理论学说和在我国环境中有效的治理对策，应当是我国犯罪学界继续加以关注的重要话题。希望王志强博士和有识之士共同努力，在这方面做出更大贡献。

是为序。

吴宗宪[*]

2020 年 4 月 20 日

---

　　[1]　例如，本人曾经参加吴阶平主编的《中国性科学百科全书》（中国大百科全书出版社 1998 年版）一书的撰稿工作，担任其中"性法学"分科副主编；也曾发表过文章，包括《性权利初探》（《性学》1998 年第 3 期）、《中国法律中的色情淫秽规定》（《中国性科学》2000 年第 4 期）等。

　　[2]　本人曾经担任过中国性学会性法学专业委员会副主任兼秘书长。

　　[*]　北京师范大学刑事法律科学研究院二级教授、博士生导师，北京师范大学法学院学术委员会主任，中国犯罪学学会副会长。

　　人口老龄化对当今人类社会的挑战是多方面的。因而，随着我国人口老龄化的推进，发现、分析老龄化问题，并从中提炼出适合我国老龄化社会本土发展的理论，成为我国社会科学研究的一个时代主题。当然，这也为不同研究领域介入老龄化问题的研究提出了许多有待实践的课题。

　　在老龄化社会，一个明显的现象是老年人口的增多，发生在老年人中的一些生活现象往往可以成为观察老龄化问题的线索。老年人的生活涉及方方面面。相对来说，无论是犯罪还是性，以常识看来，似乎与老年人没有太大关系。然而，近年来，类似老年人患艾滋病以及老年人实施性犯罪或性侵等这样的报道却时常见于我国的一些媒体。就日常生活而言，最司空见惯或最不易引人注意的问题恰是有可能最需要认识和解决的问题，而面对日常生活中的常识化理性，这些问题更需要以科学的态度、思维以及方法加以研究。

　　犯罪是现实生活的反映，研究犯罪问题应扎根于现实生活。然而，在将老龄化或个体的老化联结于犯罪问题的研究时，这种扎根生活的要求却会遇到一个难题，即如何将"横截面"的事件——犯罪联结于社会生活或个体生活的纵向发展性，而与之附随的另一个问题是，犯罪现象怎样体现在日常生活中。就目前来看，笔者认为，在国外的研究中，能够在理论上解决上述问题的是"生命历程"（life course）研究。因为，"这个理论告诉我们，生活是如何在生理的、社会的和历史的时间上在社会中被组织起来的，引导人们去解释因此而产生的社会模式是如何影响着我们的思考、感觉和行动的"[1]。不过，在具体的犯罪问题研究操作中，尤其是涉及社会角度的带有宏观性的研究，传统的犯罪问题研究模式可能与"生命历程"理论倡导的过程性研究有某些需要磨合的地方，因为前者的研究模式往往表现为以犯罪这个单独的生活事件为顶点的"正金字塔"型，后者的研究模式往往表现为以生命历程中的结构为顶点的"倒金字塔"型。诚然，这也对适合于犯罪问题研究的生命历程理论的发展提出了挑战。具体到笔者在本书中运用的研究方式，特别考虑到性这个问题在生活中的隐蔽性，在涉及老年性犯罪的引入、老年性犯罪的影响因素以及老年性犯罪预防的分析时，采用了"剥洋葱"的做法，最终的研究结论往往是渐显的。

呈现研究成果是开展研究的一个重要阶段。为了实现交流，呈现研究成果的方式应当是让读者了解研究从开始到结束的来龙去脉，本书的前后章节也大体是按照这个思路设置的。在本书中，正文共分六个部分，其中，"引言"部分交代了研究背景，研究意义，研究思路、研究方法以及笔者认为的研究创新点；第一章主要是研究老年性犯罪的概念以及介绍我国和其他国家（或地区）对老年性犯罪的已有相关研究；第二章主要是利用笔者提取的"中国裁判文书网"中的数据研究老年性犯罪的特征；第三章主要是基于对我国近年来老年性犯罪现象的描述，分析影响老年性犯罪现象的因素；第四章主要是结合笔者对老龄化社会发展的特点，以及对老年性犯罪现象和影响因素的认识，研究我国老龄化社会发展中的老年性犯罪的预防；"结论"部分主要是概括性地回顾本书主题的研究过程，以及其中可能存在的某些未完全解决的问题。

社会科学研究具有引领社会生活发展的特征。在这个意义上，本书主题的研究不仅在于揭示我国当前存在老年性犯罪这样的现象，还在于通过这样的研究，一方面，呼吁全社会对老年人、老年生活以及人的自我发展

---

[1] [美] G. H. 埃尔德：《大萧条的孩子们》，田禾、马春华译，译林出版社 2002 年版，第 468~469 页。

过程的关注；另一方面，也试图在以犯罪问题研究老龄化问题方面进行探索性的尝试。作为引领社会生活发展的一部分，犯罪学研究应看到自身与社会生活之间的某种紧张性。为此，犯罪学研究需要把不断完善自身的科学品性与人文关怀视为自我发展的动力，坚持在认识误区的辨别与清除中减少断言的侵蚀。这也是本书试图要表达的一种研究隐喻。

王志强

2020 年 4 月 18 日

# 目 录 CONTENTS

# 引 言

社会的发展是在寻找社会生活的非正常状态并予以调整的过程中实现的。作为社会生活的产物，犯罪的反社会秩序特性决定了犯罪这种现象能够聚焦和反映某些非正常的社会生活状态。当然，通过犯罪现象视角，也就可以发现由其他社会现象难以发现的一些社会问题。恩格斯曾指出："根据唯物史观，历史过程中的决定性因素归根到底是现实生活的生产和再生产。"[1]犯罪现象是随着社会发展特点的变化而变化的。那么，社会问题及其变化的现实性决定了研究犯罪现象需要把捕捉犯罪现象与社会发展特点之间的关系作为出发点。人口老龄化是我国现阶段社会发展的重要特征。所以，本着犯罪现象研究在促进社会发展方面的意义，本书的"中国老龄化社会的老年性犯罪"主题即在我国人口老龄化这一社会发展特点与老年人实施性犯罪这种现象的相互作用中展开的。

## 一、研究背景

注重现实的社会生活研究应当着眼于社会生活所依存的社会背景。我国国务院新闻办公室在 2006 年 12 月发布的《中国老龄事业的发展》中指出，20 世纪末，中国 60 岁以上老年人口占总人口的比例超过 10%[2]，按国际通

---

〔1〕 恩格斯在 1890 年答复约瑟夫·布洛赫关于唯物史观是否是经济唯物主义时指出，根据唯物史观，历史过程中的决定性因素归根到底是现实生活的生产与再生产。参见江洋：《恩格斯〈家庭、私有制和国家的起源〉研究读本》，中央编译出版社 2017 年版，第 243 页。

〔2〕 有研究指出，测量人口老龄化的指标包括程度指标、速度指标与社会经济影响指标三类。60 岁或 65 岁及以上者占总人口的比例是程度指标的一种，此外还包括人口年龄中位数、少儿人口比例以及老少比。按照美国人口普查局及联合国使用的划分人口构成形态的标准，在 65 岁及以上人口达到 7% 时，人口年龄中

行标准，中国人口年龄结构已开始进入老龄化阶段[1]。据中国国家统计局在2019年发布的数据，60岁及以上人口在2018年占全国总人口的17.9%。[2]根据人口老龄化的程度，联合国划分了不同人口老龄化社会的形态，60岁及以上人口所占比例为10%~19%的属于老龄化社会（ageing societies）；60岁及以上人口所占比例为20%~29%的属于高度-老龄化社会（high-ageing socie-ties）；60岁及以上人口所占比例为30%或以上的属于超-老龄化社会（hyper-ageing societies）。[3]那么，如果按照中国国家统计局在2019年发布的数据，我国当前属于老龄化社会的人口老龄化程度较高的阶段。关于我国的人口老龄化，我国学者曾预测，60岁及以上老年人口将于2024年左右突破20%。[4]另外，我国学者还预测，到2050年，中国60岁及以上者将从2015年的2.22

---

位数、少儿人口比例以及老少比基本上相当于进入老年型人口。在我国，根据1982年、1987年和1990年的人口资料，当65岁及以上者占总人口的7%时，60岁及以上者所占比例则大于10%。参见杜鹏：《中国人口老龄化过程研究》，中国人民大学出版社1994年版，第29~35页。由于人口老龄化的测量涉及老年人的年龄起点认定，人口老龄化的统计结果可能存在差异。美国学者彼得·乌伦伯格（Peter Uhlenberg）编著的《人口老龄化国际手册》（*International Handbook of Population Aging*）指出，长期以来，关于人口的教科书与研究就将65岁作为晚年生活的起点，比如定义抚养比和在一般意义上用来比较儿童、劳动者以及老年人等不同年龄群体的人员概况，不过，联合国的文件中使用的是60岁，其中显然是认识到了发展中国家寿命较短人群的数量增长，使用60岁这个标准在很大程度上增加了老年人口的数量，由于对老年人的年龄起点的界定不一致，在人口老龄化的历程方面也会有不同发现。参见 Peter Uhlenberg（ed.），*International Handbook of Population Aging*，New York：Springer Science+Business Media B. V.，2009，p. 38. 在1982年的老龄问题世界大会的文件中，联合国采用的对老年人的界定标准是60岁及以上的人。参见中国对外翻译出版公司编辑：《老龄问题研究：老龄问题世界大会资料辑录》，中国对外翻译出版公司1983年版，第1页。仅在老年人占总人口比例这个角度，当前有两个衡量是否进入老龄化的标准。这两个标准包括：一是65岁及以上人口所占比例超过7%；二是60岁及以上人口所占比例超过10%。从当前联合国有关人口与老龄化的文件资料来看，大多采用以60岁为老年人的年龄起点，在人口老龄化的界定标准上，也以60岁及以上人口所占比例超过10%为标准。

〔1〕 中华人民共和国国务院新闻办公室：《中国老龄事业的发展》，载《人民日报》2006年12月13日，第12版。

〔2〕 本书所涉及全国、我国等主要指我国内地（大陆），不包括港澳台地区，下文不再赘述。《统计局辟谣2018年中国人口负增长：人口红利仍在》，载人民网，http://society. people. com. cn/n1/2019/0121/c1008-30581500. html，最后访问日期：2019年1月22日。

〔3〕 按联合国的划分，60岁及以上老年人口所占比例小于10%的为年轻社会（young societies），60岁及以上老年人口所占比例为10%~19%的是老龄化社会（ageing societies），60岁及以上老年人口所占比例为20%~29%的是高度-老龄化社会（high-ageing societies），60岁及以上的老年人口所占比例为30%或以上的是超-老龄化社会（hyper-ageing societies）。参见 HelpAge International Global Network，"Global Age Watch Index 2015：Insight report"，https://cdn. uclouvain. be/public/Exports%20reddot/aisbl-generations/documents/DocPart_Etud_GlobalAgeWatchIndex_2013. pdf，最后访问日期：2020年7月10日。

〔4〕 翟振武、陈佳鞠、李龙：《2015—2100年中国人口与老龄化变动趋势》，载《人口研究》2017年第4期。

亿人增长为 4. 92 亿人，占总人口的比例也将从 16. 16% 上升到 37. 88%。[1]也就是说，按照我国学者的上述预测，在联合国划分的人口老龄化社会的形态中，我国在 21 世纪 20 年代中期左右可能进入人口老龄化程度更高的 "高度-老龄化社会"，而在 21 世纪中期可能进入 "超-老龄化社会"。

　　人口组成（composition）是决定人类社会性质的一大因素[2]，人口构成的老龄化会引发社会生活的变化。对于人口老龄化可能引发的社会生活变化，日本学者新田俊三在 20 世纪 80 年代曾指出，所谓高龄化社会，虽然确实具有老年人在总人口中所占比率增大的特点，但是问题的实质却在于这种情况对社会结构所产生的影响，即伴随着老年人比率的增大而使社会结构发生质的变化的问题。[3]由于人口基数的原因，我国老龄人口规模巨大，人口老化的速度在世界上是除日本之外最快的国家。[4]那么，由人口老龄化引发的社会问题在我国可能也是较为复杂的。例如，党俊武曾认为，在全球化的背景下，中国的老龄问题与经济转轨、社会转型和文化转变交织，与工业化、城市化、信息化叠加，面临的挑战和风险的严峻性、复杂性和紧迫性是世界少有的。[5]美国学者布莱恩·德·弗里斯（Brian de Vries）在谈到美国的人口老龄化时指出：人口老龄化——婴儿潮爆炸的一代人进入晚年不会等待着研究、实务与政策达到这个领域赋予的复杂程度。[6]社会科学是研究社会生活的主导领域，"无论是否遵循价值无涉的原则，概念界定、操作化、提出假设等步骤，都是某些根本性决策得以展开的重要手段，这些决策关乎社会的未来"[7]。由此，针对我国老龄化社会的现状及其未来发展，如何研究老龄化

〔1〕　张车伟、林宝、杨舸：《"十三五" 时期老龄化形势与对策》，社会科学文献出版社 2016 年版，第 9 页。
〔2〕　陈正祥：《台湾之人口》，载陈正祥、孙得雄、蔡晓畊：《台湾的人口》，南天书局有限公司 2008 年版，第 9 页。
〔3〕　［日］新田俊三：《现代社会研究的方法》，胡天民摘译，载《世界经济与政治论坛》1982 年第 4 期。
〔4〕　总报告编写组：《大转折：从民生、经济到社会》，载易鹏、梁春晓主编：《老龄社会研究报告（2019）》，社会科学文献出版社 2019 年版，第 9~10 页。
〔5〕　党俊武：《中国城乡老年人生活状况》，载党俊武主编：《老龄蓝皮书：中国城乡老年人生活状况调查报告（2018）》，社会科学文献出版社 2018 年版，第 3 页。
〔6〕　Brian de Vries, "Introduction to Special Issue Sexuality and Aging: A Late-Blooming Relationship", *Sexuality Research & Social Policy*, 6（2009），p. 4.
〔7〕　［德］乌尔里希·贝克：《风险社会：新的现代性之路》，张文杰、何博闻译，译林出版社 2018 年版，第 220 页。

问题构成了我国现阶段社会科学研究的重要主题。

社会科学的研究主题嵌于现实社会生活中。在人口结构趋于老龄化的社会，老年人是容易引起公共舆论关注的社会群体。如果从近年来我国的一些官方媒体报道来看，围绕老年人的一个焦点是老年人实施性犯罪。例如，2004 年 10 月 18 日《新华每日电讯》的一则报道指出：一直以来，社会把老年人当作弱势人群看待，但是忽略了这一群体中的个别个体也存在着侵害社会的一面，尤其是老年人性犯罪问题更是一个犯罪预防的盲点；部分老年人在正常的性需求得不到满足时，走上嫖娼强奸的违法道路。[1]再如，《江苏经济报》在 2012 年所刊登的一篇文章中指出：随着农村青壮劳动力外出打工者增多，我国社会老龄化的程度加深，"空巢"老人越来越多，同时老年人犯罪案件呈逐渐上升的状态，而其中性犯罪所占比例较高，此现象应引起相关部门的重视。[2]

科学的工作是把被认为内在地联系在一起的两个实体之间的关系进一步拓展至我们的日常生活当中[3]，进而以生活现象的现实性来揭示事物以及事物之间的内在关系。人是社会生活的创造者，理解社会生活现象离不开对人的理解。这是认识老龄化社会的老年人中出现的生活现象的重要出发点。按照法国学者爱弥尔·涂尔干（Émile Durkheim，1858—1917，又译为"埃米尔·杜尔凯姆"）的观点，人是双重的，既是个体存在也是社会存在。[4]简单讲，以爱弥尔·涂尔干看来，人既具有个体性也具有社会性。关于人的个体性与社会性这二者的关系，美国学者乔治·赫伯特·米德（George Herbert Mead，1863—1931）认为，个体之所以作为个体而存在……就是因为他是社会成员——他参与这种由经验和活动组成的社会过程，并且因此而从社会的角度控制他的行为举止。[5]也就是说，人的个体性与社会性既是同时存在也

---

〔1〕 郭立、朱彬：《老年人性犯罪现象上升的背后：从部分老年男性嫖娼或强奸看老年人性健康问题》，载《新华每日电讯》2004 年 10 月 18 日。

〔2〕 李忠正：《"空巢"老人犯罪问题应引起重视》，载《江苏经济报》2012 年 2 月 22 日，第 B03 版。

〔3〕 ［美］伯特尔·奥尔曼：《马克思的异化理论》，王贵贤译，北京师范大学出版社 2018 年版，第 86 页。

〔4〕 ［法］爱弥尔·涂尔干：《宗教生活的基本形式》，渠东、汲喆译，商务印书馆 2011 年版，第 19 页。

〔5〕 ［美］乔治·赫伯特·米德：《心灵、自我和社会》，霍桂桓译，译林出版社 2014 年版，第 282 页。

是彼此渗透的，人与社会是相互构造的整体。那么，就人而言，"个人的生命历程不仅是个体选择的结果，同时更是社会结构和社会变迁的产物"[1]。因此，在老龄化社会的老年人中出现的生活现象不只是个体层面的，还是社会层面的。同样，研究社会层面的老龄化问题也就可以将那些出现在老年人中的生活现象选择为研究视角，包括近年来我国的一些报纸媒体提到的老年人实施性犯罪。诚然，与严谨的科学研究相比，类似报纸这样的以公共舆论及其塑造为主导的媒介提供的犯罪信息可能并不以注重这些信息本身的完整与精确为主要方向。进一步讲，以这样的信息作为研究主题的来源似乎缺乏经验事实的真实性支撑。但是，应予以明确的是，无论怎样描述犯罪问题，公共舆论都能在一定程度上影响相关的公共政策，而在公共舆论的形成中，"指望着公众对犯罪与司法问题形成准确的看法是天真的"[2]。言外之意，面对各种公共舆论，更有必要将其中涉及的犯罪问题纳入科学研究。

　　由于社会的存在，人所创造的生活才有意义。在谈到以人口作为需求的主体以及治理的对象时，法国学者米歇尔·福柯（Michel Foucault，1926—1984）指出："利益有每一个组成人口的个人意识层次的利益，还有被认为属于整个人口利益的利益。"[3]依笔者理解，假如可以将米歇尔·福柯的上述观点引入对人与社会之间关系的认识，则关于人的社会性有一层需要强调的含义，即个体的人能够创造对人与人之间的利益关系施加影响的生活实践，由于存在这些生活实践，社会这个组织体需要在人与人之间的利益关系及其实现方面创造超越于个体的带有社会生活整体特征的公共性。那么，从该角度来看，即使在老年人中出现的生活现象看似零散与个别，却拥有着构造公共生活的功能。毋庸置疑，我们的社会一直承认青少年、青年人和老年人之间存在差异，人们因此也一直相互关联。[4]事实上，正是通过这些关联，老年人与其他年龄群体一并具备了参与公共生活的可能性。在组成社会的人口中，人的成长过程会呈现出由不同个体的年龄持续变化特征形成的周期性。按照

〔1〕　翟绍果：《健康老龄化下老年人精神保障研究》，中国社会科学出版社 2018 年版，第 83 页。

〔2〕　Julian V. Roberts and Loretta J. Stalans, *Public Opinion, Crime, and Criminal Justice*, Boulder: Westview Press, 1999, p. 32.

〔3〕　[法] 米歇尔·福柯：《安全、领土与人口》，钱翰、陈晓径译，上海人民出版社 2018 年版，第 137 页。

〔4〕　Bernice L. Neugarten and Dail A. Neugarten, "Age in the Aging Society", *The Aging Society*, 115 (1986), p. 34.

全生命周期的观念，"在人口年龄结构不断老化的社会背景下，老龄问题不仅涉及老年人，而且涉及生命周期各个阶段的所有人群"[1]。也就是说，老龄化社会的老龄化问题是辐射全体社会成员的社会整体发展问题。

通过社会生活发现社会问题需要明确特定的社会生活与假定的社会问题之间的认识机制。犯罪是以表现潜在状况的个体犯罪行为的形式展现出来的社会问题，[2]加之"犯罪现象的稳定性取决于个别犯罪行为的特点、性质、属性、动态趋向"[3]，那么，由某一时期、某一地域的个体的犯罪行为汇聚起来的犯罪现象就能反映该时期、该地域的某些社会生活状况。美国学者彼得·L. 伯格（Peter L. Berger，1929—2017）与托马斯·卢克曼（Thomas Luckmann，1927—2016）曾指出："社会同时以主观现实和客观现实的形式存在，要对社会进行充分的理论解释，就必须同时考虑这两个方面。"[4]在谈及如何处理建构论的认识方法与社会现实的关系时，美国学者肯尼斯·J. 格根（Kenneth J. Gergen）与玛丽·格根（Mary Gergen）认为，"所有的言论只有在特定的情境下才有意义。"[5]如前述笔者的分析，由于人与社会的相互构造，在老龄化社会的老年人中出现的生活现象能够作为观察老龄化问题的视角。而且，无论在社会生活的公共性还是人口组成的生命周期特征中，老年人生活与老龄化问题都不能超越社会这个范畴。因此，针对我国现阶段的老龄化社会发展背景，笔者认为，可以且有必要将老年人实施性犯罪这种表面上的个体现象类化为在老龄化社会的社会层面存在的社会现象——老年性犯罪加以研究。

---

〔1〕 李晶：《中国老年人生活质量发展报告》，载党俊武、李晶主编：《老龄蓝皮书：中国老年人生活质量发展报告（2019）》，社会科学文献出版社 2019 年版，第 26 页。

〔2〕 David Garland and Richard Sparks, "Criminology, Social Theory, and the Challenge of Our Times", in David Garland and Richard Sparks, *Criminology and Social Theory*, Oxford: Oxford University Press, 2000, p. 8.

〔3〕 [阿塞拜疆] И. М. 拉基莫夫：《犯罪与刑罚哲学》，王志华、丛凤玲译，中国政法大学出版社 2016 年版，第 42 页。

〔4〕 [美] 彼得·L. 伯格、托马斯·卢克曼：《现实的社会建构：知识社会学论纲》，吴肃然译，北京大学出版社 2019 年版，第 161 页。

〔5〕 [美] 肯尼斯·J. 格根、玛丽·格根：《社会建构：进入对话》，张学而译，上海教育出版社 2019 年版，第 95 页。

## 二、研究意义

老年性犯罪这一研究主题是基于我国老龄化社会发展以及老年人实施性犯罪这种现象提出的。具体到笔者提出这个研究主题的目的，是试图将老年性犯罪作为认识我国老龄化问题的一个视角，即注重老年性犯罪问题与老龄化问题在我国老龄化社会发展中的关系是本书研究的切入点。相应地，就研究我国老龄化社会的老年性犯罪的意义而言，也主要围绕老年性犯罪问题、老龄化问题以及我国老龄化社会发展这三者之间的关系而展开，其主要表现为以下三个方面：

（一）促进我国老龄化社会发展中的预防犯罪体系建设

犯罪现象变化与社会发展特点之间的关系不是线性的与表面的，而是复杂的与潜在的。其中，有的表现可能与过去的不一致，有的可能只有经过较长的时间才能显现。从目前来看，关于我国老龄化社会视角下的犯罪现象变化的特点，我国的实务界与理论界还没有给出较为权威的确定性结论。犯罪是文化的一个侧面[1]，社会文化是影响犯罪现象极其重要的因素。那么，如果以人口老龄化的程度高于我国，并同样具有儒家文化背景的其他一些东亚国家[2]为观察对象，至少可以发现，老年人实施的犯罪有所增加是犯罪现象变化的一个较明显的特征。

日本是当今世界人口最老的国家。[3]据日本总务省统计局于 2016 年 1 月 1 日公布的统计数字，日本总人口为 12 682 万人，60 岁及以上的为 4242 万人，占总人口的 33.44%[4]，65 岁及以上的为 3404 万人，占总人口的 26.8%[5]。据

---

〔1〕 严景耀：《中国的犯罪问题与社会变迁的关系》，吴桢译，北京大学出版社 1986 年版，第 2 页。

〔2〕 按照我国台湾学者施世俊与古允文观点，东亚地区最显著的特色源自这一地区的文化环境，尤其是受到儒教思想的熏陶。参见施世俊、古允文：《东亚地区老龄化透视：制度的嵌入》，载［美］傅从喜、［瑞典］瑞丹·休斯编著：《东亚地区的人口老龄化：21 世纪的政策和挑战》，王晓峰译，东北财经大学出版社 2015 年版，第 15 页。

〔3〕 对于日本进入老龄化社会的时间，日本学者河合雅司指出，日本在战后结束不久的 1950 年，还是老年人口比率未满5%的年轻国家，到了举行大阪万国博览会的 1970 年，已然进入高龄化社会，并且在 24 年后的 1994 年迈向高龄社会。参见［日］河合雅司：《未来年表：人口减少的冲击，高龄化的宁静危机》，林咏纯、叶小燕译，究竟出版社股份有限公司 2018 年版，第 28 页。

〔4〕 此比重为笔者手工统计，小数点后保留两位数字。

〔5〕 総務省統計局：《人口推計（平成 28 年 1 月报）》，载 http://www.stat.go.jp/data/jinsui/2.htm#annual，最后访问日期：2020 年 2 月 12 日。

日本法务综合研究所编著的 1984 年版的《日本犯罪白皮书》中的资料，从 1974 年到 1983 年，60 岁以上的老龄者被逮捕的增长 70%，比总数增加 20% 还高。[1]有研究者根据日本的《2011 年犯罪白皮书》中的数据指出，从 1991 年到 2010 年，"一般刑法犯"查获人数中 65 岁以上的人数呈逐年上升趋势，在 2010 年为 48 162 人，从 2010 年来看，随着年龄的增加，各年龄层每十万人口中被查获的人口比在下降，但较之从前，老年人与其他年龄层的差异在缩小。[2]此外，笔者统计了日本法务综合研究所编著的《犯罪白皮书（平成 27 年版）》的数据，结果表明，从 1973 年到 2014 年，在普通刑法犯案件的逮捕人员中，除了 1989 年以外，60 岁以上的人占全部逮捕人员的比重逐年上升，2014 年为 24.80%，约是 1973 年的 10.46 倍（24.8%/2.37%）。[3]再者，根据日本法务综合研究所编著的《犯罪白皮书（平成 30 年版）》的数据，1998 年以来，65 岁以上的老年人被提起公诉的数目逐年增加，2008 年达到顶峰，为 47 805 人，2017 年为 46 264 人，比 1998 年增加约 3.4 倍。[4]再如，就韩国的情况看，据报道，韩国[5]官方公布的数据显示，2013—2017 年间，韩国 65 岁以上老人的犯罪率上升 45%，老年人涉嫌谋杀、纵火、强奸和抢劫的重罪案件数量上升 70%。[6]值得指出的是，如果结合本书研究主题所包含的老年人实施性犯罪这一元素，一方面，据日本法务综合研究所编著的《犯罪白皮书（平成 27 年版）》指出的，在被逮捕的强奸与强制猥亵的犯罪人中也出现了老龄化，在 2014 年被逮捕的老年人与在 1986 年被逮捕的相比，属

---

〔1〕 ［日］日本法务省综合研究所：《日本犯罪白皮书》，李虔译，中国政法大学出版社 1987 年版，第 210 页。

〔2〕 ［日］川出敏裕、金光旭：《刑事政策》，钱叶六等译，中国政法大学出版社 2016 年版，第 339~340 页。

〔3〕 法务总合研究所：《犯罪白书（平成 27 年版）》，载 http://hakusyo1.moj.go.jp/jp/62/nfm/mokuji.html，最后访问日期：2020 年 2 月 12 日。

〔4〕 法务总合研究所：《犯罪白书（平成 30 年版）》，载 http://hakusyo1.moj.go.jp/jp/65/nfm/n65_2_7_3_1_1.html，最后访问日期：2020 年 2 月 12 日。

〔5〕 我国学者王阳根据对《世界人口展望 2017》的资料统计指出，韩国于 1998 年进入老年型社会，2000 年成为典型的老龄化社会。参见王阳：《中韩积极应对人口老龄化的比较研究》，载《上海城市管理》2019 年第 4 期。另有报道指出，2017 年 11 月，韩国 65 岁及以上人口占总人口比例 14.2%，正式进入老龄社会。参见《韩国人口老龄化加剧 2067 年近一半人达 65 岁及以上》，载中国新闻网，http://www.chinanews.com/gj/2019/09-02/8945129.shtml，最后访问日期：2019 年 10 月 11 日。

〔6〕 李军：《韩国灰色犯罪潮：老人变坏了吗？》，载人民网，http://sn.people.com.cn/n2/2018/1220/c378286-32432739.html，最后访问日期：2019 年 1 月 12 日。

于强奸的增加了约 6.7 倍（从 3 人到 23 人）[1]；另一方面，韩国的老年人实施性犯罪的数目也有所增加，且这种现象得到了韩国媒体的关注。例如，据报道，韩国警方调查显示，2011 年发生的性侵案件中，60 岁以上犯罪的有 809 起，71 岁以上犯罪的有 268 起，与 2007 年相比大幅攀升，对于老年人实施性犯罪，韩国《中央日报》称，我们不能忽视那些色心未泯的老色魔。[2]人口老龄化具有人口区域间的异质性。按照已有研究，尽管我国与日本和韩国均进入了人口老龄化社会，但日本的人口老龄化程度是最严重的，韩国的人口老龄化发展速度最快。[3]犯罪现象的变化因社会环境的不同而具有社会差异性。换言之，仅从人口老龄化的状况及其特点来看，在我国人口老龄化的进程中，犯罪现象的总体变化是否会出现类似日本与韩国那样的特征是不确定的。不过，随着我国人口老龄化的快速推进以及老年人口数量的急剧增加，作为揭示犯罪现象变化的一个维度，以犯罪人的年龄变化为切入点，从而破解某些犯罪现象是否产生了老龄化倾向或包含着前所未有的老龄化元素，却是我国在预防犯罪中面临的现实问题。

预防犯罪的前提是了解犯罪现象的特征、变化规律以及影响因素。就常识而言，性犯罪不仅是隐蔽程度较高、查获难度较大的一类犯罪，且因为其与人的性有关以及性与人的不可分离，从而明显地具有融于日常生活的特征。也就是说，性犯罪的预防需要注重联结人们的日常生活。在我国人口老龄化的进程中，如果说老年人在性犯罪的实施方面有其一定的日常生活特点与规律，或者说，性犯罪出现了某种意义上的老龄化，则意味着预防老年性犯罪不仅将是一个需要引起关注的社会问题，且还可能与人口结构在趋于老化过程中需要予以调整的某些日常生活有关。老龄化社会是一种新的社会生活形态。在这种新的社会生活形态中，人们的生活会呈现不同于以往的特点，甚至可能与以往的生活惯性产生碰撞，从而引发包括犯罪在内的相关社会风险。

---

〔1〕 法务综合研究所：《犯罪白书（平成 27 年版）》，载 http://hakusyo1. moj. go. jp/jp/62/nfm/n62_2_6_2_1_2. html，最后访问日期：2020 年 1 月 18 日。

〔2〕 陆南希：《韩国老年人性犯罪率持续增高 民众呼吁严惩》，载 http://news. eastday. com/w/20120802/u1a6751563. html，最后访问日期：2019 年 1 月 12 日。

〔3〕 王阳：《中韩积极应对人口老龄化的比较研究》，载《上海城市管理》2019 年第 4 期。

个人的多重轨迹及其发展性的后果是"生命历程"（life course）的基础元素。[1]相对于其他年龄群体，上了年纪的老年人是生命历程持续较长的一类典型群体。那么，在老年人中出现的性犯罪可以在一定程度上反映老龄化社会的人的生命历程与犯罪实施之间的某些关系。犯罪现象具有附随于社会发展特点的社会性，对犯罪的预防也应按照社会发展的特点而体现适应犯罪现象变化的社会性。作为社会生活的综合产物，老龄化社会的预防犯罪既是以往预防犯罪实践的持续，也面临适应老龄化社会发展特点的转型问题。因此，通过研究老年性犯罪，可以在一定程度上为促进我国老龄化社会发展中的预防犯罪体系建设提供多角度的参考。

（二）延伸我国老龄化社会发展中的老龄工作的视野

老龄工作是老龄化社会发展中的一个重心，在适应老龄化社会的发展方面，老龄工作的视野影响着老龄工作的自我调整与自我发展。人口老龄化是人类社会前所未有的挑战，如何应对人口老龄化是当今的全球问题。与世界上的一些其他国家或地区相比，我国进入老龄化社会的时间不是最早的。[2]言外之意，在老龄工作方面，我们可以借鉴其他国家或地区的先进经验。然而，我国的人口老龄化进程有其自身的特殊性，人口老龄化的本土特点决定了我国的老龄工作需要进行更多的本土探索。2016年5月27日，中共中央政治局就我国人口老龄化的形势和对策举行了第三十二次学习。在这次会议上，中共中央总书记习近平就着力健全老龄工作体制机制提出了四个转变，即推动老龄工作向主动应对转变，向统筹协调转变，向加强人们全生命周期养老准备转变，向同时注重老年人物质文化需求、全面提升老年人

---

〔1〕 Glen H. Elder, Jr., "The Life Course as Developmental Theory", *Child Development*, 69（1998），p. 2.

〔2〕 这主要是针对我国内地（大陆）来讲的。据我国香港地区的统计，1981年，65岁及以上人口的比例为6.6%，1983年达7.0%，此后持续上升。参见香港特别行政区政府统计处：《香港人口趋势：1981—2011》，载https://www.statistics.gov.hk/pub/B1120017032012XXXXB0100.pdf，最后访问日期：2016年1月20日。据我国澳门地区的统计，65岁及以上的长者在1981年为7.7%，后有内地年轻居民迁入，在1991年又回落至6.6%，在2001年及其之后始终保持在7%以上。参见澳门特别行政区政府统计暨普查局：《人口老化的趋势与挑战》，载https://www.dsec.gov.mo/Statistic.aspx? NodeGuid=8d4d5779-c0d3-42f0-ae71-8b747bdc8d88，最后访问日期：2015年3月12日。从我国台湾地区的情况看，1993年9月，其65岁及以上人口所占比例超过7%，开始进入高龄化社会。参见我国台湾地区人口政策有关文件。也就是说，如果以65岁及以上者所占比例超过7%作为进入人口老龄化社会的标准，我国香港和台湾地区分别是在20世纪80年代初与90年代初进入老龄化社会的，澳门地区持续进入老龄化社会是在2001年。

生活质量转变。[1] 我国的老龄工作是现阶段社会整体发展的一部分，在与社会整体发展相协调的同时，突出主动性是我国老龄工作的一个重要内涵。与此相应，扩大视野、积极发现和探索老龄工作的新思路与新领域成为发展老龄工作的一个重要前提。

犯罪现象能够折射社会生活中的潜在问题。应当说，在发挥老龄工作主动性的层面，借助犯罪现象这面镜子寻找相关社会问题是研究老年性犯罪的应有之义。除此之外，笔者认为，对于发挥老龄工作的主动性来讲，研究老年性犯罪还具有延伸老龄工作视野的某些特殊意义。仅就目前来看，主要可涉及两大方面。一方面，研究老年性犯罪可以为减少和消除老年群体与其他年龄群体之间可能出现的道德隔阂与道德冲突提供依据。诚如所知，性犯罪不仅是违反法律的现象，还是违背伦理道德的现象。由于性犯罪本身包含着浓重的伦理道德元素，在当今依托互联网的各种传播媒介的助推中，即使是个别的老年人实施性犯罪，也容易得到放大和扩散，进而影响到社会上的更多老年人的道德生活图式。因此，如果不能较为科学和全面地认识老年人实施性犯罪的基本状况并进行较为合理地解释，就可能会加大老年群体与其他年龄群体之间的文化隔阂，甚至导致代际间的文化冲突，进而最终影响老龄化社会的老龄文化建设与社会文化的和谐。另一方面，研究老年性犯罪可以为更加全面地提高老年生活质量提供依据。老年人的生活需求是多方面的。或者说，在人生发展的角度，老年人的生活需求处于不断地加以精细化发展的过程之中。然而，由于受我国的一些传统文化的影响，在人们的视野中，除了身体健康、社会保障、医疗、护理等这些老年群体涉及的常规生活需求之外，老年生活与性需求之间的关系很少成为公共话题。有观点曾认为，与动物相比，人类的性欲是常年性的。[2] 同时，性欲的满足也是人的基本生活需求。但是，在人们的日常观念中，性欲需求及其满足在很大程度上却处于隐形状态。从这个角度讲，通过借助老年性犯罪这种现象，可能会发现通过其他生活渠道难以发现的老年生活与性需求之间的某些关系。"人类的有机体与自我在一种社会决定的环境中共同发展，这种发展涉及人类所特有的有机

---

〔1〕 《中共中央政治局就我国人口老龄化的形势和对策举行第三十二次集体学习》，载中央人民政府网，http://www.gov.cn/xinwen/2016-05/28/content_5077706.htm，最后访问日期：2019 年 5 月 10 日。

〔2〕 李银河编：《性学入门：人类在性学领域的探索》，上海社会科学院出版社 2014 年版，第 31 页。

体与自我之间的关系"[1]，进一步讲，人的生活意义不限于人的身体本身，更涉及人作为人的自我发展。同样，老年人的性需求与老年生活之间也不可能是单变量的作用关系，甚至可能表现得较为复杂，而通过老年性犯罪，则可以在认识老年生活与老年人的性需求以及其他需求之间关系的基础上，为较为全面地认识老年生活与老年生活质量的提高提供更多的路径。

（三）丰富我国老龄化社会发展中的老龄化问题的理论研究

社会生活的实践离不开社会生活的理论，中国的老龄化问题需要适合于中国本土的老龄化理论的指导。相对于社会现象的出现，人们对社会现象的认识是滞后的，较为成熟的理论的形成可能更为滞后。自我国进入老龄化社会以来，老龄化成为我国理论界的一个研究热点。就此，有研究曾对1998—2015年的"CSSCI"数据库收录的724篇有关我国老龄化的研究文献进行了统计分析，结果表明，较为突出的研究领域涉及老龄化与金融市场、老龄化与弱势群体、老龄化与日本经济、老龄化与经济效率、老龄化与社会保险、老龄化与社会不平等等六类。[2]不难发现，在这724篇文献所涉及的研究领域方面，除了偏重经济生活，较难找到有关老龄化与老年性犯罪的研究痕迹。有关社会的知识储备是社会发展的必要条件。因为，"有关社会的知识可被理解为一种'实现'"[3]，而在这种"实现"中，我们既可以理解社会现实，又可以创造社会现实。作为一种新的社会生活形态的特征，老龄化不是一个孤立的社会元素。由于社会生活的网络化，老龄化社会的发展体现的是社会生活整体的再塑造过程，包括有关老龄化社会知识的形成及其在社会生活中的进一步常识化。因而，创建适合我国自身特点的老龄化社会的知识体系是我国老龄化社会发展的重要组成部分。其中，较为紧迫的一个环节则是完善我国老龄化问题的理论研究框架与体系。

老龄化社会的发展涉及社会生活的方方面面，有关老龄化问题的理论研究也应有一个多维延展的过程。或者说，只要是可能在老龄化社会出现的社

〔1〕［美］彼得·L.伯格、托马斯·卢克曼：《现实的社会建构：知识社会学论纲》，吴肃然译，北京大学出版社2019年版，第67页。

〔2〕姚金海、谢懋金：《中国人口老龄化研究热点及前沿演进—基于知识图谱分析视角》，载《贵州师范大学学报（社会科学版）》2017年第3期。

〔3〕［美］彼得·L.伯格、托马斯·卢克曼：《现实的社会建构：知识社会学论纲》，吴肃然译，北京大学出版社2019年版，第85页。

会问题，都有必要纳入老龄化问题的研究范畴。犯罪是社会生活的一种反映。在老龄化社会，将老年犯罪置于老龄化研究领域或在老龄化研究中引入犯罪问题是老龄化社会发展的内在需求。关于此，美国学者艾伦·A.马琳卡克（Alan A. Malinchak）曾指出，犯罪与老年学的学者们应当置身于这个议题，这不只是因为要获得知识和拓展视角，更是因为以往的研究忽略了这个议题。[1]英国的杰森·L.鲍威尔（Jason L. Powell）与阿兹里妮·华西丁（Azrini Wahidin）甚至强调，近来犯罪学中的主要问题之一是未提及老龄化研究。[2]按照现有的研究领域划分，老年性犯罪研究主要归属于犯罪学领域。如我们所知，以历史的角度来看，犯罪学是在法律学、人口学、统计学、生物学、心理学、社会学等这些研究领域的交叉中逐渐形成的，体现不同研究领域的联结或跨领域是犯罪学研究的特征，加之犯罪问题本身即带有社会生活的综合性，无论是在学科特点还是在犯罪现象特点的角度，研究老年性犯罪都会显示一种在相关知识领域之间予以扩展的张力，并也能以此拓展相关研究领域的理论空间。关于我国目前的老龄化问题研究，郭金华曾指出，中国老龄化研究缺乏针对个体老化过程和社会老龄化过程的基本特征的研究。[3]按照笔者的理解，郭金华的意思之一可能是，我国目前关于老龄化的基础理论研究较为薄弱，尤其在以过程为视角研究人的老化与社会的老龄化方面。与此类似，党俊武曾提到了一些与老年期或老年人问题相关的研究缺乏理论思维的问题。例如，党俊武曾引用了这样一个例子：一位学数学的老总看了许多老年人问题的文章，希望能找到一点理论支撑，结果看到的是许多模型和数据分析，看来看去，一无所获。[4]通过这个例子，党俊武指出，我们以往的老龄科学研究看来真的是走到头了，因为连企业家都在愤然地指责，这真是我们学术理论界的悲哀！[5]犯罪学是一门科学。作为科学研究的

〔1〕　Alan A. Malinchak, *Crime and Gerontology*, New Jersey: Prentice-Hall, 1980, p. 3.

〔2〕　Jason L. Powell, Azrini Wahidin, "Rethinking Criminology. The Case of 'Ageing Studies'", in Azrini Wahidin, Maureen Cain, *Ageing*, *Crime and Society*, Cullompton: Willan Publishing, 2006, p. 23.

〔3〕　郭金华：《中国老龄化的全球定位和中国老龄化研究的问题与出路》，载《学术研究》2016年第2期。

〔4〕　党俊武：《超老龄社会的来临——长寿新时代人类的伟大前景》，华龄出版社2018年版，第180~181页。

〔5〕　党俊武：《超老龄社会的来临——长寿新时代人类的伟大前景》，华龄出版社2018年版，第181页。

体现，犯罪问题研究既需要描述犯罪现象的事实，还需要结合犯罪现象的事实进行理论概括。因为，理论用于解释行为，在事实之间建立逻辑联结，并预测事件的出现[1]，只有进行理论的创建，才能使犯罪问题研究为不同个性化的预防犯罪实践提供可靠的指导方案。在这个意义上，研究中国老龄化社会的老年性犯罪本身能够在犯罪研究的层面提高老龄化研究的理论含量。此外，由于一些欧美发达国家在现代科学方面的知识储备较为充分，加上这些国家步入老龄化社会的时间较早以及运用多学科的知识捕捉老龄化问题的速度较快，在研究老年性犯罪的过程中，本书不可避免地要提及一些国外较新的研究成果。老龄化问题的理论研究是针对老龄化社会的生活特点，吸收、拓展与重构理论研究的范式、框架、内容的实践活动。所以，概括而言，通过本书的研究主题，不仅可以拓宽我国老龄化问题的研究内容，还可以融合相关研究领域，并通过借鉴已有的较新研究成果而触及一些还不完全成熟的理论问题，从而在分析我国现阶段的某些现实问题的基础上进一步丰富我国老龄化问题的理论研究。

### 三、研究思路、研究方法与研究创新

关于社会现象的社会科学研究是在对社会现象的发现与分析中展开的。在探讨社会现象的过程中，任何社会科学研究都需要借助一定的研究思路与研究方法来架构研究过程及其轮廓。而且，就社会科学研究的价值而言，社会科学研究还应当体现创新，因为"没有创新，就不能推进社会的进步"[2]。因此，研究思路、研究方法与研究创新往往成为评价某项社会科学研究价值的三个基本着眼点，当然也是某项社会科学研究在具体展开之初要予以交代的三个基本方面。

（一）研究思路

研究思路是有关研究主题的理论预设得以展开的基本线索。中国老龄化社会的老年性犯罪这个研究主题是由两个基本要素构成的。其中，一个要素

---

〔1〕 Aida Y. Hass, Chris Moloney & William J. Chombliss. , *Criminology*: *Connecting Theory*, *Research and Practice*, 2nd ed. , New York: Routledge, 2017, p. 121.

〔2〕 教育部社会科学委员会学风建设委员会组编：《高校人文社会科学学术规范指南》，高等教育出版社 2009 年版，第 9 页。

是我国现阶段的老龄化社会发展这个社会背景，另一个要素是我国老龄化社会的老年性犯罪这个研究对象。犯罪现象产生于社会生活，认识犯罪现象离不开对犯罪现象本身包含的基础生活元素的理解。我国的人口老龄化具有人口结构老化快速和老年人口骤增的特点。在这样的背景下，老龄化问题成为我国现阶段社会发展的一个焦点。犯罪现象研究不只是研究犯罪现象本身，还是发现潜在社会问题的途径。为此，本着社会问题应当具有表现于社会层面的宏观性与普遍性的特点，本书没有将老年性犯罪限定于个体意义上的老年人实施的性犯罪行为，而是视为在社会层面出现的、能够发现我国老龄化问题的一类社会现象。基于此，将老年性犯罪这类现象作为相关社会生活之间关系的组成部分是本书理解老年性犯罪的基本思路。与此相应，本书研究老年性犯罪的基本理论预设是，我国当前的社会生活中存在着引发老年性犯罪的社会风险，这些社会风险是老年性犯罪这类现象出现的前提，而在这个前提下，老年性犯罪这类现象有可能进一步衔接于我国老龄化社会发展中的某些社会生活特点。通过这样的理论预设，个体层面的老年人的性犯罪行为与社会层面的老龄化社会发展就成为一个整体，老年性犯罪这类犯罪现象也具备了承载某些老龄化问题的可能性。简单讲，本书研究中国老龄化社会的老年性犯罪既不是单纯个体层面的，也不是单纯社会层面的，而是个体层面与社会层面的统一体。

在相对于理论的实践层面，研究犯罪现象的主要目的是试图通过揭示相关于犯罪现象的社会风险而提高预防犯罪的理性程度。犯罪现象是人们日常生活的集中反映，相关于犯罪现象的社会风险最终也都通过人们的日常生活表现出来。因而，相关于犯罪现象的社会风险能否得到合理与准确地揭示，其前提是在犯罪现象研究中如何看待犯罪现象与日常生活的关系。从我国已有研究来看，存在这样一种现象：研究犯罪问题往往是从直接切入某种犯罪现象开始的，而较少论及犯罪现象在日常生活中的区位。笔者认为，除了容易给人以社会生活本来就应存在着某种犯罪现象的直觉外，在预防犯罪的角度，如此的研究方式至少呈现了三个方面的不足：一是难以说明某种犯罪现象在日常生活中的出现究竟有多大范围和多大程度的可能性；二是难以回答为什么某种犯罪现象没有完全在同类人群中出现；三是在前两者的基础上易为一些生活群体打上"先验"的犯罪标签，且易忽略某些日常生活因素与犯罪的关系的两面性——引发犯罪与阻遏犯罪，从而也易使相应的预防犯罪策略脱离现实生活。当然，对上述这三个方面的认识同样影响着本书的研究在我国老龄化社会的发展中具备怎样的现实性。

认识人与社会的关系是研究社会现象的核心。关于人与社会的关系，美国学者彼得·L.伯格与托马斯·卢克曼指出，社会是人的产物，社会是客观现实，人是社会的产物。[1]那么，如果将人与社会的关系作为考察日常生活的重心，按照彼得·L.伯格与托马斯·卢克曼的观点，不妨将现实的社会生活是人与社会之间关系的物质载体这一假定作为出发点。由此，作为现实社会生活的产物，对犯罪现象的研究应当贯穿着犯罪现象是通过具体生活环境中的具体人群加以表现的基本思路。或者说，研究犯罪现象的过程就是把假定的犯罪性附着于具体生活环境与具体人群及其二者之间关系的过程。已有研究表明，对于表现犯罪现象的具体生活环境的犯罪性角色，可以认为是犯罪暴露，即"人们受犯罪环境影响的频度"[2]；对于表现犯罪现象的具体人群的犯罪性角色，可以认为是犯罪倾向，即人们在"一个特定的时刻将犯罪视为选项的趋势"[3]。那么，对于犯罪暴露与犯罪倾向的相互作用所表现的，在社会层面可以认为是某类犯罪现象出现的可能性或波动的状况，也就是对某些社会生活的镜像反映。综上，为克服已有的犯罪问题研究方式的不足，并突出我国的老龄化社会背景，本书借鉴生命历程[4]理论的有关研究，将个体的犯罪行为视为"个人的生命历程和发展轨迹与他人的生活和发展交织在一起"[5]的生活过程的一种表现，从而基于表达老年生活的"老龄生活圈"这个概念以及性行为构成犯罪的前提——性行为实施的社会规则性，在日常生活的层面指出了老年群体中可能存在的"性张力"这种现象。也就是说，

〔1〕［美］彼得·L.伯格、托马斯·卢克曼：《现实的社会建构：知识社会学论纲》，吴肃然译，北京大学出版社2019年版，第79页。

〔2〕CAF-拉丁美洲开发银行主编：《为了一个更加安全的拉丁美洲：预防和控制犯罪的新视角》，中国社会科学院拉丁美洲研究所译，知识产权出版社2015年版，第46页。

〔3〕CAF-拉丁美洲开发银行主编：《为了一个更加安全的拉丁美洲：预防和控制犯罪的新视角》，中国社会科学院拉丁美洲研究所译，知识产权出版社2015年版，第26页。

〔4〕在社会问题的研究中，我国学者曾将"life course"译为"生命历程"，将与此相关的社会学研究译为"生命历程社会学"，即英文的"sociology of the life course"。参见［美］G.H.埃尔德：《大萧条的孩子们》，田禾、马春华译，译林出版社2002年版，"前言"第7页。

〔5〕［美］G.H.埃尔德：《大萧条的孩子们》，田禾、马春华译，译林出版社2002年版，第448页。

如果把老年性犯罪看作老年群体中的"性张力"的一种释放，在老龄化社会层面研究老年性犯罪现象就拥有了现实的日常生活基础。同时，也可以使老年性犯罪的特征、影响因素与预防能够较为合理地与社会上的普通老年生活联结起来。注重日常生活区位的引入是本书研究老年性犯罪现象的一条主线。通过这条主线，可以更好地理解老龄化社会的老年性犯罪与某些老龄化问题之间的关系。因为，如果将老年性犯罪视为社会生活发展的一种结果，则在人与社会的相互构造角度，即如罗伯特·J.桑普森（Robert J. Sampson）和约翰·H.劳布（John H. Laub）所说的，"是提供'可能性条件集合'的环境使人的特征在时间的变化中表达自身"[1]。

（二）研究方法

研究方法是关于如何开展研究的认识方式、研究规则与研究技术的综合体，研究方法的运用决定着研究过程以及研究结论的价值及其可靠性。作为研究的灵魂，研究方法表现在方法论、研究伦理与研究技术等不同层面。在不同的研究以及某项研究的不同阶段，研究方法的运用是不同的。鉴于研究资料与研究主题的特点是为研究过程提供证据和方向的基础，笔者仅就本书采用的文献研究、"二手资料"研究以及整合研究等研究方法简单介绍如下：

1. 文献研究

文献研究是通过了解已有相关研究的文献记载而筛选研究信息、拓展研究视野和调整研究方向的重要方法。限于语言能力，有关本书研究主题的文献研究对象主要是汉语与英语两大类型。在文献研究中，笔者主要采用了三种技术。其中，在资料搜集方面，采用了"滚雪球"式的关联递进的方式。例如，在"中国期刊全文数据库（CNKI）"中检索文献时，笔者对性犯罪研究文献的最初检索使用的是"主题"检索[2]中的"性犯罪"这个词，但当尝试以"猥亵"作为主题词进行"全文"检索时，发现有关性犯罪的研究文献在其文献的标题中显示的是"性侵"，笔者会再以"性侵"为主题词再次进

---

〔1〕　Robert J. Sampson & John H. Laub, "A Life-Course View of the Development of Crime", *The Annals of the American Academy of Political and Social Science*, 602（2005）, p. 39.

〔2〕　在"中国期刊全文数据库（CNKI）"中，获取文献内容的检索有"全文"与"主题"两大类：在"全文"检索中，检索词是出现在文章全文中的；在"主题"检索中，检索词出现在文章的标题或文章的主要内容中，有时与检索词不同，但意义却是相近的。

行检索。另外，在确定研究文献是否纳入研究范围时，笔者采用了定量数据（quantitative data）搜集中的"内容分析"（content analysis）[1]这种方式，即通过判定研究文献与本书主题的相关度来确定是否纳入研究范围，而非随意地选取研究文献。再者，为明确关于我国的老年性犯罪研究的状况和特点，笔者在对此类文献的研究中采用了统计分析。

2. "二手资料"研究

经验事实的获取是犯罪现象研究的基础。为了解老年性犯罪现象的一些情况，笔者曾到一些监狱做过"试验性调研"。结果发现，在以犯罪人实施犯罪时年满60岁为年龄节点加以限定时，在押的服刑老年人的数量极少。显然，这种现象难以满足对我国当前的老年性犯罪进行基本状况描述与特征分析的需要。就我国目前来看，尚未有较为系统的、由官方发布的专门涉及老年人性犯罪的数据资料，权威媒体也鲜有关于老年人性犯罪的较为系统与全面的报道。此外，如果研究我国老龄化社会的老年性犯罪，还应考虑研究数据在时间跨度与地域空间覆盖范围方面的一致性与完整性。

在对犯罪这种现象的研究中，经验事实的获取主要来自两个方面，即实地调查和非专用于自身研究的"二手资料"。其中，就资料本身的整体性来讲，相对于实地调查，在研究具有较大时间与地域跨度的犯罪现象方面，"二手资料"的灵活性更强。按照笔者已有的研究经验，能够反映犯罪现象的"二手资料"主要涉及三类：一是警方逮捕的犯罪嫌疑人的数据——"警方数据"；二是法院裁决有罪的犯罪人的数据——"法院数据"；三是监狱在押服刑者的数据——"监狱数据"。如果以最终确定行为人构成犯罪为参照，按照《中华人民共和国刑法》（以下简称《刑法》）确定的罪刑法定原则，能够较为真实地反映犯罪现象的是"监狱数据"和"法院数据"。不过，就老年人实施犯罪而言，结合我国的《刑法》、《中华人民共和国刑事诉讼法》（以下简称《刑事诉讼法》）以及《中华人民共和国监狱法》关于刑罚与刑罚执行的规定，在以犯罪人为单位的研究样本分布方面，"法院数据"相比于"监狱数据"更为全面。因为，按照《刑法》第72条和《刑事诉讼法》第265条的

---

[1] 内容分析（content analysis）是考察包含在书面文档或其他信息介质（如照片、电影、歌词、广告）中的内容或信息或符号的数据分析技术。参见［美］威廉·劳伦斯·纽曼：《社会研究方法：定性研究与定量研究》（第6版），人民邮电出版社2010年版，第44页。

规定，年纪大的服刑者适用缓刑与暂予监外执行的可能性较大，而最终关押到监狱服刑的则是在刑事审判阶段适用暂予监外执行、缓刑之外的服刑者，且在监狱服刑的人员还不包括由看守所代为执行刑罚的。2016 年 8 月，我国最高人民法院发布了《关于人民法院在互联网公布裁判文书的规定》。根据该文件，人民法院应将发生法律效力的裁判文书在裁判文书生效之日起 7 个工作日内公布于互联网；刑事类裁判文书包括判决书、执行裁定书、刑罚执行与变更决定书、刑事执行驳回申诉通知书。[1] 按照通常的情况判断，发生法律效力的刑事判决书与裁定书应含有犯罪人以及相应犯罪事实的基本情况，加之最高人民法院发布的上述文件适用于全国各级各类法院，即其中反映的犯罪事实应能够覆盖全国的大致情况。因此，在先期浏览相关法律文书的前提下，笔者将反映老年性犯罪的经验事实的主要数据定位于"中国裁判文书网"（http://wenshu.court.gov.cn/）中的刑事案件法律文书。在提取数据的过程中，笔者设计了相关量表，并采用 SPSS 统计软件建立了数据库，对相关数据进行统计分析。

3. 整合研究

犯罪现象研究有其来自研究者的选择性，在不同的视角下，"形形色色的犯罪学家们在基础方法方面是彼此不同的"[2]。因而，相对于犯罪现象对社会生活的整合，整合已有的相关研究是犯罪学研究具备发展性的重要特征。中国老龄化社会的老年性犯罪这个主题是笔者整合老龄化问题研究与犯罪问题研究的结果。在该主题的展开中，整合研究的运用还体现在三个方面：一是着眼于研究的需要吸收相关领域的研究特点与研究成果的研究领域的整合；二是着眼于犯罪现象的现实性与研究对象的特点调整研究思路与研究方法的研究模式的整合；三是着眼于人口老龄化的全球趋势借鉴其他国家或地区的相关研究成果的理论支撑的整合。

（三）研究创新

创新是理论研究在生活实践中的生命力，具体到本书主题的研究，主要

---

〔1〕 最高人民法院：《关于人民法院在互联网公布裁判文书的规定》，载最高人民法院网，http://www.court.gov.cn/zixun-xiangqing-25321.html，最后访问日期：2016 年 9 月 26 日。

〔2〕 Robert Agnew, *Toward a Unified Criminology: Integrating Assumptions about Crime, People, and Society*, New York: New York University Press, 2011, pp.4-5.

的创新点可归纳为以下三个方面：

1. 研究主题的创新

老年人实施性犯罪不是在当下才出现的现象，老年人实施性犯罪也是在以往的犯罪学等相关领域呈现过的议题。然而，社会生活中的犯罪现象不是孤立的，犯罪现象的研究不可能超越现实的社会生活。相应地，在犯罪现象的研究中，如何注重犯罪现象联结于社会生活的现实性是确定研究主题的重要参考因素。社会生活的研究是研究者在了解社会生活的基础上展开的，把握犯罪现象与社会生活的关系是犯罪现象研究具备现实性的前提。为此，在确定研究主题的过程中，本书摆脱了以所发现的某种犯罪现象线索直接确定研究主题的方式，而是通过分析老年人实施性犯罪这种现象在我国老龄化社会发展中的社会意义，将老年人实施性犯罪作为发现我国老龄化问题的线索，使"中国老龄化社会的老年性犯罪"这个研究主题既包含犯罪问题研究的本体，也包含老龄化问题研究的方法，从而在一定意义上为社会现象的发现与社会问题的揭示保持整体性与连续性提供尝试性的探索。

2. 研究角度的创新

一个人的变老是在其生命历程中显现的，每个人也都会在其生命历程中形成一定的生活观念、行为方式以及生活特点，其中包含着对生活秩序以及生活规则的认知状况与行为反应。按照生命历程的研究，"历史的力量塑造家庭、教育以及工作的社会轨迹，它们反过来影响行为以及发展（development）方面的特殊线条"[1]。也就是说，生命历程是变化的社会世界与人们的生活选择的作用过程。通过人与社会的相互构造，"一个人的生活经历决定了其犯罪的可能"[2]。可以说，无论是在人的变老还是在犯罪可能性的形成的角度，过程性都是在认识老年性犯罪时需要坚持的基本方法。而且，只有坚持过程性，才能使老年性犯罪的研究适合于社会层面的人口老龄化程度逐渐加深的特点。

在社会现象的研究中，研究视角的选择应当适合于研究对象所反映的社会生活特点。因此，笔者将过程性的双重统一——老年生活的过程性与犯罪

---

[1] Glen H. Elder, Jr., "The Life Course as Developmental Theory", *Child Development*, 69（1998），p. 69.

[2] CAF-拉丁美洲开发银行主编：《为了一个更加安全的拉丁美洲：预防和控制犯罪的新视角》，中国社会科学院拉丁美洲研究所译，知识产权出版社2015年版，第25页。

可能性形成的过程性的统一作为了考察老年性犯罪这种现象的视角。这也是本书与以往的老年性犯罪研究的区别之处。基于过程性的双重统一视角，在研究中，笔者主要借鉴了国外两类研究的研究特点，其中，一个是"力求从出生到死亡的过程来理解塑造人们生活的多重因素"[1]的"生命历程理论"（life course theory），另一个是以生命历程理论为基础，注重在生命历程中研究犯罪问题的"发展与生命历程犯罪学"（developmental and life-course criminology)[2]。不过，与"发展与生命历程犯罪学"中的犯罪生涯研究不同的是，笔者采用的过程性视角不是体现为以纵向数据来回溯个体在犯罪的出现与停止之间的生活过程，而是表现为通过将老年生活的演变特点与老年性犯罪现象的演变特点相结合，进而反映老年生活过程的塑造与老年性犯罪出现之间的关系，即把老年性犯罪视为人们在一定社会生活环境下的生活过程的产物，尤其是老年期的生活变化对老年性犯罪所产生的影响。在老年人承载既往生活过程的意义上，这种研究方式突出的是类似塔拉·雷纳·麦基（Tara Renae McGee）与戴维·P. 法林顿（David P. Farrington）等人指出的，"力求解释个人与环境如何在相互作用中产生犯罪"[3]。本着这种研究方式，一方面，在研究工具上，笔者引入了展示老年生活特点的"老龄生活圈"和"性张力"这两个概念，进而用于分析老年生活的变化在老年性犯罪现象中的渗入；另一方面，在描述老年性犯罪特征的过程中，采用了在犯罪人的犯罪年龄增加中考察老年性犯罪的方法，通过不同角度的对比，分析老年生活与老年性犯罪特征之间的关系；再者，在分析老年性犯罪影响因素的过程中，鉴于当前国外犯罪学研究提到的犯罪影响因素与犯罪生成之间的非线性关系，

---

　　[1]　Elizabeth D. Hutchison, "Life Course Theory", in Levesque R. J. R. (eds.), *Encyclopedia of Adolescence*, New York: Springer, 2011.

　　[2]　按照英国学者戴维·P. 法林顿（David P. Farrington）的观点，"发展与生命历程犯罪学"（developmental and life-course criminology）主要关注三个议题：从出生到死亡的人的犯罪与反社会行为的发展；不同年龄的风险性与防护性（protective）因素的影响；发展历程中的生活事件的效应。参见 David P. Farrington, "Developmental and Life-Course Criminology: Theories and Policy Implications", in Matt DeLisi and Kevin M. Beaver (eds.), *Criminological Theory: A Life-Course Approach*, Burlington: Jones & Bartlett Learning, 2014, p.233. 需要指出的是，关于"life-course criminology"这个词，在有的译著中翻译为"生命周期犯罪学"。参见 CAF-拉丁美洲开发银行主编：《为了一个更加安全的拉丁美洲：预防和控制犯罪的新视角》，中国社会科学院拉丁美洲研究所译，知识产权出版社 2015 年版，第 39 页。

　　[3]　Tara Renae McGee, et al., "Advancing Knowledge about Developmental and Life-course Criminology", *Australian & New Zealand Journal of Criminology*, 48（2015), p.311.

笔者在重新认识传统的犯罪原因"二元论"的基础上，以个体因素与社会因素统一于人的社会生活为思路，通过引入"老龄生活圈"的视角，按照"宏观社会环境→老年生活环境→老年生活"这个近似于"沙漏滴沙"的来自日常生活的辩证逻辑，以"一元论"的研究模式，从社会到个体逐级分析老年性犯罪这种现象可能受哪些因素影响，力求使影响老年性犯罪的因素贴近于我国老龄化社会和老年生活的特点。

3. 研究数据使用的创新

老年性犯罪是我国当前理论界较为薄弱的一个研究领域，尤其在基于经验事实的数据支撑方面。与以往有关老年性犯罪的研究不同的是，笔者使用的是基于"中国裁判文书网"中强奸案件的相关信息。通过这种数据的使用，可在一定程度上为我国老年性犯罪的经验事实研究拓展研究数据使用的空间，并为对同类研究进行"循证"（evidence-based）评估提供研究样本。

# 第一章

# 老年性犯罪的概念与研究概况

社会现象存在于人们对社会生活的共享中。作为对社会现象的认识，关于社会现象的研究应当为其在社会生活中的共享性而提供用于公共判别的标准。社会现象是通过各种事实表现的，是否符合事实是人们判别有关社会现象的研究结论或真或伪的重要参照。然而，"我们关于现实世界的知识是以建构用于思考它的概念为中介的"[1]。进一步言之，研究社会现象不仅会改变社会现象本来的事实性，对社会现象的研究结论也会因研究过程的不同而不同。因此，如果说有关社会现象的研究能提供用于公共判别的标准，笔者认为，在知识的个性化创造以及与知识的彼此联结中，这样的标准取决于研究本身是否明确框定了作为研究对象的社会现象的主导性概念，以及是否明确了与已有相关研究的关系。从这两个方面来讲，本书研究中国老龄化社会的老年性犯罪应当具备两个前置性环节，即界定老年性犯罪这一基础的框架性概念以及分析已有的相关研究。

## 一、老年性犯罪的概念

概念是开展研究的导向性工具。在本书的研究中，老年性犯罪这一概念不仅影响着研究主题的展开，还影响着具体的研究操作。因此，研究老年性犯罪问题的起点是明确老年性犯罪这类现象的概念所指。理论概念是以符号或词汇表达的思想，它包括词汇或术语以及定义两部分。[2]换言之，概念是

---

[1] [美]伯特尔·奥尔曼：《马克思的异化理论》，王贵贤译，北京师范大学出版社2018年版，第15页。

[2] [美]威廉·劳伦斯·纽曼：《社会研究方法：定性研究与定量研究》（第6版），人民邮电出版社2010年版，第53页。

对理解相关词汇或术语及其之间关系的表达。那么，在界定老年性犯罪概念的过程中，一个重要的前提是把握关键词汇的含义及其与老年性犯罪概念的关系。

（一）老年与性的基本内涵

老年与性是组成老年性犯罪概念的两个基本术语。一般而言，按照事物之间的属种逻辑，层级较高的事物包含层级较低的事物。按这种思路，在现有的研究状况下，理解老年性犯罪的概念似乎可以借助于性犯罪或老年犯罪这些层级更高一些的概念。然而，概念是在特定的研究语境中形成的，具有自身的完整性，加之概念是术语的联结，则对概念的理解首先应有一个向内的过程，包括将组合概念的术语化约为意义表达的最小单位，以及在一定的研究语境下将这些术语联结起来。由此，认识老年与性这两个基本术语的含义也就成为界定老年性犯罪概念的基础环节之一。

1. 老年的基本含义

在当代汉语中，老年是人们常用来指称某些特定对象的一个词语。例如，我们时常接触到这样的表述："老年人""老年学""老年大学""老年保障""老年健康""老年歧视"，等等。"在任何社会里，通过语言而得以客体化的角色都是客观世界的基本成分"〔1〕，而通过老年这个词的限定，一些人、一些事物或者一些生活现象就产生了可以概括为某类特征的集合性，进而便于人们以类化的图式予以识别、了解和有序地调整生活。本书的"老年性犯罪"这一术语中的"老年"就是在这个意义上使用的，即把老年人实施性犯罪这种现象概括为具有集合性的一类犯罪现象图式——老年性犯罪。

在老龄化社会，老年是一个使用频率较高的词。然而，笔者认为，这个词并不是在严谨的理论论证之下提出的，而是带有某些日常生活习惯中的自然性。就当前来看，相对于辨别老年这个词本身的含义，人们更加注重的是由老年这个词限定的那些对象。例如，在由李旭初和刘兴策主编的《新编老年学词典》中，如果剔除一些刊物或书籍的名称，该"词典"从第 207 页到第 271 页共列了 188 个明确由老年这个词限定的术语，但该"词典"唯独没

---

〔1〕 [美] 彼得·L. 伯格、托马斯·卢克曼：《现实的社会建构：知识社会学论纲》，吴肃然译，北京大学出版社 2019 年版，第 94 页。

有给出老年这个词的解释。[1]笔者推测，人们之所以发明老年这个词，其目的或许不是表明老年是什么，而是试图以老年这个词来反映某些社会生活的特质。相应地，老年这个词的含义也会随着所限定对象的具体所指而发生变化。所以，如果只在词语层面阐释老年是什么，可能就使其失去了应有的价值。

一个从具有整体意义的概念中拆分出来的术语不能在含义上脱离原有的整体概念，"要想准确地理解表现了某个特殊整体的概念，我们必须充分理解这一整体的属性"[2]。犯罪的主体是人，犯罪源于人的生活。在犯罪现象的回溯角度，可以认为，某类犯罪现象的某种特殊性衍生于特定的人群与其生活特点的关系。笔者在前面曾指出，本书研究主题中的老年性犯罪不是仅指老年人实施的性犯罪。不过，要予以说明的是，其一，笔者提出老年性犯罪的初始线索是老年人实施性犯罪；其二，犯罪人是任何犯罪现象都不可缺少的构成要素，考察犯罪现象无法绕过犯罪人；其三，由老年人口的增多引发社会生活变化是老龄化社会的重要特征。综合这几个方面，笔者认为，理解老年的含义可以以老年人作为基本参照。由此，如果着眼于老年人这个角度，当前关于老年的含义的理解主要涉及以下三类：

（1）年龄意义中的老年。年龄是人们拥有的一个基本生活变量，也是人们在日常生活中界定何为老年的一个常用标准。例如，根据《中华人民共和国老年人权益保障法》（以下简称《老年人权益保障法》）的规定，可以把老年人看作60周岁以上的人。相应地，已届六旬的人在年龄上就属于老年了。在社会生活中，年龄的衡量标准不是单一的。如在学术研究的角度，有资料指出的，可把年龄划分为四类，具体包括：按日历计算的时序年龄；以个体生命力的老化为参照的生物学年龄；根据智力水平测算的心理年龄；社会规范角度的社会学年龄。[3]不难发现，仅在学术研究的层面，语境的不同会导致年龄的界定标准也不同。当然，年龄界定标准的不同也影响着老年的

---

〔1〕　关于相关词条的列举与解释，可参见李旭初、刘兴策主编：《新编老年学词典》，武汉大学出版社2009年版。

〔2〕　［美］伯特尔·奥尔曼：《马克思的异化理论》，王贵贤译，北京师范大学出版社2018年版，第17页。

〔3〕　张仙桥、李德滨：《中国老年社会学》，社会科学文献出版社2011年版，第4页。

含义。在常识中，年龄是划分人的生命历程的一类标志。因此，无论基于哪些标准，认识年龄的意义都离不开两个前提，即年龄附属于人以及人离不开社会生活。事实上，如果将人的年龄划分标准与社会生活联系起来，往往会发现这样一种现象：社会生活的范畴影响着人的年龄划分。而且，如此的情形在我国古代就存在着。例如，《文献通考》载，"晋武帝平吴之后，制户调之式……男女年十六以上至六十为正丁，十五以下至十三、六十一以上至六十五为次丁，十二以下六十六以上为老、小，不事"[1]；《文献通考》载，"隋文帝颁新令，男女三岁以下为黄，十岁以下为小，十七岁以下为中，十八岁以上为丁，以从课役，六十为老，乃免"[2]。通过《文献通考》的记载可知，在我国西晋时期与隋朝时期，年龄的划分与赋税制度联系在一起。在这些赋税制度中，老者属于优待之列，但西晋时期与隋朝时期，对哪些人是老者的年龄认定也是有差别的。即便是在我国当代，此类现象仍然存在。例如，按照中国国家统计局的统计指标解释，在老人人口抚养比的计算中，老年人口是 65 岁及以上。[3]再如，按照我国"国家基本公共卫生服务项目管理平台"发布的《老年人健康管理服务规范》，老年人是 65 岁及以上的常住居民。[4]显然，这些在年龄角度对老年人的划分与我国《老年人权益保障法》的规定是不同的，老年的含义自然有了相应的变化。"在所有的社会中，生命时间被社会性地分为相关单元，生物时间被翻译为社会时间"[5]，"变化之中的年龄的含义是人们导致其生活的方式的原因和结果"[6]。社会生活影响着人的年龄划分。当然，至于哪些人属于老年人或老年，也在社会生活的影响中发生着变化。

---

〔1〕 （宋）马端临：《文献通考》（第 1 册），上海师范大学古籍研究所等点校，中华书局 2011 年版，第 272 页。

〔2〕 （宋）马端临：《文献通考》（第 1 册），上海师范大学古籍研究所等点校，中华书局 2011 年版，第 276 页。

〔3〕 中国国家统计局：《2017 年中国统计年鉴》，载 http://www.stats.gov.cn/tjsj/ndsj/2017/indexch.htm，最后访问日期：2018 年 7 月 11 日。

〔4〕 国家基本公共卫生服务项目管理平台：《老年人健康管理服务规范》，载 http://www.nbphsp.org.cn/jbgw/lnr/，最后访问日期：2020 年 1 月 30 日。

〔5〕 Bernice L. Neugarten & Dail A. Neugarten, "Age in the Aging Society", *The Aging Society*, 115 (1986), p. 32.

〔6〕 Bernice L. Neugarten & Dail A. Neugarten, "Age in the Aging Society", *The Aging Society*, 115 (1986), p. 39.

　　时间与空间是组合社会生活的两个基本元素。在这两个基本元素的组合中，一方面，年龄象征着人们的生命历程，"社会时钟和秩序预测引致的标志性事件，映射在个体的童年期、青年期、成年期、中年期、晚年期等生命历程阶段"；[1]另一方面，年龄象征着人们的社会生活关系，不同年龄阶段的人有不同类别的生活方式。由于年龄既可以在时间的角度表达个体的生命历程，又可以在空间的角度表达个体的生活关系，在年龄划分标准的各种变化中，年龄角度的老年含义既有动态性又有差异性。人离不开社会生活，"年龄及其对时间的不同联结成为理解变化的生活背景的主要工具"[2]。可以认为，在社会生活对人的年龄标准的改变中，"老年（old age）是一种社会建构（social construct），其含义通过时间与空间而具差异和变化"[3]。

　　（2）功能意义中的老年。功能意义中的老年是基于对老年人的身体功能的认识而形成的对何为老年的理解。人的身体功能以人的生理机能为基础而表现在社会生活的各个方面。在早些时期，人们对老年人的认识主要是依靠生理或体能特征加以判别的。例如，我国的《说文解字》记载："老，考也。七十曰老。从人毛匕。言须发变白也。"[4]19世纪比利时的阿道夫·凯特勒（Adolphe Quetelet，1796—1874）将老年（old age）界定为60岁的理由是：人从60岁到65岁会失去诸多生活能力，随之而来的是生命的概率变小。[5]20世纪初，哈佛大学的查尔斯·迈诺特（Charles Minot）通过测量组织器官的生长速率认为，随着组织生长和损伤修复能力的逐步下降，衰老便丑恶地抬头了。[6]进入晚年的人，在生理上出现一些退行性的改变具有必然性。然而，生理的退行性改变与人的年龄增长之间没有决定与被决定的关系。例如，衰老生物学的研究指出，衰老是一个由分子保真度丢失引起的随机的、无序的过程，由于衰老的随机性，我们很难预测某一特定个体的生理系统因年龄

---

　　[1]　翟绍果：《健康老龄化下老年人精神保障研究》，中国社会科学出版社2018年版，第106页。

　　[2]　Glen H. Elder, Jr. et al., "The Emergence and Development of Life Course Theory", in Jeylan T. Mortimer & Michael J. Shanahan（eds.）, *Handbook of the Life Course*, New York：Springer, 2003, p. 8.

　　[3]　Peter Uhlenberg（ed.）, *International Handbook of Population Aging*, New York：Springer Science+Business Media B. V., 2009, p. 38.

　　[4]　（汉）许慎：《说文解字》，（宋）徐铉校定，中华书局2013年版，第171页。

　　[5]　Ian Stuart-Hamilton, *An Introduction to Gerontology*, Cambridge：Cambridge University Press, 2011, p. 3.

　　[6]　[英]罗杰·戈斯登：《欺骗时间：科学、性与衰老》，刘学礼、陈俊学、毕东海译，世纪出版集团、上海科技教育出版社2014年版，第58页。

增长而引起的功能丧失的具体变化量。[1]世界卫生组织（WHO）的资料也指出，在生物学角度，人的老化（ageing）既不是线性也不是连续的，仅仅与年龄松散地连在一起。[2]人是生物属性与社会属性的统一体。在生物属性之外，人的身体功能还表现身体状况与社会生活相适应方面。在当今来看，老年的含义也包含着这一方面。例如，医学领域有一种用于评估老年健康的方法——"老年综合评估"，在"老年综合评估"中，不仅包含病史询问、体格检查及辅助检查等传统评估，还可以反映老年人功能、心理及社会环境等方面的问题，其中，在社会支持评估中，主要包括社会适应能力、社会支持、社会交际网络、社会服务、经济状况及社会需求等。[3]不难发现，在这种"老年综合评估"中，对社会支持的评估显然注重老年人的生活能力。

功能意义上的老年含义是拓展的。在拓展的过程中，体现了人作为生物机体与社会生命体发生变化的身体功能与生活能力的统一。在功能的角度，老年不只局限于人们的身体老化状况，更涉及人们的社会参与。由此而言，如果说年龄意义上的老年是由社会生活塑造的，功能意义上的老年则是由老年人自己塑造的。相比于老年人在年龄角度被动地接受由社会生活刻画的老年形象，在功能的角度，老年人可以以自身的身体状况与生活状况在社会生活中创造老年形象。当前，随着人口老龄化的推进，在功能角度认识老年人也是一些西方学者支持的观点。例如，詹妮弗·赫尔曼（Jennifer Hillman）指出，各种论点都支撑着老年人（older adulthood）不是时序年龄（chronological age）的功能而是体能与心智健康的功能这样一个概念。[4]应当说，相对于从年龄角度理解老年的含义，从功能的角度理解老年的含义更符合老龄化社会的特点。因为，不仅老龄化社会的到来表明了老年人的身体健康程度的提高，老龄化社会的持续还需要老年人以更加健康的身体广泛地参与社会生活。

（3）生活过程与生活方式中的老年。老年不是一个僵化的术语，在社会

---

〔1〕［美］Roger B. McDonald：《衰老生物学》，王钊、张果主译，科学出版社 2016 年版，第 203 页。

〔2〕World Health Organization, "World Report on Ageing and Health 2015", https://www.who.int/ageing/events/world-report-2015-launch/en/，最后访问日期：2018 年 12 月 3 日。

〔3〕姚尧等：《老年综合评估的定义、应用及在我国的发展趋势》，载《中华保健医学杂志》2017 年第 5 期。

〔4〕Jennifer Hillman, *Sexuality and Aging：Clinical Perspectives*, New York：Springer Science + Business Media, 2012, p. 3.

的发展中，人们逐渐将老年的含义纳入个体的人与社会生活的动态关系中加以考察。随着社会老龄化的程度加深以及老年人的数量增加，老年人的生活成为理解老年含义的重要视角。在老龄化社会，老年人不是静止的概念，因为每个人都会变老，老年是每个人在生命历程中都可能要面临的。那么，在生活过程的角度，"只有将老年视为整个人生的一部分，才能完全理解老年的意义"[1]。由此，考察老年的含义有必要引入表达生活过程的"生命历程"这个研究框架。生命历程是一种社会界定的并按年龄分级的事件和角色模式，这种模式受文化和社会结构的历史性变迁的影响。[2]按照格伦·H. 埃尔德（Glen H. Elder）等人的观点，生命历程为在社会途径（social pathways）、发展轨迹与社会变迁的关系中研究现象提供了框架。[3]以格伦·H. 埃尔德等人的观点来看，这个框架包括五个原理，即寿命发展原理、意志自由原理、时间与地点原理、时迁（timing）原理、生活联结（linked lives）原理。[4]不仅如此，在思考生活如何被社会性地组织起来的过程中，生命历程模式还提出了"社会途径"（social pathways）、"轨迹"（trajectories）以及"转折点"（turning points）等这样一些有用的概念。[5]应当说，在"生命历程"的视角中，老年不只是用来称谓老年人，还可用来表达人们生活过程的变化，即人们的"变老"与人们的生活变化联系在一起。老年社会生活是个体的人的生活过程的集合体。那么，通过"生命历程"这个视角，老年的含义与社会生活的发展也就联结在了一起。可以说，这是在老龄化社会理解老年含义的重要出发点。

老年是生命历程的末端，但这个末端包含着老年人特有的生活方式。在社会生活中，按照角色理论，每个人的一生都有不同社会角色，社会通过角色赋予个人相应的权利、义务、责任和社会期望。[6]随着老年人在职业、劳

---

〔1〕　[美]哈瑞·穆迪、詹妮弗·萨瑟：《老龄化》，陈玉洪、李筱媛译，江苏人民出版社2018年版，第3页。

〔2〕　[美] G. H. 埃尔德：《大萧条的孩子们》，田禾、马春华译，译林出版社2002年版，第421页。

〔3〕　Glen H. Elder, Jr. et al. , "The Emergence and Development of Life Course Theory", in Jeylan T. Mortimer & Michael J. Shanahan (eds. ), *Handbook of the Life Course*, New York：Springer, 2003, p. 10.

〔4〕　Glen H. Elder, Jr. et al. , "The Emergence and Development of Life Course Theory", in Jeylan T. Mortimer & Michael J. Shanahan (eds. ), *Handbook of the Life Course*, New York：Springer, 2003, pp. 10–13.

〔5〕　Glen H. Elder, Jr. et al. , "The Emergence and Development of Life Course Theory", in Jeylan T. Mortimer & Michael J. Shanahan (eds. ), *Handbook of the Life Course*, New York：Springer, 2003, p. 8.

〔6〕　邬沧萍、姜向群主编：《老年学概论》（第3版），中国人民大学出版社2015年版，第33页。

作、人际等某些方面的退出，其承载的社会角色也发生了变化——社会角色减少了，而社会角色的减少导致了生活圈子的退化，仅围绕家庭生活或个人生活建立生活半径成为老年生活圈子的重要特征。例如，笔者在"微信朋友圈"曾发现了一幅由家长上传的一位小朋友的作品，名字叫《姥爷的圆饼图》。这个图是画在一张绿色纸上的一个被分为5份的圆饼图。在这个圆饼图中，"喝酒"占35%，"睡觉"占28%，"抽烟"占23%，"吃饭"占10%，"干活"占4%。[1]不难猜测，这个图是这位小朋友对自己姥爷的一天作息时间的观察。可以发现，这位老人每天的作息有一定的规律性，突出的是自己的生活方式。每个人在生活中都会呈现其较为规律的生活轨迹。如果将这些生活轨迹联结起来，就会形成反映不同生活内容与方式的不同层级的"生活圈"。需要提及的是，就笔者掌握的资料来看，在我国学术界，通常认为"生活圈"这个术语源于日本的《农村生活环境整备计划》，并应用于日本的"全国综合开发计划（全综）"，主要与城市地域范围的讨论有关，[2]或者说属于突出实体空间研究的人文地理范畴，即"生活圈"是以居民日常生活场所为空间载体，反映居民居住、就业和交际等日常活动的互动关系，折射物质空间、经济活动和社会交往发展变化。[3]笔者认为，即使在人文地理的范畴内，"生活圈"所表现的，也是人们以一定的方式表达的日常生活。当然，对于老年生活，也可以表达为包含老年人生活方式的"老龄生活圈"。所以，如果说借助生命历程的认识方式可以在人们的生活过程中考察老年的含义，通过"老龄生活圈"，则可以在老年人的生活方式中考察老年的含义，而在生活过程与生活方式的结合中，老年的含义由抽象的平面变为融入日常生活的立体。

时间结构具有历史性，它决定了人们在日常生活世界中的处境[4]，反之，只有通过日常生活，才能把握时间与人的关系。作为时间与人的关系的一种

---

〔1〕 笔者在使用这幅图的文字描述时，得到了孩子家长的同意。

〔2〕 孙道胜、柴彦威、张艳：《社区生活圈的界定与测度：以北京清河地区为例》，载《城市发展研究》2016年第9期。

〔3〕 杨山等：《快速城镇化背景下乡村居民生活圈的重组机制——以昆山群益社区为例》，载《地理研究》2019年第1期。

〔4〕 ［美］彼得·L. 伯格、托马斯·卢克曼：《现实的社会建构：知识社会学论纲》，吴肃然译，北京大学出版社2019年版，第37页。

象征，老年的含义是附随于人们对老年人以及社会生活的理解而变化的，从而在老年人不断增多的老龄化社会，老年的含义已经超越了老年人这个群体，并成为认识与塑造社会生活的重要视角。但是，"年龄差异的不同模式是由不同的生活领域创造的"[1]，由于社会现象与社会现象之间具有差异性，考察老年现象应当有较为明确的关于老年的年龄界限。为此，笔者从两个方面界定老年性犯罪中的老年。这两个方面包括：一是突出社会生活的公共性，以我国《老年人权益保障法》的法律规定为准，吸收了年龄角度的老年的含义，将老年人的年龄起点限定为60岁；二是吸收了生活过程与生活方式中的老年的含义，在生活过程与生活方式相统一的角度理解老年的意义，即老年是含有一定生活内容的生活阶段。

2. 性的基本含义

（1）性的词源含义。在语言的表达中，性这个词的含义是多样的，理解这个词的含义需要着眼相应的语言背景。以我国汉语语言的发展来看，性这个词的用法及含义有多种。例如，古代的《说文解字》对性的解释是："人之阳气，性善者也，从心、生声。"[2]简单讲，《说文解字》中所讲的性表示内在于人、象征生长的一种本质，可理解为人的心智的一种自然生态。按照中国古代道家哲学的阴阳说，"万物的生成基于天地阴阳之气的交合"[3]。那么，不妨可推理，与性相对的词是情，因为《说文解字》对情的解释是："人之阴气有欲者，从心、青声。"[4]当然，如果将性与情这两个词合并使用，在意会的角度可以理解为男女的结合，至于其引申含义，潜藏着男女的交合。例如，荷兰学者高罗佩（Robert Hans van Gulik，1910—1967）就认为，性是孕育人类文化的重要源泉，因为他认为《易经》强调性交是一切生命的基础，它是阴、阳两种宇宙作用力的体现。[5]就我国当代来看，对于汉语中的性这个词的用法，大体可归纳为三类：一是对认识对象的本质特点或类别的描述，

[1]　Bernice L. Neugarten and Dail A. Neugarten, "Age in the Aging Society", *The Aging Society*, 115 (1986), p. 32.

[2]　（汉）许慎：《说文解字》，（宋）徐铉校定，中华书局2013年版，第216页。

[3]　吕丽等：《基于道家阴阳学说的〈黄帝内经〉的研究》，载《文艺评论》2013年第6期。

[4]　（汉）许慎：《说文解字》，（宋）徐铉校定，中华书局2013年版，第216页。

[5]　[荷兰]高罗佩：《中国古代房内考：中国古代的性与社会》，李零等译，商务印书馆2007年版，第46页。

如人性、本性、词性；二是属于语言表达的一种构词法，如"现代性""本土性"；三是基于生理角度的人的解剖学特征，并附随于生活的扩展需要而使用，类似的用法如"性交""两性""性欲""性爱""性别"。本书主题涉及的性的含义属于第三种之列，即基于人的生理特征而融入生活的性。那么，如果以性的第三种含义看，按照我国学者李零的说法，现代汉语中的"性"（sex）是由日语转译的西方词汇，其与中国原有词汇的含义相对的是"饮食男女"的"男女"。[1]此外，按照《社会学概论新修》中的介绍，1903年，在日语字典中首先出现了把英文的sex翻译为"性"的记载，此后传入中国，在五四时期已经成为新的中文词语。[2]在目前我国性学界的理解中，对于基于生理角度的性这个词的认识是有分歧的。这主要表现在英文的"sex"与"sexuality"这两个词上。例如，按照已有学者的理解，"sex"是指人类男女的生物特征的总和，而"sexuality"的含义比"sex"的更为宽广。[3]我国还有学者主张，应将"sexuality"理解为包括"sex"在内的"全性"之说。[4]言外之意，"sexuality"可以涵盖与性有关的更多需要认识的对象。截至目前，关于"sex"和"sexuality"的汉语翻译及其理解还存在差异，而笔者倾向于以阮芳赋为代表提出的性即"sexuality"的观点。[5]因为，按照英国学者雷蒙·威廉斯（Raymood Williams，1921—1988）的观点，"sex"这个词指肉体性行为及其有关事物，是在16世纪之后才经常出现这个普遍意蕴的，而且，在20世纪前是口头语，"sexuality"这个词也有个发展过程，18世纪末以后用于科学上的描述语汇，不过也可能含有一种语言表达中的婉转。[6]由于性（sexuality）是个外来词汇，在当今汉语的语境下，还没有一个完整、明确的定义，甚至还造成了认识角度的不一致。例如，世界卫生组织在2015年发布的《关

---

[1] 李零：《译者前言》，载［荷兰］高罗佩：《中国古代房内考：中国古代的性与社会》，李零等译，商务印书馆2007年版，"译者前言"第10页。

[2] 郑杭生主编：《社会学概论新修》（第5版），中国人民大学出版社2019年版，第204页。

[3] 彭晓辉：《对"Sex"和"Sexuality"的讨论及其定义的中文翻译》，载潘绥铭主编：《中国"性"研究的起点与使命》，万有出版社2005年版，第10~11页。

[4] 潘绥铭、黄盈盈：《性之变：21世纪中国人的性生活》，中国人民大学出版社2013年版，第408页。

[5] 阮芳赋：《试论Sexuality的汉译》，载潘绥铭主编：《中国"性"研究的起点与使命》，万有出版社2005年版，第25页。

[6] ［英］雷蒙·威廉斯：《关键词：文化与社会的词汇》（第2版），刘建基译，生活·读书·新知三联书店2016年版，第479~482页。

于老龄化与健康的全球报告》（*World Report on Ageing and Health*）的中文版将"老年人健康特征"这部分内容中的"sexuality"这个小标题翻译为"性行为"，[1]而在该报告的英文版中，在"sexuality"这个小标题下有一个表达"性行为"的词汇——"sexual activity"。[2]性行为是人基于自身的性欲外化出来的动作，是证明性之所以为性的一种方式，其本身只是附属于性的一个次级概念。如果将"sexuality"这个小标题只译为"性行为"，可能与《关于老龄化与健康的全球报告》的英文版所要表达的原意多多少少存在差别。

（2）性的生物性与文化性。性的含义是由人类自己基于社会生活的需要创造出来的，这种创造融合了性的生物性与文化性。性是身体的重要组成部分。按照现代生物学的研究，性与染色体有关，性决定性别，性与内分泌腺有关，性影响着人的发育与生殖。[3]此外，性还与人的欲望和行为有关，如睾酮这种激素被看作是男女性欲的"开关"。[4]伴随认识的深化，性逐渐超越生物学范畴进入人类观察自我的社会与文化领域。例如，有观点指出，性是一个人的人格组成部分，是生物学、心理学、社会文化等不同维度交织在一起的。[5]性在生活中的文化性扩展是无限的，"如果我们再深一步想想，就像许多研究者相信的那样，我们的生命除了身体构造之外，还有他的精神构造——例如我们的社会情绪，我们的道德性，我们的宗教信仰，我们的诗歌和艺术——也都是，至少有某种程度是，建筑在性冲动的基础之上的"[6]。性是人体不可缺少的。作为一种产生于人体内的欲望，"性欲和食欲是人们最基本的两大欲望"[7]。另外，性也是人们的生活不可缺少的。按照罗素的观

---

〔1〕　世界卫生组织：《关于老龄化与健康的全球报告》，载世界卫生组织网，https://www.who.int/ageing/publications/world-report-2015-zh/，最后访问日期：2017 年 1 月 2 日。

〔2〕　World Health Organization，"World Report on Ageing and Health 2015"，https://www.who.int/ageing/events/world-report-2015-launch/en/，最后访问日期：2017 年 1 月 2 日。

〔3〕　[英] 霭理士：《性心理学》，潘光旦译注，商务印书馆 2012 年版，第 15~22 页。

〔4〕　[美] 格雷·F. 凯利：《性心理学》（第 8 版），耿文秀等译，上海人民出版社 2011 年版，第 104 页。

〔5〕　[美] Jerrold S. Greenberg、Clint E. Bruess、Sarah C. Conklin：《人类性学》（第 3 版），胡佩诚主译，人民卫生出版社 2010 年版，第 2 页。

〔6〕　[英] 霭理士：《性与社会》，潘光旦、胡寿文译，商务印书馆 2016 年版，第 201 页。

〔7〕　万建中：《中国禁忌史》，武汉大学出版社 2016 年版，第 285 页。

点，性是成人生活的复杂愿望三个重要动机之一。[1]在文化的作用下，性的隐藏也是性的文化性的重要体现。从某些文化来看，生活中的性是"看不见"的。即使谈到性的问题，"人们只能用隐晦的句子来谈论这一主题"[2]。甚至对于表达性的直观与典型的形式——性交，如荷兰学者高罗佩所说的，中国的性文学和色情文献都把"云"解释为妇女的卵子和阴道分泌物，把"雨"解释为男子的射精，"云雨"直到今天仍然是性交的标准文言表达。[3]关于性的隐藏，我国学者还提出了性的生命周期之说，认为性的生命周期在中国表现为从无性到有性再到无性的过程。具体是：青春期之前的少儿被规定是无性的，青春期的性生理与性心理发育被社会规定为性成熟的第一步。性成熟的第二步是通过处理自我性行为来学习社会对于性关系与性行为方式的具体规范。而社会规定的性成熟的最终标志是合格的性交合，即以传统性别角色为基础、以结婚为界、以夫妻恩爱为调节、以生儿育女为唯一价值目标。人到老年，社会又规定他（她）应该是无性的，不再从事性交合。[4]

人是社会的人，社会是人的社会。在人与社会对社会生活的双重构造中，"身体与性的意义来源于主体与情境的互构，既不来源于天生的自然本能，也不全是历史决定或者环境决定的被动产物，它是主体能动性与这些外在物之间相互作用的结果"[5]。性与人的生活纠缠在一起，而生活的延续与差异决定了性的含义也在不断变化。涉及对性的理解，潘绥铭等人曾指出，性不仅包括传统的以生物学为主的"sex"，也包括人文、社会、心理、历史等方面的诸因素，还包括目前认识不到的一些其他因素。[6]就此而言，关于究竟什么是性，"就是最高的性研究的权威也轻易不敢下一个定义"[7]。因此，笔者认为，由于社会生活中的性问题不是孤立的，对有关性问题的认识应着眼于

―――――――――――――――

〔1〕 罗素指出，成人生活的复杂愿望的三个动机包括权力、性与爱子。参见［英］罗素：《科学的性道德》，陶季良等译，上海社会科学院出版社 2017 年版，第 186 页。

〔2〕 ［法］米歇尔·博宗：《性社会学》，侯应花、杨冬译，天津人民出版社 2010 年版，第 20 页。

〔3〕 ［荷兰］高罗佩：《中国古代房内考：中国古代的性与社会》，李零等译，商务印书馆 2007 年版，第 48 页。

〔4〕 郑杭生主编：《社会学概论新修》（第 5 版），中国人民大学出版社 2019 年版，第 205~206 页。

〔5〕 章立明：《文化人类学视野中的身体与性研究》，中国书籍出版社 2013 年版，第 44 页。

〔6〕 潘绥铭、黄盈盈：《性之变：21 世纪中国人的性生活》，中国人民大学出版社 2013 年版，第 408 页。

〔7〕 ［英］霭理士：《性心理学》，潘光旦译注，商务印书馆 1997 年版，第 15 页。

特定人或特定社会现象及其特定的社会生活背景。

（3）性欲释放的人际化与规则化。性的含义是多方面的，其中之一是与人的性机能相伴的性欲的释放。性机能潜在于人的生命过程。性机能的作用在人的生命延续中究竟呈现何种广度与深度，至少从目前看，尚未有充分的确定结论。但可以肯定的是，除了表现性别、肢体形态、五官外貌、生理现象等附着于人体的某些特征外，性机能还会产生包括性欲与满足性欲的性能力在内的性能量。而且，这种性能量需要借助性冲动加以释放。英国学者霭理士（Henry Havelock Ellis，1859—1939）在这个方面曾做过较为形象的描述：人的性冲动有一个积欲与解欲的过程，积欲好比积薪，解欲好比积薪点着后火焰的上腾，在积欲的阶段，男性和女性都会发生生理变化，并为性交合提供了条件。[1]身体的性能量释放有其特殊之处，因为"在性这个特殊的问题上，只有他自己一个人的需要是不够的，而势必须要旁人的需要来帮他的忙"[2]。可以说，即使在文化多元与科技进步的当代社会，除了纯粹以想象自我来释放性能量的性幻想[3]，以及无任何情感渗透地将机器或玩具作为性交流的对象外，人际是任何方式的性能量释放所不可缺少的基本构成要素。

性具有文化性。由于性的文化性，性的生物性愈发体现文化的一面，其中之一是逐渐由人类的一种自然本能转换为由社会生活控制的秩序要素。具体表现在人的性能量释放方面，则需要以一定的社会规则"要求一种可以确定在多大程度上和多大范围内适于进行性活动的限定"[4]。例如，我国古代文献《礼记·曲礼上》有这样的记载："男女不杂坐，不同椸枷，不同巾栉，不亲授"[5]。再如，中国古代汉语中没有用于表达"男女之事"的"性"这个词，人们理解性的含义的一条途径是由相关词汇加以推导，如以贞操"守性"。按照我国近代学者赵凤喈的研究，在我国古代的宋、元、明、清四个朝

---

〔1〕 ［英］霭理士：《性心理学》，潘光旦译注，商务印书馆1997年版，第22~30页。

〔2〕 ［英］霭理士：《性与社会》，潘光旦、胡寿文译，商务印书馆2016年版，第301页。

〔3〕 所谓性幻想，按照英国B.卡尔（Brett Kahr）的定义是，人们在进行性活动时（无论性交还是手淫）其脑海中涌现的、通常会引发性高潮的一幅画面、一种想法或者一部详尽的剧本。参见［英］B.卡尔：《人类性幻想》，耿文秀等译，华东师范大学出版社2016年版，第300页。

〔4〕 ［法］米歇尔·福柯：《性经验史》（增订版），佘碧平译，世纪出版集团、上海人民出版社2005年版，第138页。

〔5〕 《礼记·曲礼上》，载李志敏主编：《四书五经》（卷四），京华出版社2010年版，第290页。

代，夫死不嫁成风，在秦与汉两朝出现了类似处女及有夫之妇应守贞操的问题，经宋儒理学之提倡，加之元、明、清三代法制之干涉与奖励，遂成为"天经地义"之良俗。[1]此外，根据费成康对我国近代家法族规的研究，在涉及生命类的家族式惩处方式中，自尽、打死、溺毙、活埋、漂河灯、烧死等这些都是针对乱伦、淫乱这些"性"问题的。[2]人与性不可分割。犹如人与人之间的人际交往，性也像人的经络一样游走于人体以及人的生活的各个角落，同时也决定了无论社会生活规则多么完备，都难以就人的性及其表达来设置清晰的界限。在成年人中，性的表达在哪些情况下可以得到社会生活的允许，这往往涉及复杂的判断标准与判断过程。恩格斯曾指出："在字面上，在道德理论上以及诗歌描写上，再也没有比认为不以夫妻相互性爱和真正自由的协议为基础的任何婚姻都是不道德的那种观念更加牢固而不可动摇的了。"[3]进一步讲，除了道德禁忌或法律的禁止，在性的表达的社会生活的认可方面，有一类判断标准是公认的，即婚姻。可以说，作为人类演绎自身的性生活及其相应生活关系的基本制度，婚姻关系是至今为止观察人类性生活社会规则化的一种基础的、统一的框架，是对人们释放性能量的方式做出是否符合社会规则判断的主参照系。

（二）老年群体中的"性张力"

性的意义源于人的生活，老年与性之间能够联结为一个话题的原因之一，也是性在老年生活中会产生怎样的图景。老龄化社会是人类生活发生变革的一个阶段。在这个阶段，当人们开始重新思考年老与社会生活的关系时，一个无可回避的话题是人的年老与性的关系。从我国当前来看，老年群体中的性问题不仅是值得关注的，且性问题已成为潜在于一部分老年群体中的一种社会风险，即"性张力"的紧张。

1. 性能量释放与老年婚姻

规则化的生活关系是人们释放性能量的前提，规则化的生活关系的状况影响着人们的性能量释放。就我国而言，如果以调整人们性能量释放的婚姻

---

〔1〕 赵凤喈：《中国妇女在法律上之地位》，山西出版传媒集团、山西人民出版社 2014 年版，第 79 页。

〔2〕 费成康主编：《中国的家法族规》（修订版），上海社会科学院出版社 2016 年版，第 98～100 页。

〔3〕 ［德］恩格斯：《家庭、私有制和国家的起源》，中共中央马克思恩格斯列宁斯大林著作编译局译，人民出版社 1999 年版，第 83 页。

生活为参照，当前的老年群体中存在着降低性能量释放的可能性的因素，较为明显地主要涉及以下两个方面。

（1）身体健康状况角度的配偶间性行为障碍。人的生理机能老化是不可逆的，性机能也在内。有研究指出，对于女性，50~60岁时出现绝经的开始，停止分泌雌激素和孕激素，机体会产生变化，子宫出现萎缩，阴道变窄，性交时会出现疼痛，也有受伤的风险，而且，还增加了女性患心脏病和某些类型癌症的风险[1]，性机能的病变还会引发其他并发症[2]。对男性来讲，勃起功能障碍（erectile dysfunction，ED）是中老年男性的常见疾病，而这种病症的引发是多方面的，包括个人本身的器质性病变，如属于内分泌的糖尿病，心理性的性唤起能力下降，以及来自环境的与配偶的冲突，等等。[3]老年期是人体生理机能老化明显的阶段。尤为突出的是，人体机能的结构性还会使老年期的生理机能老化出现一系列的病症及其并发症。所以，对于老年期的性生活伴侣来讲，无论是性机能的退化、其他病症对性机能的影响或是出于身体健康的维护，都有可能在彼此间形成实施性行为的障碍，从而会限制彼此间包括性行为实施在内的各种性交流。

（2）婚姻状况角度的婚内性生活断裂。婚姻生活的变故是老年生活较为典型的特征。由中国老龄科学研究中心实施的"2010年中国城乡老年人口状况追踪调查"显示，在城镇地区的60岁以上的老年人中，有配偶的占73.7%，丧偶的占24.4%，离婚的占1.0%，从未结婚的占1.0%，在农村地区60岁以上的老年中，有配偶的占68.2%，丧偶的占28.8%，离婚的占0.6%，从未结婚的占2.4%。[4]再如，由中国人民大学中国调查与数据中心发布的《2014年中国老年社会追踪调查（CLASS）报告》显示，在60岁以上的老年人中，老年人已婚有配偶、丧偶、离婚、未婚的比例分别为64.5%、33.8%、

〔1〕 ［美］Roger B. McDonald：《衰老生物学》，王钊、张果主译，科学出版社2016年版，第239~240页。

〔2〕 ［美］Roger B. McDonald：《衰老生物学》，王钊、张果主译，科学出版社2016年版，第239~240页。

〔3〕 徐晓阳、马晓年主编：《临床性医学》，人民卫生出版社2013年版，第166~172页。

〔4〕 《2010年中国城乡老年人口状况追踪调查主要数据报告》，载吴玉韶、郭平主编：《2010年中国城乡老年人口状况追踪调查数据分析》，中国社会出版社2014年版，第5页。

1.0%、0.7%，随着老年人年龄增加，丧偶比例增加。[1]此外，全国老龄办、民政部、财政部等三部门发布的第四次中国城乡老年人生活状况抽样调查成果表明，在 2015 年对我国 60 岁及以上公民的抽样调查中，有配偶的占71.6%、丧偶的占 26.1%、离婚的占 0.8%、从未结过婚的占 1.5%。[2]另据笔者对《2015 年全国 1%人口抽样调查资料》中的数据进行的计算[3]，在 60 岁以上的老年人中，未婚的占 1.49%，有配偶的占 74.21%，离婚的占 0.98%，丧偶的占 23.32%。[4]通过上述几项全国性的调查可发现，老年人的婚姻状况有一个突出的共性，即除了有配偶的以外，属于丧偶的均占较大的比重（见表 1）。

表 1　不同类别的全国调查中 60 岁以上者的婚姻状况分布

单位:%

| 不同类别的全国调查 | 有配偶 | 丧　偶 | 离　婚 | 未　婚 |
| --- | --- | --- | --- | --- |
| 2010 年中国城乡老年人口状况追踪调查 | 城镇地区：73.7<br>农村地区：68.2 | 城镇地区：24.4<br>农村地区：28.8 | 城镇地区：1.0<br>农村地区：0.6 | 城镇地区：1.0<br>农村地区：2.4 |
| 2014 年中国老年社会追踪调查（CLASS） | 64.5 | 33.8 | 1.0 | 0.7 |
| 2015 年第四次中国城乡老年人生活状况抽样调查 | 71.6 | 26.1 | 0.8 | 1.5 |
| 2015 年全国 1%人口抽样调查 | 74.21 | 23.32 | 0.98 | 1.49 |

---

〔1〕　中国人民大学中国调查与数据中心：《2014 年中国老年社会追踪调查（CLASS）报告》，载 http://class. ruc. edu. cn/index. php? r=data/report，最后访问日期，2017 年 9 月 10 日。

〔2〕　《三部门发布第四次中国城乡老年人生活状况抽样调查成果》，载民政部网，http://jnjd. mca. gov. cn/article/zyjd/xxck/201610/20161000886652. shtml，最后访问日期：2017 年 9 月 10 日。

〔3〕　所得百分比为小数点后四舍五入，保留两位数字。

〔4〕　国家统计局人口和就业统计司编：《2015 年全国 1%人口抽样调查资料》（电子版），中国统计出版社 2016 年版，表 9-5。

婚姻关系的断裂意味着老年人在婚姻关系内进行性交流的可能性降低了。一项曾经对张家界市老年艾滋病患者的研究显示，截止到 2008 年 12 月 31 日，在 84 例 60 岁以上的老年艾滋病患者中，属于分居的占 55.6%，属于丧偶的占 37.8%，属于配偶无性生活的占 81.5%[1]。诚然，以目前的生活经验看，艾滋病的感染渠道可能不限于性传播，但在分居、丧偶、"有婚无性"这三类状态下，老年人感染艾滋病的状况说明三个问题：一是老年人的婚内性生活对老年人性能量的释放具有较高程度的影响；二是某些类似婚姻这样的干预性能量释放的社会规则不能完全阻止老年人采取其他方式来满足性欲；三是婚内性生活的断裂有可能导致老年人采取其他方式释放性能量。

2. 性能量释放中的"差序格局"与"老龄生活圈"

人际是人的性能量释放的基本要素。对于人际在性能量释放中的作用特点，笔者认为，可以借助费孝通先生的一句话加以描述，即"好像把一块石头丢在水面上所发生的一圈圈推出去的波纹"[2]。在日常生活中，人际交往是体现人与人之间关系的一种社会生活形式。在生活中，人们的人际接触的"扩展度"影响着人们的"生活圈"，并形成层级差异，而"生活圈"的层级差异又影响人们的性欲刺激以及性欲满足的方式选择，人际接触的范围越大，"生活圈"的层级也越多，性欲的刺激度以及满足性欲的方式选择度越高，反之越低。当然，人际交往受不同社会规则的调整，"生活圈"也包含约束性能量释放的不同类别的社会规则，如法律、道德、风俗、纪律、宗教，等等。概言之，由于性欲刺激的可能性、满足性欲的方式选择的可能性，以及约束性能量释放的社会规则的聚集类别与程度在不同的"生活圈"存在差异，不同的人或人在不同生活领域的性能量释放就形成了"差序格局"。

老年群体的性能量释放受老年群体的生活方式与生活特点的影响。人是身体以及身体对生活的创造的统一体。因而，老化并非只是一种机体成熟和退化的过程，更涉及结构的断裂与社会的区分。[3]由于社会生活的变化，老年群体的"生活圈"是趋于简化的，且年龄越大，老年生活中的"生活

---

〔1〕　林麒等：《张家界市老年艾滋病感染者高危行为因素调查》，载《实用预防医学》2011 年第 5 期。

〔2〕　费孝通：《乡土中国》，人民出版社 2008 年版，第 28 页。

〔3〕　邱天助：《社会老年学：年龄、世代与生命风格的探究》，基础文化创意有限公司 2007 年版，第 17 页。

圈"——"老龄生活圈"的层级数量越少，"生活圈"以个人为中心的特点就愈发突出。那么，如果将性能量释放的"差序格局"引入老年生活，可以推论，随着"生活圈"的缩小，刺激性欲的可能性、满足性欲的方式选择的可能性、约束性能量释放的生活规则化的可能性，都会逐渐浓缩于以个人生活为圆心而形成的生活半径所辐射的生活圈子之中。相应地，在性机能存续的条件下，"老龄生活圈"内的性能量释放就易形成一种呈现个体生活特点的紧张性——"性张力"。[1]生命历程社会学拥有一套目标或探索方法以及相对完整的彼此配套的概念工具，其中之一是转折点。[2]简单讲，转折点是用来描述生命历程中的某些事件的出现对人的生命历程发展产生的影响。作为对生命历程社会学理论的运用，在将生命历程的研究框架引入犯罪问题研究时，国外的一些学者也提到了转折点对犯罪的影响。例如，卡特·哈依（Carter Hay）和瑞安·梅尔德伦（Ryan Meldrum）指出，按照桑普森与劳布的观点，当一个人偏离于他或她在一定时间内的经历所依赖的行为路径时就会出现转折点[3]此时涉及变坏或变好[4]。当然，如果忽略桑普森与劳布所说的人们在处于转折点时变坏或变好的具体含义，那么，在老年期这个生活转折点中，人们实施性行为的可能性会增大。因为，相对于老年期的"生活圈"简化，人们却并未完全退出社会生活。那么，在性能量的释放方面，与生活规则化的可能性以及约束性能量释放的可能性趋减相比，"生活圈"的个人化特征反而有可能凸显年长者寻找性能量释放的机会的可能性，包括主动扩大性欲刺激的可能性与满足性欲的方式选择的可能性。在谈及老年期的性行为时，詹妮弗·赫尔曼也指出了类似的问题，即在人的整个生命历程中，性行为及其相关的目的、频数、类型和预期都能够被预料到会产生变化……与青年期和中年期相比，老年期的性行为进入了新的、在其表现上更为直接地与个人动

---

〔1〕 江晓原曾用"性张力"分析中国传统文化中对性问题的对立两极，即一边是重生殖、重子嗣、多妻和重人欲的，另一边是礼教。参见江晓原：《性张力下的中国人》，华东师范大学出版社2011年版，第31~32页。

〔2〕 Karl Ulrich Mayer, "New Directions in Life Course Research", *Annual Review of Sociology*, 35（2009），p. 423.

〔3〕 Carter Hay & Ryan Meldrum, *Self-Control and Crime over the Life Course*, Thousand Oaks: SAGE Publications, Inc., 2016, p. 144.

〔4〕 Carter Hay & Ryan Meldrum, *Self-Control and Crime over the Life Course*, Thousand Oaks: SAGE Publications, Inc., 2016, p. 144.

机、需要、参与者的满足有关的范畴。[1]

　　3. 老年"性张力"的社会扩散

　　人在老年阶段不意味着性机能的完全衰退，相应地，由于一些因素的作用，老年"性张力"已经成为我国当前的一种社会风险。据笔者对我国"公共卫生科学数据中心"提供的数据进行统计，2004—2016 年，除在 2012 年与2013 年之间出现较大幅度回落外，60 岁及以上老年人[2]的艾滋病（AIDS）与艾滋病病毒感染（HIV）[3]的发病数均为直线上升，其中，艾滋病的发病数在 2004 年与 2016 年分别为 125 例与 10 164 例，2016 年相比于 2004 年增加了10 039例，而且，在年度间增幅上，2004—2016 年之间有两个跳跃式的上升，一是 2009 年及以后与 2009 年之前相比，二是 2015 年及 2016 年与 2015 年之前相比；在 HIV 的发病数方面，2004 与 2016 年分别为 254 例与 13 199 例，2016 年相比于 2004 年增加了 12 945 例，且在年度增幅上也有两个跳跃式的上升：一是 2008 年及以后与 2008 年之前相比，二是 2015 年及 2016 年与 2015 年之前相比（见图1）。疾病的诊断与检测是科技含量较高的工作，尤其是类似艾滋病这样较为复杂的病种。就此，有观点结合我国 2004—2013 年 HIV/AIDS 病例数的增加认为，疫情报告数增加与我国自 2004 年以来推行的"四免一关怀"政策有关，实际是全国各地 HIV/AIDS 患者的诊断和发现能力不

---

　　〔1〕　Jennifer Hillman, *Sexuality and Aging : Clinical Perspectives*, New York：Springer Science+Business Media, 2012, p. 44.

　　〔2〕　有研究指出，通常我国对老年人的界定是 60 岁或以上老年人，但是在艾滋病研究领域一般把50 岁或以上人群归属老年人。参见李再友等：《云南省瑞丽市 1989—2011 年 ≥50 岁 HIV/AIDS 疫情特征分析》，载《皮肤病与性病》2014 年第 2 期。笔者认为，艾滋病研究领域的老年人界定标准可能是考虑到了艾滋病患者或艾滋病病毒感染者的身体老化因素。在本文中，之所以将 60 岁或以上作为老年艾滋病和艾滋病病毒感染的年龄统计标准，只是为了与我国现行法律的规定保持一致，并便于与相关老年问题进行比较。

　　〔3〕　在我国的"公共卫生科学数据中心"艾滋病数据库中有两类统计数据，一是艾滋病（AIDS），二是 HIV，而在我国关于艾滋病疫情的报告中，艾滋病表述为艾滋病病人（AIDS 病人），艾滋病病毒感染者为HIV 感染者。后者的例子，可参见中国疾病预防控制中心、性病艾滋病预防控制中心、性病控制中心：《2015 年 12 月全国艾滋病性病疫情及主要防治工作进展》，载《中国艾滋病性病》2016 年第 2 期。关于"公共卫生科学数据中心"中的数据统计分类，笔者曾电话咨询过中国疾病预防控制中心，答复是 HIV 即为检测到的艾滋病病毒携带者，艾滋病即为艾滋病发病者。在本文的表述中，艾滋病病毒感染视为 HIV 感染（携带）或HIV 发病，艾滋病即为艾滋病发病，有时在中国疾病预防控制中心等的官方报告中，常对此二者加以合称，表示为 HIV/AIDS。

断得到加强的结果。[1]应当承认，一段时间以来，我国在应对艾滋病方面取得了较大进展，监测、诊断、检测技术与社会支持的进步和HIV/AIDS的病例数增加有一定的正相关关系。同时，也不能否认，HIV/AIDS的报告病例的增多还是以其实际数量为基础的。

　　按照《中华人民共和国传染病防治法》第3条第3款的规定，艾滋病属于乙类传染病。对于当前艾滋病传播的主要方式，在2018年11月23日的国家卫生健康委员会的例行新闻发布会上，"中国疾控中心"流行病学首席专家吴尊友介绍，异性性传播占到了69.6%。[2]艾滋病的传播方式有多种。关于我国的艾滋病传播，有研究曾指出，2004年我国新发现HIV/AIDS病例主要为经血液传播，占70.8%，经性传播的比例仅为8.9%，2004年以来，经性接触传染的病例数和构成比均逐年增加，2007年首次超过经血液途径感染的病例，成为HIV/AIDS报告病例的首要传播途径，到2013年，经性途径感染的HIV/AIDS病例已占当年新发现HIV/AIDS病例的90.8%。[3]为进一步了解我国近年来的艾滋病传播与性行为的关系，笔者搜集了我国公开发布的有关艾滋病疫情的报告并进行了相关统计。结果表明，从2011年到2018年的前三个季度，当年新发现的HIV/AIDS病例中属于异性性传播的均在60.0%以上，2012年及以后均在65.0%以上，如果将异性性传播与同性性传播合计，除2011年与2012年以外，在当年新发现的HIV/AIDS病例中均占90.0%以上（见表2）。结合近年来我国报告的老年艾滋病感染与艾滋病发病数的增加，可能进一步表明，在我国当前的人口老龄化阶段，老年生活的"性张力"处于趋强的紧张状态，且具有社会扩散性。在2018年11月23日国家卫生健康委员会的例行新闻发布会上，"中国疾控中心艾防中心"主任韩孟杰在回答记者的提问时指出，老年人特别是60岁的男性人群感染艾滋病的病例报告数增加

---

〔1〕 郝阳等：《"四免一关怀"政策实施十年来中国艾滋病疫情变化及特征分析》，载《中国疾病控制杂志》2014年第5期。

〔2〕《国家卫生健康委员会2018年11月23日例行新闻发布会文字实录》，载玉山县人民政府网，http://www.zgys.gov.cn/publicity_wjw/qtxx/38102，最后访问日期：2018年12月23日。

〔3〕 郝阳等：《"四免一关怀"政策实施十年来中国艾滋病疫情变化及特征分析》，载《中国疾病控制杂志》2014年第5期。

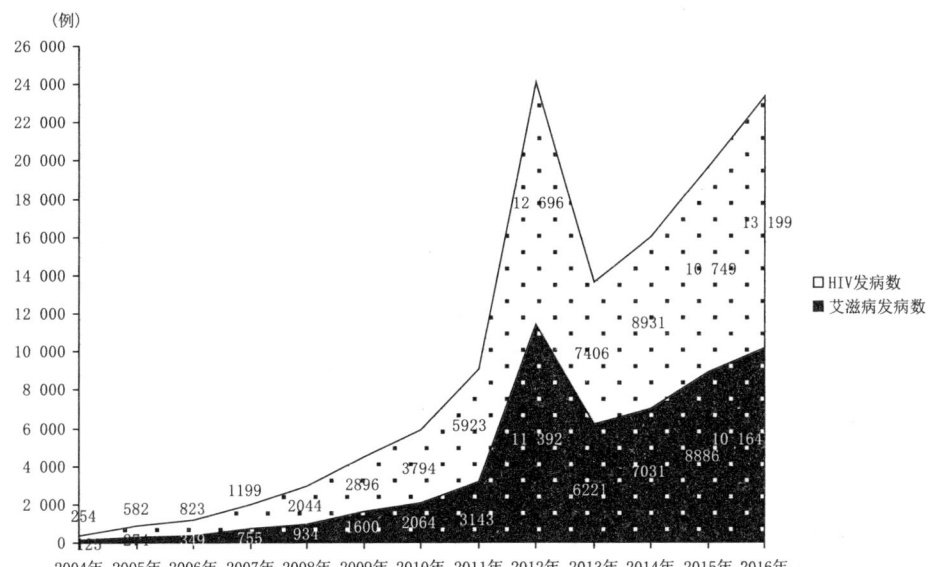

**图1 2004—2016年中国60岁及以上报告病例中艾滋病
与HIV的发病数变化趋势**

注：60岁及以上老年人的艾滋病发病数是笔者对不同年份原有数据中不同年龄段的发病数的合计，未计入原有数据中的"年龄不详"这种情况。

数据来源：中国公共卫生科学数据中心，载 http://www. phsciencedata. cn/Share/logininindex. jsp，最后访问日期：2019年1月24日。

很明显，从2012年的8391例上升到2017年的19 815例。[1]如果该结论成立，男性群体老年生活的"性张力"趋强及其社会扩散更为明显。2017年，我国国务院办公厅印发了《中国遏制与防治艾滋病"十三五"行动计划》。该文件指出，重点加强对青年学生、老年人、流动人口和监管场所人员等重点人群以及易感染艾滋病危险行为人群的健康教育工作。[2]与之形成对比的是，我国国务院办公厅在2012年印发的《中国遏制与防治艾滋病"十二五"行动计划》的相关表述是，"加强流动人口、青少年、妇女、被监管人群等重点人

---

〔1〕《国家卫生健康委员会2018年11月23日例行新闻发布会文字实录》，载玉山县人民政府网，http://www. zgys. cn/publicity_wjw/qtxx/38102，最后访问日期：2018年12月23日。
〔2〕《国务院办公厅关于印发中国遏制与防治艾滋病"十三五"行动计划的通知》，载中央人民政府网，http://www. gov. cn/zhengce/content/2017-02/05/content_5165514. htm，最后访问日期：2017年4月8日。

群的宣传教育"[1]。通过对比可发现,《中国遏制与防治艾滋病"十三五"行动计划》列出了老年人这一艾滋病防控的重点人群,且排在重点群体的第二序列。艾滋病或艾滋病感染不一定来自性传播,性行为的扩散不一定会感染艾滋病,而在艾滋病感染与性传播的结合点上,老年人感染艾滋病能够在一定程度上说明,老年生活的"性张力"紧张是我国当前的现实问题。

表 2  2011—2018 年全国艾滋病病毒感染与艾滋病的感染途径分布

单位:%

| 感染途径 | 2011 年 | 2012 年 | 2013 年 | 2014 年 | 2015 年 | 2016 年 | 2017 年 | 2018 年 | | |
|---|---|---|---|---|---|---|---|---|---|---|
| | 全年 | 全年 | 全年 | 全年 | 全年 | 全年 | 全年 | 第 1 季度 | 第 2 季度 | 第 3 季度 |
| 异性性传播 | A:62.6<br>B:62.7 | 68.0 | 69.4 | 66.4 | 66.25 | 67.1 | 69.6 | 69.2 | 69.7 | 71.1 |
| 同性性传播 | A:16.1<br>B:10.5 | 19.1 | 21.4 | 25.8 | 28.25 | 27.6 | 25.5 | 21.2 | 23.4 | 22.7 |
| 注射毒品传播 | A:15.6<br>B:16.0 | 9.3 | 7.2 | 5.6 | 4.0 | 3.8 | 3.2 | 5.3 | 2.7 | 2.4 |
| 母婴传播 | A:1.3<br>B:1.1 | 1.0 | 0.9 | 0.7 | 0.6 | 0.5 | 0.4 | 1.1 | 1.1 | 0.8 |
| 性接触加注射毒品传播 | A:1.1<br>B:1.2 | 0.7 | 0.5 | 0.4 | 0.3 | 0.2 | 0.2 | 0.4 | 0.3 | 0.3 |
| 既往输血及使用血制品传播 | A:0.7<br>B:2.6 | 0.7 | 0.1 | 0.06 | 0.02 | 0.009 | 0.003 | 0.02 | 0.01 | — |
| 既往采血(浆)传播 | A:0.6<br>B:3.5 | 0.6 | 0.05 | 0.02 | 0.02 | 0.002 | 0.001 | 0.02 | 0.007 | — |
| 传播途径不详 | A:2.0<br>B:2.5 | 0.6 | 0.4 | 1.0 | 0.5 | 0.8 | 1.0 | 2.7 | 2.6 | 2.7 |

注:在笔者搜集到的原始资料中,对 2011 年的艾滋病病毒感染与艾滋病的传播途径统计是分开的,2012 年及以后是将二者合在了一起,即 HIV 感染/AIDS;在本表中,2011 年中的 A 表示艾滋病病毒感染,B 表示艾滋病。

数据来源:2011 年数据来自中国疾病预防控制中心性病艾滋病预防控制中心:《2011 年全国艾滋病性病疫情情况及主要防治工作进展》,载《中国艾滋病性病》2012 年第 2 期;2012 年数据来自中国疾病预防控制中心性病艾滋病预防控制中心:《2012 年 12 月全国艾滋病性病疫情及主要防治工作进展》,载《中国艾滋病性病》2013 年第 2 期;2013 年

---

〔1〕《国务院办公厅关于印发中国遏制与防治艾滋病"十二五"行动计划的通知》,载中央人民政府网,http://www.gov.cn/zhengce/content/2012-02/29/content_6107.htm,最后访问日期,2017 年 4 月 8 日。

数据来自中国疾病预防控制中心、性病艾滋病预防控制中心、性病控制中心：《2013 年 12 月全国艾滋病性病疫情及主要防治工作进展》，载《中国艾滋病性病》2014 年第 2 期；2014 年数据来自中国疾病预防控制中心、性病艾滋病预防控制中心、性病控制中心：《2014 年 12 月全国艾滋病性病疫情及主要防治工作进展》，载《中国艾滋病性病》2015 年第 2 期；2015 年数据来自中国疾病预防控制中心、性病艾滋病预防控制中心、性病控制中心：《2015 年 12 月全国艾滋病性病疫情及主要防治工作进展》，载《中国艾滋病性病》2016 年第 2 期；2016 年数据来自中国疾病预防控制中心、性病艾滋病预防控制中心、性病控制中心：《2016 年 12 月全国艾滋病性病疫情》，载《中国艾滋病性病》2017 年第 2 期；2017 年数据来自中国疾病预防控制中心、性病艾滋病预防控制中心、性病控制中心：《2017 年 12 月全国艾滋病性病疫情》，载《中国艾滋病性病》2018 年第 2 期；2018 年第 1 季度数据来自中国疾病预防控制中心、性病艾滋病预防控制中心、性病控制中心：《2018 年第 1 季度全国艾滋病性病疫情》，载《中国艾滋病性病》2018 年第 5 期；2018 年第 2 季度数据来自中国疾病预防控制中心、性病艾滋病预防控制中心、性病控制中心：《2018 年第 2 季度全国艾滋病性病疫情》，载《中国艾滋病性病》2018 年第 8 期；2018 年第 3 季度数据来自中国疾病预防控制中心、性病艾滋病预防控制中心、性病控制中心：《2018 年第 3 季度全国艾滋病性病疫情》，载《中国艾滋病性病》2018 年第 11 期。

### （三）老年性犯罪的概念界定

概念的界定是对客观事物的本质属性的主观概括。近年来，我国学术界陆续出现了一些关于老年人性犯罪或老年性犯罪的研究成果。其中，有的涉及对老年性犯罪的概念界定。可以说，这些界定不仅反映着我国当前学术界对老年性犯罪的概念性认识，也可以在一定程度上为本书界定老年性犯罪的概念提供某些线索。

1. 相关研究中的老年性犯罪的概念

在我国近年来的研究中，有关老年性犯罪的概念性认识大体包括以下三类：

（1）以老年人这一犯罪主体作为界定老年性犯罪概念的前置条件。例如，《老年犯罪》一书指出，性犯罪是指与性欲的满足和性行为的进行有关的犯罪行为，老年性犯罪是指老年人实施的与性欲满足和性行为的进行有关的犯罪行为，涉及的罪名主要包括强奸罪，强制猥亵、侮辱罪，猥亵儿童罪等[1]。

（2）将我国《刑法》规定的有关罪名与对老年人这一犯罪主体的年龄限定相结合。例如，《试论老年人性犯罪》一文认为，老年性犯罪是指 60 岁以上

---

[1]　吴宗宪、曹健主编：《老年犯罪》，中国社会出版社 2010 年版，第 226 页。

的男性老年人实施的强奸、猥亵儿童的犯罪行为。[1]再如，《农村老年人性犯罪问题研究——基于 H 省的调查》一文认为，性犯罪的范围包括强奸罪、奸淫幼女罪、猥亵妇女儿童罪，而在老年人的界定上是犯罪时为 60 周岁及以上的。[2]

（3）没有明确老年性犯罪的概念，而是直接以性犯罪的概念来代替老年性犯罪的概念。例如，在《老年性犯罪初探》这篇研究老年性犯罪的硕士学位论文中，作者认为，刑法意义上的性犯罪是指故意侵犯他人的性权利、性健康或妨害与"性"有关的社会风化而违反刑事法律规范并构成刑事犯罪的行为，犯罪学等学术研究中的性犯罪是指与性欲满足和性行为有关的违法犯罪行为。[3]

老年性犯罪在我国当前不是一个研究规模较大的研究主题，在老年性犯罪的概念界定方面没有形成统一、明确的方法或规则。对上述三类界定老年性犯罪的方式予以归纳，笔者认为，其中反映了两个共性特征：一是强调以老年人为犯罪主体；二是依托于对性犯罪的理解，包括一般意义上的性犯罪概念和我国《刑法》对相关罪名的确定。简单讲，在我国当前的研究中，老年性犯罪这个概念是由老年人与性犯罪这两个术语组合而成的。或者也可以认为，已有的关于老年性犯罪的概念界定是对老年人性犯罪的概念界定。

2. 本书研究中的老年性犯罪的概念

在术语的组合中，界定老年性犯罪的概念是以老年、性与犯罪的含义，以及这三者之间的关系为基础的。根据笔者在前面的分析，围绕我国《刑法》对罪名的确定来理解性犯罪的概念是我国当前一些研究界定老年人性犯罪的主线。刑法是关于犯罪与刑罚的法律，犯罪的含义与在此基础上的犯罪及其种类的确定是刑法的核心内容之一。然而，在学术研究层面，关于何为犯罪却并不是统一的。例如，有观点指出，我国学术界存在着学科语境下的三种关于犯罪的定义，分别来自犯罪学、刑法学、刑事诉讼法学，且三种犯罪定义各有特点。[4]由此来看，至少在学术研究中，刑法可能不是当前的我国学术研究理解犯罪含义的唯一参照。

事实性是犯罪现象在犯罪研究中的基本价值，将现实生活表达为经验事

---

〔1〕 王静：《试论老年人性犯罪》，载《呼伦贝尔学院学报》2010 年第 6 期。

〔2〕 陈元：《农村老年人性犯罪问题研究——基于 H 省的调查》，载《社科纵横》2016 年第 4 期。

〔3〕 李佩嵘：《老年人性犯罪初探》，山东大学 2012 年硕士学位论文，第 4 页。

〔4〕 董玉庭：《三种语境下的犯罪概念》，载《学术交流》2010 年第 7 期。

实是事实中的犯罪现象成为研究中的犯罪现象的基础。也就是说，在注重事实这个角度，犯罪现象研究应衔接于现实生活。反之，现实生活的公共性决定了对犯罪的界定需要有统一的、能够为现实生活共同认可的规范评价尺度。按照我国《刑法》明确的罪刑法定原则，生活中犯罪的成立是以法律的认定为前提的。那么，在犯罪现象的经验事实层面，类似有观点认为"实证犯罪研究的对象只有是法定犯罪才是适当和合理的"[1]具有一定的合理性。在该角度，对于当前的一些研究而言，以我国《刑法》为参照来界定老年性犯罪的概念是有合理元素的。但是，关键的问题在于，我国《刑法》中并没有性犯罪这一术语。而且，刑事司法解释中也没有对这一术语的说明。也就是说，单纯以我国《刑法》为参照来界定什么是性犯罪并不充分。退一步讲，即使以我国《刑法》为参照，在一定程度上，仍需有一个标准来划分哪些罪名可以归入性犯罪之列。笔者认为，在这个标准中，一个不可忽视的方面是对性这一术语的理解。否则，就有可能引发性犯罪在概念上的分歧。对此，笔者试以《中国性犯罪立法之现实困境及其出路研究》一书为例加以简要说明。《中国性犯罪立法之现实困境及其出路研究》[2]一书是专门围绕性犯罪论述我国有关刑事立法的著述，性犯罪是贯穿该书思想的核心概念。按照笔者的分析，该书中性犯罪概念的形成思路主要是基于对性行为而不是对性的理解，即回避了庞杂的性与性行为的关系。尽管采用了这个话语技巧，该书中性行为的类别也被划分为狭义、广义、最广义这三个层次，且在性犯罪的界定上，又引入了"性犯罪是由性行为直接引起的"这个因素。最终，该书的作者依托我国《刑法》将性犯罪界定为：直接实施非法性行为，强迫、组织、引诱、容留、介绍他人实施非法性行为的故意犯罪。在个体的角度，犯罪是通过人的行为表现的，作为人与人之间社会关系的物化，法律所调整的社会关系的介质是人的行为。进一步说，能够表达性犯罪的物质载体只能是性行为。不过，如果忽略对《中国性犯罪立法之现实困境及其出路研究》一书中的性犯罪的概念辨析，至少需要指出两点：一是什么样的行为是性行为，即性行为的内容界定；二是类似强迫、组织、引诱、容留、介绍他人实施非法性行为

---

〔1〕 孔一：《何谓"犯罪"》，载《青少年犯罪问题》2014 年第 4 期。

〔2〕 笔者对刘芳的观点做了简单概括，相关内容可参见刘芳：《中国性犯罪立法之现实困境及其出路研究》，东北大学出版社 2015 年版，第 1~7 页。

这样的行为，究竟是行为人自己实施性行为还是帮助他人实施性行为，即性行为的主体界定。

所有的社会行为都有其面临规范评价的一面。那么，价值要素就会出现在对诸如性犯罪的异常行为的解释中。[1]在现象的角度，性犯罪是事实行为与规范评价的共同产物。因此，即使就行为的事实而言，认识性犯罪也无法绕开对性的意义的理解。否则，性犯罪就成了悬置的概念。而且，以刑事法律规范来讲，某些性行为之所以被纳入调整范畴，并不是因为性行为本身，而是因为性所承载的表达社会生活的社会关系，以及现实生活对这些社会关系的需求类别与程度。所以，假如忽略对性的理解而单在刑事法律角度界定什么是性犯罪，易导致界定标准的模糊与概念的多元。例如，有观点曾指出，根据罪刑法定原则，性犯罪应当分为广义、中义和狭义三类，广义性犯罪是指内容涉及性的犯罪，中义性犯罪是针对人身实施的与性相关的犯罪，排除了广义上以性物品、制品为内容的犯罪，狭义性犯罪是侵害性自主权的犯罪。[2]显然，如此的关于性犯罪的概念界定方式有可能最终导致同一概念的含义分歧。需要补充的是，刑事法律中的性是经过立法过滤的，只侧重在刑事法律角度理解性犯罪有可能会失去犯罪研究本身应有的对立法的某种批判性。

概念的普遍性以相应的研究语境为前提，界定老年性犯罪的概念应当注重研究语境的特点。犯罪是通过人的行为表现的。行为人以犯罪的方式实施性行为可能出于不同因素，但至少有一点可以肯定，即在性行为的外化中，性欲的满足是不可缺少的动机，如此加以理解也与我国当前社会中存在的老年"性张力"的社会风险相一致。因此，在性欲满足与性行为实施之间的关系意义上，可以将性犯罪理解为是行为人以犯罪的方式满足性欲的形式。笔者在前面曾指出，老年的含义不是固定不变的，尤其在老龄化社会，老年的含义具有较强的相对性，而按照笔者的观点，在理解老年这个术语时，应当注重生活过程与生活方式的统一。那么，结合对性犯罪以及对老年的认识，笔者认为，可以将老年性犯罪界定为：人们在老年阶段为满足性欲而实施的由刑事法律规定为犯罪的行为。

---

〔1〕 Tony Ward, "The Explanation of Sexual Offending: From Single Factor Theories to Integrative Pluralism", *Journal of Sexual Aggression*, 20 (2014), p.134.

〔2〕 晋涛：《在传统与现代之间：性犯罪的构建与解释》，载《南海法学》2017年第6期。

## 二、老年性犯罪的研究概况

对事物的认识是个连续的过程。在这个过程中，一方面，"历史上的研究能够提供'当下的开场白'"[1]；另一方面，当下的研究应当衔接于历史上的研究。注重已有的研究是展开进一步研究的前提。本书的研究主题是中国老龄化社会的老年性犯罪。在了解已有相关研究的过程中，按照相关度的大小，笔者对已有研究文献的搜集侧重于两类。其中，一类是关于中国老年性犯罪研究的，特别是关于中国老龄化社会[2]的老年性犯罪的研究；另一类是关于域外老年性犯罪研究的，主要涉及对其他国家或地区老龄化社会的老年性犯罪的研究。

（一）中国老年性犯罪研究

1. 基本概况

在中国当代的学术研究中，性犯罪和老年犯罪是相对独立的研究领域，其中包含着老年性犯罪的相关研究。从性犯罪研究来看，笔者对以我国大陆与台湾地区为研究背景的研究文章（研究报告)[3]进行了统计，结果表明以"性犯罪"为研究主题（含以老年性犯罪为研究主题）的研究文献[4]共计 215 篇[5]，

---

〔1〕　Henry Yeomans，"Historical Context and the Criminological Imagination：Towards a Three‐dimensional Criminology"，*Criminology & Criminal Justice*，19（2019），p. 460.

〔2〕　包括我国海峡两岸暨香港、澳门地区。

〔3〕　在这些研究文献的样本选取上有三个含义：一是研究文献只是笔者追踪以我国的相关问题为研究背景的方式，因而，应当纳入分析范围的研究文献只能以分析我国社会的有关问题为背景；二是从笔者搜集到的研究文献看，在老年犯罪与性犯罪这两个较大的研究主题范围内，没有出现以我国香港和澳门地区为研究背景的，只有以我国大陆与台湾地区为研究背景的，因而，在分析样本上，仅限于研究我国大陆与台湾地区的文献；三是就目前来看，汉语的电子文献数据库在收录文章这类研究文献方面较为全面和集中，而对于书籍类的文献收录相对缺乏，至于对纸质书籍的搜集，限于馆藏以及个人收藏等因素，很难说搜集得较为全面，那么，如果以文章类的研究文献为分析样本，能够获取这些数据库的其他研究者也可以进行验证与分析，而且，在反映最新研究成果以及相关研究的状况方面，文章类的文献相对更为及时与全面。

〔4〕　为便于后续引用相关统计的称谓便利，笔者将此类文献称为"中国当代性犯罪研究文章类数据库"。

〔5〕　关于这些文献的来源，除了由我国台湾地区法务部门统计处于 2010 年编印的《性侵害犯罪概况调查报告》来自北京师范大学图书馆的文献传递外，其余分别来自"中国期刊全文数据库（CNKI）""维普期刊全文库""两岸关系数据库""月旦知识库"，文献的公开发表时间截至 2017 年 12 月 31 日。此外，在文献的检索方面，主要以"老年犯罪""性犯罪""老年性犯罪""强奸""奸淫""猥亵""性侵"为主题词进行检索。在分析的过程中，对筛选出的文献进行了编码并使用"SPSS"统计技术建立了简单的数据库。

发表时间最早的文献是在 1983 年，如果忽略掉一篇属于刑事侦查技术[1]的，则是由周建青撰写的《丰富农村青年文化生活的迫切性——从青年农民的性犯罪问题谈起》[2]一文。与 2002 年及其以往相比，2002 年以后，以性犯罪为研究主题的文献数量成倍地增加，在 2013—2017 年之间发表的最多，共计 63 篇（见图 2）。在笔者搜集到的文献中，以"老年犯罪"为研究主题（含以老年性犯罪为研究主题）的研究文献[3]共计 88 篇[4]，解访在 1986 年发表的《简论男性老年的性犯罪心理》[5]一文是发表时间最早的，2002 年以后，该类文献发表的数量较 2002 年以前亦成倍地增加（见图 2）。从老年性犯罪研究的情况看，在文章方面，通过对以我国大陆与台湾地区为研究背景的研究文章的统计，在以"老年性犯罪"为研究主题的研究文献[6]中，自解访于 1986 年发表《简论男性老年的性犯罪心理》一文后，陆续有以"老年性犯罪"为主题的研究文章发表。从 1986—2017 年，该类文献共计 19 篇，全部为以我国大陆为研究背景的，其中的学位论文为硕士学位论文，数量为 1 篇。不过，如图 2 显示，关于老年性犯罪的研究文献在发表的时间上较为分散。尽管在 2008—2012 年间出现了 6 篇文章，但其中有 1 篇是硕士学位论文。如果引入文章选题中的一些不确定因素，以及研究生学位论文撰写中的必然因素[7]，1986—2017 年只出现 19 篇研究文献这种情形至少说明，关于老年性犯罪的专

---

〔1〕 为了扩大对已有相关研究的认识，笔者在搜集文献的过程中没有以学科为限，但在作为分析样本的研究文献中，不包括纯粹的有关立法与司法的法律分析范畴的内容。

〔2〕 周建青：《丰富农村青年文化生活的迫切性——从青年农民的性犯罪问题谈起》，载《青年研究》1983 年第 8 期。

〔3〕 为便于后续引用相关统计的称谓便利，笔者将此类文献称为"中国当代老年犯罪研究文章类数据库"。

〔4〕 关于这些文献的来源，除了由我国台湾地区法务部门统计处于 2012 年编印的《在监老年受刑人调查报告》来自图书馆的文献传递外，还有一篇由俞倩撰写的《空巢老人犯罪问题初探》来自论文集《刑事政策论坛》（第 4 辑）（参见俞倩：《空巢老人犯罪初探》，载严励：《刑事政策论坛》，中国法制出版社 2016 年版，第 266 页），其余则分别来自"中国期刊全文数据库（CNKI）""维普期刊全文库""两岸关系数据库""月旦知识库"，文献的公开发表时间截止到 2017 年 12 月 31 日，关于这些文章的索引可参见本文附录。此外，在文献的检索方面，主要采取了以"老年犯罪""性犯罪""老年性犯罪""强奸""奸淫""猥亵""性侵"为主题词的重复检索。在分析的过程中，对筛选出的文献进行了编码并使用"SPSS"进行统计。

〔5〕 解访：《简论男性老年的性犯罪心理》，载《中国老年学杂志》1986 年第 3 期。

〔6〕 为便于后续引用相关统计的称谓便利，笔者将此类文献称为"中国当代老年性犯罪研究文章类数据库"。

〔7〕 之所以说研究生的学位论文撰写是学术成果发表的必然因素，因为从当前的教育体制看，如果研究生撰写不出合格的毕业论文是不能取得学位的。

题研究没有太大的发展。除了文章的数量不多，在书籍类的研究文献方面，直到本书的着手，笔者未找到以"老年性犯罪"为题名的。笔者以"老年性犯罪"为检索词，在"全国图书馆参考咨询联盟""中国国家数字图书馆""读秀学术搜索"以及一些购书网站的检索平台进行中文书目检索，得到的结果也为"0"。

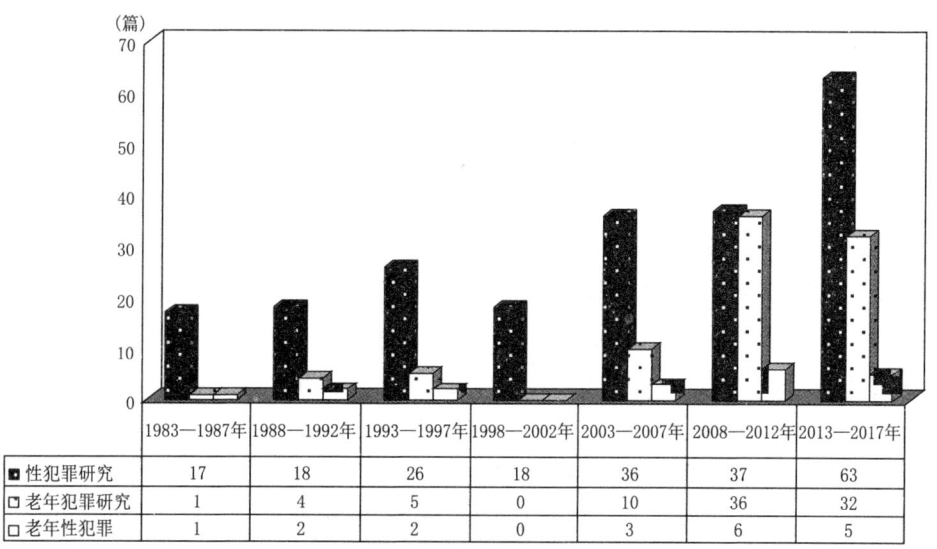

| | 1983—1987年 | 1988—1992年 | 1993—1997年 | 1998—2002年 | 2003—2007年 | 2008—2012年 | 2013—2017年 |
|---|---|---|---|---|---|---|---|
| ■ 性犯罪研究 | 17 | 18 | 26 | 18 | 36 | 37 | 63 |
| □ 老年犯罪研究 | 1 | 4 | 5 | 0 | 10 | 36 | 32 |
| □ 老年性犯罪 | 1 | 2 | 2 | 0 | 3 | 6 | 5 |

图2　中国当代"性犯罪""老年犯罪""老年性犯罪"研究文章分布

除了专门的文章，中国当代关于老年性犯罪的研究也出现在了相关研究的文章或书籍著述中。本书研究主题的背景是中国老龄化社会，在研究文献中，相关度最大的应是中国老龄化社会的老年性犯罪方面的，但从"中国当代老年性犯罪研究文章类数据库"来看，仅以标题来明确人口老龄化这个要素的只有一篇文章，是由张俭与刘金华合著的《人口老龄化背景下的老年性犯罪成因与问题探讨》[1]。

2. 研究观点综述

老年性犯罪研究不是性犯罪研究与老年犯罪研究这两个方面的简单相加，

---

〔1〕张俭、刘金华：《人口老龄化背景下的老年性犯罪成因与问题探讨》，载杨军昌、翦继志主编：《人口·社会·法制研究》（2010年卷），知识产权出版社2011年版，第164~171页。

单纯关于我国老年性犯罪的研究也并非能完全反映中国老龄化社会背景。然而，在知识的相互联结上，以我国当代社会为研究背景的老年性犯罪研究文献可能隐含着与本研究相关的线索。整合研究文献的难点是相关内容的选择。因为，一方面，研究文献综述只是"本研究"的索引而不是复制原有研究，其主要意义是从中找到相关研究线索；另一方面，研究文献的差异决定了对研究文献内容的"摘取"可能不均衡，由此影响着文献研究的可靠性。基于这两点，根据有关老年性犯罪研究的专门文献和零碎文献与"本研究"的相关度大小，笔者采取了两个方面的步骤。一方面，以当前对犯罪现象的通常研究方式所具有的"犯罪状况"和"犯罪原因"两个方面为框架，将零碎文献的内容放置在"研究观点综述"这部分，侧重对老年性犯罪状况的描述和对"本研究"的研究预设的验证；另一方面，将老年性犯罪的专门研究文献置于"老年性犯罪研究文献评析"这一部分进行单独地分析。

我国当代犯罪学界在 20 世纪 90 年代出现了涉及老龄化与老年犯罪的研究，其中有的含有老年性犯罪的研究内容。例如，在《犯罪学通论》一书的"老年人犯罪与被害"一章，康树华先生用了较多的篇幅分析了老年人涉及性的犯罪。康树华指出，某监狱六中队中 56 岁到 79 岁的老年犯共 15 名，强奸、流氓罪犯占 80%，有的老年罪犯在年轻时就犯过罪……其原因除了道德和法制观念淡漠、人生观、世界观旧意识的影响外，与老年时期生活环境的变迁、身体生理机能的变化和精神方面的变异也有很大关系，尤其是更年期后，生殖机能的变异导致生理、心理不平衡，使其无法适应社会生活环境而违法犯罪。[1]在 20 世纪 90 年代，我国开始出现以较大规模的监狱调查为基础的犯罪学实证研究。这些研究也涉及老年性犯罪问题。例如，在 20 世纪 90 年代中期出版的《当代实证犯罪学》一书在"性犯罪"这一章指出，步入中老年后，性要求及性行为能力随年龄的增长而逐渐降低，故 36 岁以上的性犯罪者最低[2]。与《当代实证犯罪学》同属于一个犯罪研究数据序列的《当代实证

---

〔1〕 康树华：《犯罪学通论》，北京大学出版社 1992 年版，第 282 页。
〔2〕 周路主编：《当代实证犯罪学》，天津社会科学院出版社 1995 年版，第 300 页。

犯罪学新编——犯罪规律研究》一书[1]在"性犯罪"这一章修正了以往的结论。该书根据统计数据指出，在老年犯罪人中，实施性犯罪的所占比重在1990—1996 年间是上升的趋势，且相对于老年犯罪人在性犯罪人中所占的比例上升更为明显（见表3）。[2]在分析老年性犯罪现象渐趋突出时，该书认为，老年人特别是老年男性仍有性方面的要求和进行性行为的条件，但他们的性要求一般得不到正当满足……部分老年人通过非法途径获取性满足。[3]21 世纪以来，我国学术界不仅在老年犯罪的文章类专题研究方面的文献较以往有所增加，还出现了以老年犯罪为专题的书籍。在这些书籍中，有的涉及了老年性犯罪问题。例如，《老年犯罪》一书依托案例分析，较为详细地阐释了我国近年来老年性犯罪的状况、原因与相关对策。该书指出，老年性犯罪在老年犯罪中占有相当大的比重，在犯罪性质上，主要是强奸罪，而且，随着老龄化进程的加快，由于丧偶、离异、分居或未婚等缘故，越来越多的老年人将处于单独居住的状态，有的独身老年人由于长期的性压抑很容易造成心理扭曲而走上性犯罪的道路。[4]老年犯罪也是我国台湾学者的研究领域，有的研究成果也包含了个别的关于老年性犯罪的论述。如戴莉认为，高龄者所针对的性犯罪被害人通常是小孩，多集中于年龄未满 14 岁的孩童，在加害者与被害者的关系上，彼此认识，通常是同住之家人、朋友之子女或是邻居的小孩等，有 1/3 的研究对象表示在犯案前曾经喝酒。[5]犯罪现象描述与犯罪原因分析以经验事实为支撑，由于不同的经验事实会得出不同的结论，加上散落于相关文献中的老年性犯罪研究不是以老年性犯罪为主题的整体研究，故关于其他老年性犯罪研究的个别观点不再赘述。

---

〔1〕 笔者自 1993 年开始参与这两部书所采用的犯罪数据的监狱调查。其中，《当代实证犯罪学》一书所用资料截止到 1993 年，《当代实证犯罪学新编——犯罪规律研究》一书所用资料截止到 2002 年，并包含前一部书中的 1990 年和 1993 年的犯罪数据。

〔2〕 周路主编：《当代实证犯罪学新编——犯罪规律研究》，人民法院出版社 2004 年版，第 343 页。

〔3〕 周路主编：《当代实证犯罪学新编——犯罪规律研究》，人民法院出版社 2004 年版，第 343 页。

〔4〕 吴宗宪、曹健主编：《老年犯罪》，中国社会出版社 2010 年版，第 241~243 页。

〔5〕 戴莉：《高龄犯罪之概念与处遇相关问题之探讨》，辅仁大学 2005 年硕士学位论文，第 16~17 页。

表3 老年性犯罪人的比例对照

单位:%

| 项目类别 | 1990 年 | 1993 年 | 1996 年 | 1999 年 |
|---|---|---|---|---|
| 在性犯罪人中所占的比例 | 6.8 | 6.3 | 7.7 | 7.9 |
| 在老年犯罪人中所占的比例 | 35.6 | 42.1 | 47.4 | — |

资料来源:周路主编:《当代实证犯罪学新编——犯罪规律研究》,人民法院出版社 2004 年版,第 343 页,表 21-4。

性欲望与性驱力的出现是男性与女性在内部与外部刺激下的性唤起过程,作为内部因素,睾酮是对人类性欲和性行为具有最大作用的激素[1],睾酮对增强男女的性欲、力量、免疫功能等有重要影响[2]。实施性犯罪是犯罪人采取的满足性欲的一种方式,而性欲的释放与人的性能力有关。性能力涉及人的生物性因素,那么,生物性差异是否与行为人最终实施性犯罪有关呢?对于人体的睾酮分泌与性犯罪的关系,有研究曾在医学角度对照普通男性,检验了改造场所的 74 名男性性犯罪者[3],结果发现,睾丸体积较正常组对照组明显增大,该研究认为,睾丸增大,产生睾酮较多,是男性性行为的因素之一[4]。还有一项对照检验研究表明,在同监狱的在押者中,性犯罪者与非性犯罪者相比,睾丸体积无显著差异,但该研究引申出了有待进一步验证的影响性犯罪的生物学因素,如双(多)Y 染色质、血浆内性激素分泌水平、人体内微量元素含量等。[5]笔者认为,实验研究的结论需要考虑控制变量。上述两项研究有一个方面明显不同,即第一项研究的研究结论是通过对比在押男性犯罪人与普通男性得出的,第二项研究则由犯罪人与犯罪人进行对比。针对这两项研究,假如引入实验对象是否受羁押这一因素,是否可以推论:具体的生活环境可能也是影响睾酮分泌的参与因素?或者可以说,在性欲压抑的条件下,睾酮分泌也许较多,生活特点可能导致男性在生理上的性驱动

---

〔1〕 周湘斌编著:《性的生理心理与文化》,冶金工业出版社 2012 年版,第 25~27 页。
〔2〕 韦叶生等主编:《医学常用检验项目及临床意义》,广西科学技术出版社 2013 年版,第 201 页。
〔3〕 按原文,性犯罪的犯罪类型包括插入(52 人)、猥亵(16 人)、轮奸(5 人)、口生殖(1 人)。
〔4〕 戴信刚等:《男性性犯罪与睾丸容积和性激素关系的研究》,载《男性学杂志》1992 年第 1 期。
〔5〕 《性犯罪原因研究》课题组:《男子性犯罪原因生物学基础初探》,载《法医学杂志》1994 年第 2 期。

增强。此外，还有研究从中医角度对比了同监狱在押的性犯罪者与非性犯罪者，研究结论是性犯罪者脉道高张力状态维持的相对时间长于非性犯罪者，表明性犯罪者的交感神经系统的兴奋水平可能高于非性犯罪者。[1]交感神经是人体植物性神经的一部分，交感神经的活动主要保证人体紧张状态时的生理需要，当机体处于紧张活动状态时，交感神经活动起主要作用。[2]但是，人的生理机能与人体功能之间的关系是复杂的。如有研究指出，男性勃起功能障碍不完全取决于睾酮[3]，可能与血管类病症有关。在常识中，性欲、性行为来自人身体的生物机能，因为没有身体的某些生物机能，根本就无从谈到性欲与性行为。然而，即使从纯粹的生物学角度，"如果被看作是交配或性源的中心神经区域遭到损害（比如通过一次立体定向的大脑手术），仍还是能有躯体的性反应和自然的性体验"[4]。因此，对于一个人是否会实施性犯罪，生物角度的性能力只是条件因素，在强调老年人实施性犯罪的生物因素的同时，应引入其生活因素。

在易导致老年性犯罪的生活因素方面，学者们曾讨论较多的一个方面是与婚姻有关的老年性伴侣的问题。例如，在由薛敦方、夏艺凯所著的《当代性犯罪透视》一书中，作者针对老年人实施性犯罪提出了一个具有解释意义的隐喻——"性失业"。概括地讲，就是由夫妻双方分居、妻子性功能减弱、家庭矛盾激化、丧偶等因素导致的男性老年人难以在夫妻关系中获得正常性需求的满足，由于这种"性失业"，一部分性需要结构超强的人就容易以犯罪的方式寻求性需求的满足。[5]关于老年性犯罪的原因，20 世纪 90 年代初出版的《中国犯罪原因研究综述》一书也列举了"性失业"，认为老年人丧偶或离异后就成为老年"性失业者"。[6]与"性失业"的观点相左，在老年性犯罪者的婚姻状况方面，我国台湾学者杨士隆等人通过对台湾地区三所监狱的

---

〔1〕《性犯罪原因研究》课题组：《性犯罪的中医体质辩证——附 101 例两尺脉图的观察》，载《法医学杂志》1994 年第 1 期。

〔2〕 王瑞等：《心力衰竭与交感神经相关的研究进展》，载《中国医药导报》2018 年第 11 期。

〔3〕 林子斌等：《血清游离睾酮在勃起功能障碍患者中检测价值的初步探讨》，载《中华男科学杂志》2017 年第 9 期。

〔4〕 ［德］福尔克马·西古希：《性欲和性行为：一种批判理论的 99 条断想》（上册），［德］王旭译，社会科学文献出版社 2018 年版，第 149 页。

〔5〕 薛敦方、夏艺凯：《当代性犯罪透视》，上海市犯罪改造研究所 1990 年版，第 86~90 页。

〔6〕 曹子丹：《中国犯罪原因研究综述》，中国政法大学出版社 1993 年版，第 314 页。

637 名罪犯的问卷调查指出，强奸犯以未婚者居多数，其次为离婚者，二者合计为 78.8%。[1]此外，也有我国台湾学者指出，在高龄性犯罪者的特征中，多数不是离婚就是分居。[2]概言之，从已有研究来看，缺少婚内性伴侣是用来解释老年人为什么实施性犯罪的一个重要切入点，或者说被认为是在实施性犯罪的老年人中较为普遍存在的一类现象。

性是身体的语言，通过身体有哪些满足性欲的方式可能是需要进一步探索的话题。不过，至少有一点需要肯定，"人类性欲的满足即使没有求偶、婚姻和家庭，同样是可以得到的"[3]，比如时下出现的"一夜情""约炮"以及互联网间的身体展示。在生活中，性的事项多被认为是私密的，人与人之间的性交流也被认为是私人间的"私事"。但是，人与人是在生活关系中存在的，只要链接于人际，性的交流就属于公共生活的一部分，同样也就自然地进入了社会规范的调整范畴。换言之，在社会生活中，人与人之间的性交流既有事实的一面，也有规范的一面。由此，虽说性伴侣的缺乏或婚内性交流的障碍可以被认为是导致老年人实施性犯罪的事实，但在规范的层面，这样的解释还是没有回答为什么有些老年人会通过犯罪的方式满足性欲，"即人们是怎么容忍这些贪婪和好奇进入人的性意识中去的"[4]。当然，这样一个问题最终使关于性的犯罪问题回归到犯罪研究而非纯粹的性研究中。"在一系列行动只有通过先前存在的制度性实践才能被确认的地方，一个行动也只有通过那种实践才能被证明是有效的。"[5]因此，在认识年老与性犯罪的关系方面，除了考虑老年期生活与性欲满足，还要考虑老年期生活与犯罪的关系，比如某些具有约束性的社会规则在老年期生活中的角色与作用。

3. 老年性犯罪研究文献评析

笔者对"中国当代老年性犯罪研究文章类数据库"中的 19 篇文章进行了

---

〔1〕 杨士隆、郑瑞隆：《台湾地区性侵犯罪成因之实证调查研究》，载《犯罪学期刊》2002 年第 9 期。

〔2〕 林子涵：《老人性侵害犯罪者的特征与其形成因素之探讨》，台湾警察大学犯罪防治研究所 2001 年硕士学位论文，第 75 页，转引自戴莉：《高龄犯罪之概念与处遇相关问题之探讨》，辅仁大学 2005 年硕士学位论文，第 16 页。

〔3〕 费孝通：《生育制度》，群言出版社 2016 年版，第 3 页。

〔4〕 [德] 福尔克马·西古希：《性欲和性行为：一种批判理论的 99 条断想》（上册），[德] 王旭译，社会科学文献出版社 2018 年版，第 100 页。

〔5〕 [英] 克里斯多夫·约翰·阿瑟：《新辩证法与马克思的〈资本论〉》，高飞等译，北京师范大学出版社 2018 年版，第 253 页。

集中分析，并通过统计和内容分析概括为以下主要特点。

（1）在内容上以阐述犯罪的现象、原因、对策的为主，多为混合研究[1]，提及人口老龄化的接近1/2，以人口老龄化为研究背景的极少。据统计，在19篇文章中，属于对策研究与犯罪人研究的各为1篇，属于在"犯罪现象""犯罪原因""犯罪对策"三者中采取不同组合模式的混合研究为17篇。在是否涉及人口老龄化方面，仅仅提到人口老龄化的为9篇，围绕人口老龄化予以展开的为1篇。

（2）仅衬托犯罪数据加以一般性说明的居多，在数据使用上，明确指出为原始数据的不到1/2。据统计，在19篇文章中，研究方式[2]以说明为主并偶尔衬托数据的为15篇，可以称为结合数据分析犯罪现象与犯罪原因的经验研究的为3篇，纯说理分析的为1篇；对于数据的搜集，明确指出[3]是为此次研究而搜集的为7篇，指出了是转引的为6篇，无法判别数据来源的为5篇。

（3）犯罪数据的循环使用现象突出。例如，李健等在2008年发表的《广安市农村老年人性犯罪的调查》一文中使用了对广安市的调查数据[4]，其后陆续引用的至少有两篇文章[5]，而缀以"重庆市高级人民法院""唐河县检察院"等字眼的数据在本来就为数不多的这19篇文章中多次出现。

（4）关于犯罪现象、犯罪原因的分析少有对相关理论的引用，也少有提出理论的解释或概括。

总体讲，上述19篇文章不仅以我国人口老龄化社会为背景的极少，真正属于经验研究的也不多，虽然有的采用了犯罪数据分析，但这些数据难以覆盖较大的时间与空间范围，且主要是将犯罪数据用于现象描述，在用于理论

---

[1] 在"研究内容"这个指标中，笔者根据19篇文章的内容划分了五类，即现象研究、原因研究、对策研究、混合研究、犯罪人研究。其中，混合研究包括"现象+原因+对策""现象+对策""现象+原因""原因+对策"等四种情形。

[2] 笔者在统计中所指的研究方式，主要是指研究者围绕观点进行阐述或说明的方式。在统计中，此方式共包括三种情形：一是使用了数据但侧重说明的"一般性说明"；二是基于统一数据的经验研究；三是没有任何数据的"纯说理分析"。

[3] 所谓明确指出的判别标准包括两个：一是作者指出了是自己搜集的数据；二是标明了数据的出处。

[4] 李健、张二军：《广安市农村老年人性犯罪的调查》，载《西南政法大学学报》2008年第3期。

[5] 这两篇文章包括李佩嵘：《老年人性犯罪初探》，山东大学2012年硕士学位论文；王静：《试论老年人性犯罪》，载《呼伦贝尔学院学报》2010年第6期。

概括方面较为欠缺。从这些文章来看，相对来说，陈元的《农村老年人性犯罪问题研究——基于 H 省的调查》在数据的搜集与使用上较为清晰。通过在 2013 年对 H 省的 17 座监狱服刑的老年性犯罪者的调查，陈元指出了一些值得关注的焦点，在犯罪现象方面，如老年性犯罪随年龄增长而递减、老年性犯罪居老年犯罪首位、实施强奸犯罪的较多、对熟人作案的较多等，在犯罪影响因素方面，如老人再婚难、老人空巢等。[1] 在分析老年性犯罪的原因时，《人口老龄化背景下的老年性犯罪成因与问题探讨》一文的作者也使用了自己在眉山的调查数据，围绕老年人的性需求、社会文化与道德等进行了分析。根据该文的观点，在社会生活中，有相当一部分人认为性生活对老年人无所谓，由于受传统思想和文化的影响，老年人不敢通过正常的途径去满足生理和心理需求，只是苦苦压抑，一旦出现特定机会，他们就会采取极端方式发泄性欲。[2] 作为"中国当代老年性犯罪研究文章类数据库"中的唯一一篇以人口老龄化为背景的文章，在"老龄化背景下老年性犯罪折射出的社会问题"这部分内容中，《人口老龄化背景下的老年性犯罪成因与问题探讨》一文涉及的仅是犯罪本身的问题，这种"以犯罪论犯罪"的研究格局决定了其难以表现老年性犯罪这种社会现象与我国老龄化社会发展之间的内在关系。

（二）域外老年性犯罪研究

人口老龄化是当今人类社会发展的趋势。据《世界人口老龄化 2015 年报告》（World Population Ageing 2015 Report），在 2015 年，除非洲外的其他世界主要区域在人口构成方面都进入了老龄化，人口老龄化程度最高的是欧洲，北美洲次之[3]。在一定的人口区域内，人口老龄化是渐显的。如果假设老龄化社会的相关社会现象的形成及其稳定性与人口老龄化的程度之间具有某种正相关关系，人口老龄化的程度越高，某种社会现象所包含的老龄化元素越明显，那么，考虑研究文献的可参考价值，在研究文献的选取方面，本部分

---

〔1〕 陈元：《农村老年人性犯罪问题研究——基于 H 省的调查》，载《社科纵横》2016 年第 4 期。

〔2〕 张俭、刘金华：《人口老龄化背景下的老年性犯罪成因与问题探讨》，载杨军昌、翦继志主编：《人口·社会·法制研究》（2010 年卷），知识产权出版社 2011 年版，第 167 页。

〔3〕 United Nations, Department of Economic and Social Affairs, Population Division, World Population Ageing 2015 Report, http://www.un.org/en/development/desa/population, 最后访问日期：2016 年 7 月 20 日。

的研究文献的研究主题或研究背景主要涉及老龄化程度相对于我国较高的一些亚洲国家以及欧洲与北美洲的一些国家。[1]

1. 基本概况

其他国家或地区关于老年性犯罪的研究较为零散。在搜集到的英文文献中，较早的以老龄化为背景谈到老年性犯罪的是美国学者戴维·O. 莫伯格（David O. Moberg）在 1953 年发表的《老年与犯罪》（Old Age and Crime）一文。在该文中，戴维·O. 莫伯格阐述了老年人的性犯罪这个类型，并利用已有文献资料分析了老年性犯罪的案发特点与相关的解释。如戴维·O. 莫伯格指出，在老年犯罪人中，初犯的发生率高，一定的犯罪类型占主导角色，如醉酒、性犯罪、侵占、诈骗等，涉及身体暴力与心智反应快的犯罪不多，对于实施性犯罪的老年人来讲，犯罪目标或被害人通常是儿童。[2]经过分析，戴维·O. 莫伯格就老年人实施性犯罪的原因归纳了三个方面：一是伴随道德抑制弱化的连续的"正常"性驱动；二是性生活（sex life）的复燃；三是"本能"欲望，如下意识地希望留有后代。[3]伴随人口老龄化的出现，一些进入老龄化的国家或地区开始关注老年与犯罪问题。如美国学者伦纳德·H. 艾迪（Ron H. Aday）指出，在老年与犯罪领域有两个议题，一是老年被害，二是老年犯罪，老年犯罪研究横贯 20 世纪 70 年代，与老年被害研究相比，老年犯罪研究颇丰。[4]不过，笔者搜集到的其他国家或地区的以老年性犯罪为主题的英文文献只有 4 篇文章（见表4），其中的一篇是博士学位论文。这些文章的作者分别来自加拿大、英国、瑞典等，在研究主题方面，主要涉及个体老化进程与性犯罪、老年性犯罪再犯风险评估、老年性犯罪者的管理等。

---

〔1〕　主要根据文献的作者或文献的研究内容来判断研究主题或研究背景所属的区域。

〔2〕　David O. Moberg, "Old Age and Crime", *The Journal of Criminal Law*, *Criminology*, *and Police Science*, 43（1953）, pp. 768-771.

〔3〕　David O. Moberg, "Old Age and Crime", *The Journal of Criminal Law*, *Criminology*, *and Police Science*, 43（1953）, p. 773.

〔4〕　Ron H. Aday, *Crime and the Elderly*: *An Annotated Bibliography*, Connecticut: Greenwood Press, 1988, pp. x-xi.

表4　其他国家（或地区）以老年性犯罪为主题的专门研究文献

| 文献名 | 发表年份 | 作者属地 | 研究内容 | 研究方式 | 是否关联老龄化及程度 |
|---|---|---|---|---|---|
| 《老年性犯罪人的社会与健康关护》（Elderly Sex Offenders in Social and Health Care） | 2005 | 英国 | 综合研究 | 文献分析 | 是；以老年人口增加为背景 |
| 《老年性犯罪人的再犯风险因素》（Risk Factors for Criminal Recidivism in Older Sexual Offenders） | 2006 | 英国；瑞典 | 老年性犯罪再犯预测 | 经验研究 | 否；以老年性犯罪者增加为背景 |
| 《老化与性犯罪：老年性犯罪人考察》（Aging and Sexual Offending：An Examination of Older Sexual Offender） | 2010 | 加拿大 | 老年性犯罪的年龄效应 | 经验研究（博士论文） | 否 |
| 《老年性犯罪人》（Elderly Sexual Offenders） | 2014 | 加拿大 | 老年性犯罪者的监禁处遇与管理 | 文献分析 | 是；以老年性犯罪者增加为背景 |

英国德温特创新社团（The Derwent Initiative）与诺森比亚大学社区安全研究所（The Community Safety Research Unit of Northumbria University）在2005年发布的《老年性犯罪人的社会与健康关护》一文是较为详细地阐述老年性犯罪问题的文献。该文指出，在老化的人口中，不仅是犯罪被害，老年人的犯罪议题也渐渐成为时事议题，英国与美国的证据表明，似乎讨论老年与犯罪之间的关系恰逢时机。[1]不过，在进行文献分析之后，该文谈到了老年性犯罪研究较少，并分析了其中的原因。如该文认为，在许多研究与学术文献中，关于老年与性犯罪之间的关系一直是作为小插曲（side-

----

　　[1]　The Community Safety Research Unit at the University of Northumbria and The Derwent Initiative, *Elderly Sex Offenders in Social and Health Care*, 2005, p. 16, http://www. tdi. org. uk/files/downloads/Elderly% 20sex% 20offenders% 20in% 20social% 20and% 20health% 20care% 20－% 20final% 20report,% 202005. pdf, 最后访问日期：2020年7月17日。

show）出现的，老年性犯罪的研究之所以贫乏，一个原因是人们觉得老年人中的性犯罪不过是老化中的一个结果，对于为什么老年人实施性犯罪，第一感觉是人在变老过程中出现机能性的智力失序或是在前列腺患者中出现的，或者说是孤独、寂寞以及收入减少等这些社会问题导致的，出于性欲随人变老而下降的认识，人们认为没有多少老年性犯罪者。[1]可以说，仅在文献量方面，欧洲和北美洲的一些国家对老年性犯罪的专门研究并不多。笔者推测，将老年性犯罪融入老龄化社会发展特点进行关联研究的可能也不多。

2. 研究观点综述

日本是当今世界人口最老的国家，日本的老年犯罪也比较突出。如果仅从汉语译著来看，一些日本学者在研究中不同程度地涉及了日本的老年性犯罪问题，而且在研究的时间方面也相对较早。例如，日本学者菊田幸一就曾在《犯罪学》一书中以"专节"的形式分析了"老年性犯罪"。菊田幸一指出，精神上的返老还童和享乐情绪增高的老人，经常利用去酒馆里消遣或深夜出去吃茶，以及到享乐设施观看裸体展览的机会而犯下性罪的为数不少……在被检举的犯性犯罪的人中，犯强奸罪的比犯猥亵罪的多，60 岁以上的老人的性犯罪，虽说是强奸，但暴力性小，多是奸污幼女，这恐怕与体力的衰弱很有关系。[2]相比于旧版的《刑事政策学》[3]，日本学者大谷实在新版的《刑事政策学》中较为详细地描述了高龄者犯罪。大谷实指出，如果说 20 年前的 1988 年的高龄犯罪者人数是 100 的话，2007 年的高龄犯罪者人数就是 199.2，大约增长到两倍。[4]在谈到高龄犯罪者的增加时，大谷实指出，并不仅仅限定于轻微财产犯罪，杀人、盗窃等重大凶恶犯罪，伤害、暴力等粗暴犯，强制猥亵等性犯罪也不少。[5]社会现象的研究需要基于现实进行思想的

---

〔1〕 The Community Safety Research Unit at the University of Northumbria and The Derwent Initiative, *Elderly Sex Offenders in Social and Health Care*, 2005, pp. 22~23, http://www.tdi.org.uk/files/downloads/Elderly%20sex%20offenders%20in%20social%20and%20health%20care%20-%20final%20report,%202005.pdf，最后访问日期：2020 年 7 月 17 日。

〔2〕 ［日］菊田幸一：《犯罪学》，海沫等译，群众出版社 1989 年版，第 144~145 页。

〔3〕 有关高龄犯罪者的描述，可参见《刑事政策学》一书的第 383~384 页。参见 ［日］大谷实：《刑事政策学》，黎宏译，法律出版社 2000 年版。

〔4〕 ［日］大谷实：《刑事政策学》（新版），黎宏译，中国人民大学出版社 2009 年版，第 417 页。

〔5〕 ［日］大谷实：《刑事政策学》（新版），黎宏译，中国人民大学出版社 2009 年版，第 418 页。

挖掘，包括地域间的知识借鉴。在与西欧一些国家的老年性犯罪及其研究的对比中，日本学者长谷川和夫等人认为，日本与西欧国家最重要的不同是性犯罪的问题，在老年期的犯罪中，这些国家的研究者提出了性犯罪所占的重要性，而日本的研究者没有提出，与西欧国家不同，性犯罪在老年期占的重要性不大，但值得指出的是，老年期的性犯罪可以看作是老年期的精神的情况是不少，虽然在过去的生活里根本没有犯罪倾向的老年人，在周围的人想象不到的时候犯了性犯罪的事例也不是很少的。[1]

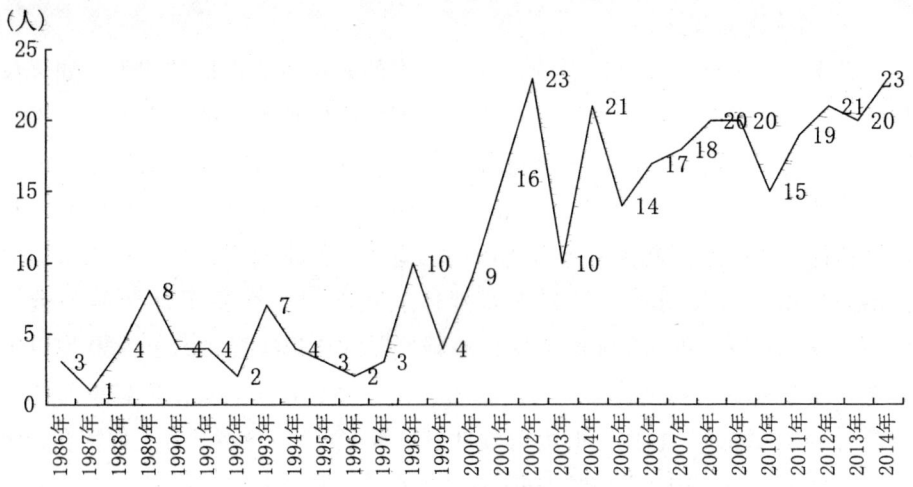

**图 3   日本 65 岁及以上的老年人因强奸被逮捕的数量变化**

数据来源：法務総合研究所：《犯罪白書（平成 27 年版）》，图 6-2-1-7，载 http://hakusyo1. moj. go. jp/jp/62/nfm/n62_2_6_2_1_2. html，最后访问日期：2020 年 1 月 10 日。

日本的犯罪数据统计研究是较为发达的。例如，从 1960 年开始，日本法务综合研究所开始编著并公开发布《犯罪白皮书》。2008 年，日本的《犯罪白皮书》在第 7 编专设了"老年人犯罪的现状与处遇"，并将老年人犯罪的犯罪年龄统计标准由 60 岁改为 65 岁[2]。从 2009—2017 年，日本的《犯罪白皮

---

〔1〕 ［日］长谷川和夫、霜山德尔：《老年心理学》，车文博等译，黑龙江人民出版社 1985 年版，第 298~299 页。

〔2〕 法務総合研究所：《犯罪白書（平成 20 年版）》，载 http://hakusyo1. moj. go. jp/jp/55/nfm/n_55_2_7_1_0_1. html，最后访问日期：2020 年 1 月 10 日。

书》在"各种犯罪的动向与犯罪人处遇"这一编专门设置了"老年犯罪人"这一章。在 2018 年，日本的《犯罪白皮书》特别设置了"老龄化与犯罪"这一编。在 2009—2017 年的日本《犯罪白皮书》中，虽然专门分析了日本的老年犯罪状况以及相关的刑事政策，却较少专门涉及老年人性犯罪问题。不过，如果着眼于 2015 年日本《犯罪白皮书》专门设置的"性犯罪的状况与再犯防止"这一编中的数据，可以发现，从 2001 年开始，65 岁及以上的老年人因强奸被逮捕的数量明显较以往增多（见图 3），从 2003 年开始，65 岁及以上的老年人因强制猥亵被逮捕的数量明显较以往增多（见图 4）。笔者根据日本总务省统计局公布的数字推算，日本 60 岁以上的人口占总人口的 10%这样的格局，大致是在 1966—1967 年间形成的，达到 20%的时间大致是在1993—1994年[1]，即日本约消耗了 28 年的时间从 60 岁及以上人口占总人口的比重为10%上升到了 20%，而后，用时大致 15 年，即在 2009 年左右又跨入了 60 岁以上人口占总人口 30%的行列[2]，显现出了人口构成在老化过程中的一种明显的累积递增特征。按照笔者前述的推算，日本大致是在 20 世纪 60 年代进入老龄化社会。相对而言，日本可能是世界上唯一的在已过去的近 50 年内具备了老龄化社会、高度-老龄化社会、超-老龄化社会三种社会形态的国家。同样，日本也可能是一个最为理想的观察老龄化现象的国家。犯罪现象是随着社会的发展而变化的。通过近年日本的《犯罪白皮书》的研究数据不妨推论，老年性犯罪在老龄化社会是值得关注的社会现象。

---

〔1〕　笔者根据日本总务省统计局的数据计算，60 岁以上的人口占总人口的比重在 1966 年约为 9.84%，在 1967 年约为 10.05%，在 1994 年约为 19.92%，在 1995 年约为 20.05%。参见総務省統計局：《我が国の推計人口》，载 http://www.e-stat.go.jp/SG1/estat/List.do? bid=000000090004&cycode=0，最后访问日期：2016 年 12 月 8 日。

〔2〕　笔者根据日本总理府统计局的数据计算，60 岁以上的人口占总人口的比重在 2008 年约为 29.11%，在 2009 年约为 30.13%。参见総務省統計局：《長期時系列データ（平成 12 年至 27 年）》，载 https://www.e-stat.go.jp/stat-search/files? page=1&layout=datalist&toukei=00200524&tstat=000000090001&cycle=0&tclass1=000000090004&tclass2=000001051180，最后访问日期：2016 年 12 月 8 日。

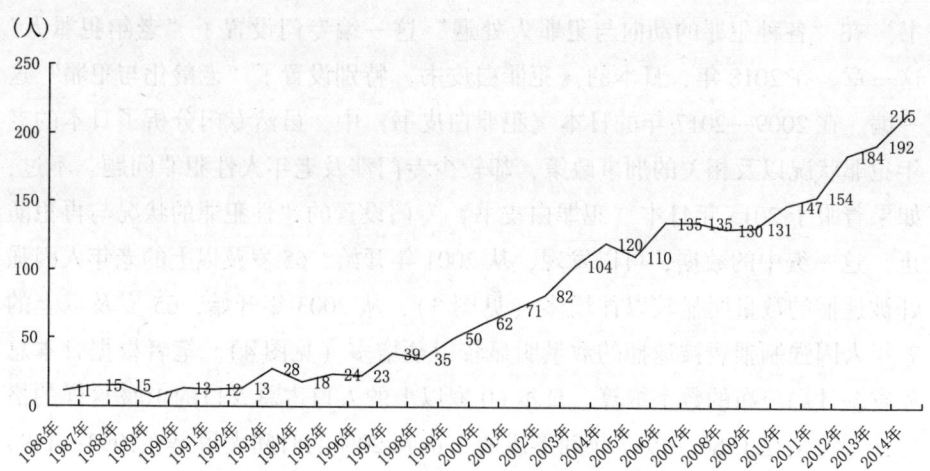

**图 4　日本 65 岁及以上的老年人因强制猥亵被逮捕的数量变化**

数据来源：法务总合研究所：《犯罪白书（平成 27 年版）》，图 6-2-1-7，载 http://hakusyo1. moj. go. jp/jp/62/nfm/n62_2_6_2_1_2. html，最后访问日期：2020 年 1 月 10 日。

　　在德国学者汉斯·约阿希姆·施奈德（Hans Joachim Schneider）的著述中，日本学者所说的西欧国家的研究者注重老年性犯罪的研究特点得到了说明。如汉斯·约阿希姆·施奈德认为，德语地区犯罪学论著的重点，历来片面地针对老年男子对孩子实施的性犯罪，总是喜欢把这类犯罪行为归因为"老年情爱"，认为这类性犯罪是体现男性力量。[1] 根据汉斯·约阿希姆·施奈德的介绍，在认识老年性犯罪方面，不同的研究有不同结论，如有的认为老年案犯想从孩子身上寻求快感，孩子对老年案犯具有吸引力，有的观点认为，老年人不会强迫孩子接受自己的性欲，主要是一些带有戏谑性质的动作，其行为本身只能被看作是一种"性功能的交流"，作案人给予孩子的是孩子在家庭中失落的爱抚、赞扬和理解，而孩子给予孤独的老人的乃是老人在婚姻生活中没有体会到的尊重和依附之情。[2]

　　德国是当前人口老龄化程度较高的国家，德国 60 岁及以上老年人口占总

　　〔1〕［德］汉斯·约阿希姆·施奈德：《犯罪学》，吴鑫涛、马君玉译，中国人民公安大学出版社、国际文化出版公司 1990 年版，第 763 页。
　　〔2〕［德］汉斯·约阿希姆·施奈德：《犯罪学》，吴鑫涛、马君玉译，中国人民公安大学出版社、国际文化出版公司 1990 年版，第 763~765 页。

人口的比重在 2015 年为 27.6%。[1]按照我国台湾学者卢映洁提供的资料，根据全德国的警方犯罪统计数字，仅有 6.3% 的犯罪嫌疑人是 60 岁或年纪更大的老年人，不过，根据自 1993 年起的全德国的警方犯罪统计数字，至 2006 年为止，老年犯罪增加了 43%，相对而言，整体的犯罪统计数字在同期内仅增加 14.8%，在老年者的犯罪类型方面，60 岁以上的犯罪嫌疑人罕见杀人罪、违反性自主犯罪、强盗罪等犯罪类型[2]。面对德国的人口老龄化，德克·拜尔（Dirk Baier）与迈克尔·汉斯麦尔（Michael Hanslmaier）预测，14 岁到 24 岁的犯罪嫌疑人的数量会有特别大的回落（下降 23.8%），而 60 岁及以上的犯罪嫌疑人的数量将上升（增加 33.3%）[3]。对此，德克·拜尔与迈克尔·汉斯麦尔认为，由于老年犯罪嫌疑人增加的基数低（因为每十万人中的犯罪嫌疑人的数量在 60 岁及以上的人中是很小的），主要决定犯罪总体趋势的是年轻人同期群的减少。[4]也就是说，按照德克·拜尔与迈克尔·汉斯麦尔的观点，即使在人口老龄化的社会条件下，老年人犯罪的也不多。关于这种现象，笔者认为，除了老年人的犯罪可能性较低之外，按照卢映洁的观点，由于对老年人较愿意宽容和少举报，因而老年人的犯罪会有较大的犯罪黑数问题。[5]卢映洁的观点与徐久生的观点近似，即在德国，老年人已达刑事责任人口总数的 25%，记录在案的老年犯罪只占 6% 左右。[6]与老年人犯罪可能存在黑数类似，德国可能也存在性犯罪的犯罪黑数问题。例如，卢映洁指出，就性犯罪案件来说，犯罪黑数的问题可能较其他犯罪来的严重，早期就有文献提到，联邦犯罪局所估计的犯罪黑数是 1∶18 至 1∶20，所以每年在德国应该

〔1〕　HelpAge International Global Network，*Global AgeWatch Index* 2015：*Insight Report*，https://reliefweb. int/sites/reliefweb. int/files/resources/global-agewatch-index-2015-insight-report. pdf，最后访问日期：2020 年 7 月 17 日。

〔2〕　卢映洁：《老年受刑人在监之相关问题研究——以德国与台湾为比较探讨研究成果报告（精简版）》，行政部门国家科学委员会专题研究计划成果报告，2012 年。

〔3〕　Dirk Baier and Michael Hanslmaier，"Crime in Germany as Reflected in the Police Crime Statistic"，in Dirk Baier，Christian Pfeiffer，*Representative Studies on Victimisation*，Nomos Verlagsgesellschaft mbH，2016，p. 32.

〔4〕　Dirk Baier and Michael Hanslmaier，"Crime in Germany as Reflected in the Police Crime Statistic"，in Dirk Baier，Christian Pfeiffer，*Representative Studies on Victimisation*，Nomos Verlagsgesellschaft mbH，2016，p. 32.

〔5〕　卢映洁：《老年受刑人在监之相关问题研究——以德国与台湾为比较探讨研究成果报告（精简版）》，行政部门国家科学委员会专题研究计划成果报告，2012 年。

〔6〕　徐久生：《德语国家的犯罪学研究》，中国法制出版社 1999 年版，第 171 页。

有 30 万个孩童遭遇到性滥用犯罪。[1]简言之，假如考虑到老年人犯罪与性犯罪的犯罪黑数，在德国，没有老年人因性犯罪而被追究并不等于说没有老年人实施性犯罪。

荷兰也是人口老龄化国家，有资料指出，预计 2040 年 65 岁以上人口将从 2014 年的 19% 增至 27%。[2]同时，荷兰还是一个在法律上将性犯罪冠以道德色彩的国家。有研究指出，在《荷兰刑法典》（The Dutch Criminal Code）中，性犯罪这一部分的标题是"反道德犯罪"，在这个标题下，性犯罪被视为反对良好的美感与道德的犯罪或粗暴的（simply）下流犯罪。[3]在荷兰，年长犯罪者是儿童虐待的专属，其中一些被称为所谓的"乱伦爷爷"（incest-grandads），这些人虐待他们自己的孩子（经常没有受到警方或法院的追究），然后再虐待他们的孩子的孩子。[4]针对这种亲属间的性乱伦行为，有研究指出，在孩提时代受到父亲性犯罪侵害的青少年性犯罪者也具有较高的实施类似犯罪的风险，由此，性虐待经由社会学习得以传输，且其角色模式就是父亲。[5]

加拿大在 20 世纪 50 年代初已步入老龄化社会。老年犯罪和老年性犯罪也吸引了加拿大学者。例如，在《老年人被害与预防》一书中，E. A. 法坦赫（E. A. Fattah）与 V. F. 萨柯（V. F. Sacco）指出，老年人的犯罪中最引人注意的是性犯罪，不过，由于大部分老年人性犯罪都不公开付诸暴力，也不以体力征服被害人迫使其就范，所以这类罪的黑数非常高。[6]就老年性犯罪现象的原因，《老年人被害与预防》一书基于已有文献资料进行了相关分析，包括

〔1〕 卢映洁：《犯罪与被害：刑事政策问题之德国法制探讨》，新学林出版股份有限公司 2009 年版，第 171 页。

〔2〕《荷兰经济政策分析局：荷兰能够应对老龄化威胁》，载中华人民共和国驻荷兰王国大使馆经济商务处网，http://nl. mofcom. gov. cn/article/jmxw/201407/20140700654009. shtml，最后访问日期，2017 年 2 月 12 日。

〔3〕 Catrien Bijleveld, "Sex Offenders and Sex Offending", *Crime and Justice in the Netherlands*, 35（2007），p. 321.

〔4〕 Catrien Bijleveld, "Sex Offenders and Sex Offending", *Crime and Justice in the Netherlands*, 35（2007），pp. 361-362.

〔5〕 Catrien Bijleveld, "Sex Offenders and Sex Offending", *Crime and Justice in the Netherlands*, 35（2007），p. 372.

〔6〕 [加拿大] E. A. 法坦赫、V. F. 萨柯：《老年人被害与预防》，青峰等译，群众出版社 1992 年版，第 46 页。

老年性犯罪现象和精神病学角度的犯罪原因归纳。例如，在儿童性侵害方面，该书指出，老年人实施性犯罪在大部分情况下选择儿童是出于方便、易得手，而不是喜欢把小孩当成性目标，不过，除了考虑老年性犯罪者自身的因素，有些儿童也不自觉地扮演了怂恿和同意者的角色。[1]

再犯罪是犯罪研究的领域之一，在国外研究者对老年性犯罪的研究中，老年性犯罪中的再犯罪也是其中的一部分内容。在笔者搜集到的文献中，主要涉及年老者的性犯罪再犯风险及其评估。例如，有研究针对年老者的性犯罪再犯风险指出，几乎每个 50 岁以上的男子都清楚，他不再拥有在二十几岁时的那些理所当然地具有的全部精力、活力与性驱力（sex drive），一定程度上，精力与性驱力是获释的性犯罪人中的一部分（也许是大部分）犯罪原因，性犯罪人的再犯罪风险必定随其变老而减弱似乎也是显而易见的。[2] 相对于以认可性犯罪的因素和这些因素与年龄增加之间的关系来推断年老者的性犯罪再犯的可能性，在经验研究的角度，塞纳·法泽尔（Seena Fazel）等人通过考察瑞典在 1993—1997 年间释放的 1303 名性犯罪者组成的同期群（cohort），调查了因性与暴力而再犯的性犯罪者的再犯率和风险。塞纳·法泽尔等人认为，平均再犯的时间是 9 年，随着年龄增加，性与暴力的再犯率明显下降，55 岁及以上的老年群体都是性犯罪者，不过，在风险的年龄效应中有一个变化并需要进一步研究的是，性犯罪者中的陌生被害人因素应当在老年性犯罪者的风险评估中加以重视。[3] 笔者认为，按照塞纳·法泽尔等人的研究结论，尽管老年性犯罪中存在再犯罪的现象，但性犯罪的这种再犯罪风险的年龄效应并不能完全表明年老和性犯罪的再犯风险大小之间是线性因果关系，因为年老与性犯罪再犯之间之所以出现年龄效应，可能还涉及性犯罪的再犯者之外的其他潜在因素。

无论是初次犯罪还是再次犯罪，犯罪行为的最终形成都不是片刻间存在的某些问题的"闪现"的结果，加上年老者属于生活沉淀程度较高的人群，

---

〔1〕［加拿大］E. A. 法坦赫、V. F. 萨柯：《老年人被害与预防》，青峰等译，群众出版社 1992 年版，第 47~48 页。

〔2〕 Marnie E. Rice and Grant T. Harris, "What Does it Mean When Age is Related to Recidivism Among Sex Offenders?", *Law and Human Behavior*, 38（2014），p. 151.

〔3〕 Seena Fazel, et al., "Risk Factors for Criminal Recidivism in Older Sexual Offenders, Sexual Abuse", *A Journal of Research and Treatment*, 18（2006）.

对老年性犯罪中的再犯罪风险进行评估可能是个复杂的过程。加拿大的马尼·E. 莱斯（Marnie E. Rice）与格朗特·T. 哈里斯（Grant T. Harris）经过研究认为，在不包含当前年龄的情况下，可以对性犯罪者的再犯罪风险评估获得乐观的结果，而这取决于对一套确定的综合性经验预测指标的评估，这些指标所反映的是青少年期反社会性的初始情况与严重程度、攻击性、成人期的犯罪史，以及诸如精神病、药物滥用、人际关系、以往的再犯情况等关乎个人生活历程差异性的其他指标。[1]不难发现，在对老年性犯罪的再犯问题的研究中，马尼·E. 莱斯与格朗特·T. 哈里斯融入了犯罪人的生命历程，或者说是突出了关于犯罪人生活史的假定。在这种研究视角中，作为一个人在生命历程中的一个生活节点，犯罪行为的出现不可能只是聚焦犯罪人当下的某些情形。而且，如果结合原因机制主导每个影响犯罪因素维度的犯罪生涯概念，在生活的发展中，动态的理论就要求研究者研究性犯罪人的不同生涯维度，认识到性犯罪人在生命历程中既会实施性犯罪也会终止性犯罪。[2]就上述方面而言，笔者认为，将生命历程概念引入对老年性犯罪中的再犯罪问题的研究具有一定的合理性，因为犯罪来自生活，而生活又是连续的，如果将老年性犯罪现象割裂于年老者的生命历程而单独认识老年性犯罪中的再犯罪，事实上等同于否认了人的犯罪与人的生活的内在关系。此外，需要指出的是，强调在老年性犯罪的再犯罪研究中融入犯罪人的生命历程这种研究方式，与在老龄化社会倡导个体发展的生命历程理念是一致的。在这个意义上，老龄化社会的老年性犯罪研究应将重心放置于人的生命历程与预防犯罪相统一的框架内。

犯罪不是抽象的行为或现象，研究犯罪不应先入为主地以某些一般的理论解释框架加以套接，相反，需要挖掘某一种或某一类犯罪的特殊之处，由此才能得出适当的解释犯罪的结论。这一点体现在国外研究者对老年性犯罪的再犯罪风险评估的研究中。例如，加拿大学者布莱德·D. 布斯（Brad

---

〔1〕 Marnie E. Rice and Grant T. Harris, "What Does it Mean When Age is Related to Recidivism Among Sex Offenders?", *Law and Human Behavior*, 38（2014）, p. 159.

〔2〕 Arjan Blokland & Patrick Lussier, "The Criminal Career Paradigm and Its Relevance to Studying Sex Offenders", in Arjan Bloklan & Patrick Lussier（eds.）, *Sex Offenders: A Criminal Career Approach*, Chichester: John Wiley & Sons, 2015, p. 16.

D. Booth）立足加拿大的人口老龄化背景指出，老年人的爆炸式增长与刑事司法系统内的罪犯有特别的关系，尤其是其中的性犯罪者。[1]在《老年性犯罪人》（Elderly Sexual Offenders）这篇文章中，布莱德·D. 布斯以矫正系统内的老龄化囚犯的增加和解决这些囚犯的特殊需求为背景，认为老年犯罪人的问题解决与老年性犯罪人是有关的，因为性犯罪人在处遇、风险评估和风险管理方面属于特殊群体，针对一些观点认为的老年性犯罪人在性驱动与性功能方面的"降温"（cooling down）会使其性犯罪与性犯罪再犯的风险降低，布莱德·D. 布斯提出了两点警告：一是一些文献在认为老年性犯罪人实施再犯罪的低风险的同时并未说是零风险；二是涉及风险评估的原则，由于在性犯罪风险评估上针对的是所有罪犯而没有考虑犯罪人的具体情况，某些在统计意义上具有低风险的单一评估因素或许在临床上表现为高风险，因而对老年性犯罪人要运用体系化（organized）的评估。布莱德·D. 布斯强调，伴随着对老年囚犯的认识，关于性犯罪人这样的特殊议题就出现了，当老年性犯罪人与年轻的性犯罪人相比呈现出表面的低风险时，有关一般角度的性犯罪文献可能并未就老年性犯罪人的特殊需求做出说明。[2]笔者理解，布莱德·D. 布斯的研究表明，性犯罪的再犯风险研究不只是对个体重复犯罪与否的测量问题，还涉及这些测量是否精确的问题，包括是否针对类似老年性犯罪人这样的不同群体适用有针对性的评估体系。因此，引申一步讲，研究老年性犯罪绝非单纯地揭示老年性犯罪的现象或认可某些研究结论，发现已有相关研究存在的问题应当作为研究老年性犯罪的一项不可忽视的重要内容。

在笔者搜集到的以老年性犯罪为主题的外文文献中，利亚姆·E. 马歇尔（Liam E. Marshall）向加拿大的金斯顿女王大学（Queen's University at Kingston）提交的博士学位论文《老化与性犯罪：老年性犯罪人考察》是唯一一篇较全面地研究老年性犯罪的著述。在该论文[3]中，作者分析了年龄与犯罪、性犯罪、老化的有关理论，并基于性犯罪理论中的选择最优化补偿（selective op-

---

〔1〕　Brad D. Booth, "Elderly Sexual Offenders", *Current Psychiatry Reports*, 18（2016），p. 33.

〔2〕　Brad D. Booth, "Elderly Sexual Offenders", *Current Psychiatry Reports*, 18（2016），p. 34.

〔3〕　关于该文的相关内容可以参见 Liam E. Marshall, "Aging and Sexual Offending: An Examination of Older Sexual Offender", PhD diss., Queen's University at Kingston, 2010.

timisation with compensation) 模式，以加拿大联邦监狱系统的 802 名性犯罪人为风险评估（risk assessment）样本，在犯罪人的个体层面分析了性犯罪产生的年龄效应。在研究中，利亚姆·E. 马歇尔按照犯罪人进入监狱的时间，将距离此次进监狱时间没有再犯性犯罪超过 7 年的史犯（historical offender）和距离此次进监狱的时间不到 7 年犯罪的初犯（first-time offender）与再犯（recidivist）进行了对比，以及将 60 岁以上的老年犯罪人与年轻犯罪人进行了对比，并运用上述两个分类的性犯罪人的交叉对比，采取了逐步假设与逐步验证的方式。最后，作者得出结论认为，在生命周期内的不同时间内，性犯罪人的性犯罪行为是有差异的。由于该文作者的研究是按分层假设与验证的程序逐次递进的，因而并没有在最后得出统一的关于人的老化与性犯罪之间关系的理论概括，只是指出了不同的研究结论对老年性犯罪人的处遇与预防的意义。

犯罪既涉及现象角度的事实，也涉及规范角度的评价。因而，由于法律规范的差异，不同国家或地区的犯罪状况不完全具有可比性。在关于其他国家或地区的老年性犯罪的研究文献的搜集中，笔者主要侧重于汉语文献与英文文献，其中所反映的主要是对一些欧洲与北美国家的老年性犯罪的研究。如果仅从这些有数量局限的研究文献来看，其主要呈现了四个特点：一是主要以实务工作需求为出发点，实务工作需求影响着老年性犯罪的研究主题选取；二是主要以已有研究为线索，显示了同类研究主题的连续与承接；三是捕捉老年性犯罪的问题意识较强，使老年性犯罪研究反映在了不同的研究领域；四是将老年性犯罪放置于人的老化历程之中加以研究，注重生命历程发展与人在老年期的性犯罪之间的关系。

（三）已有研究的主要启发

研究文献是对已有研究的记载，借助研究文献可以发现已有研究呈现的知识线索、研究结论的内在关系或研究方法的变化。从我国以往的研究来看，相对于 20 世纪 80 年代初以来的性犯罪和老年犯罪研究的进展，老年性犯罪是被忽视的研究主题。究其原因，从研究实践的角度来看，主要反映在以下两个方面。

首先，是以犯罪量作为考察犯罪现象研究的价值标准。在注重科学发现的思维中，出于不同的研究动机，哪些犯罪现象能够进入研究者的视野是没有统一的规则的。然而，我国一段时间以来的学术研究却形成了一个看似约定俗成的惯例，即以犯罪量的多少作为认定犯罪现象研究价值大小的标准。进一步说，犯罪量小的或者看不到什么犯罪量的犯罪现象，在研究角度往往不具备太大的研究价值。由于这一惯例的作用，强调犯罪量高就成为一些研究表明自身研究价值较高的依据。该现象也存在于我国近些年来的一些关于老年性犯罪的研究中。例如，笔者在检索文献的过程中发现，类似"从人口比例看，我国老年人性犯罪率并不高，但由于我国人口基数大，老年化速度快，老年人性犯罪的绝对数量不可小视"[1]这样的表述至少出现在了多篇文献中。如丁志宏认为，从人口比例来看，我国老年人性犯罪率并不高，但是，我国老年人口基数大，老龄化速度快，老年人性犯罪的规模仍不容忽视。[2]与之相仿，戴卫东等认为，虽然从人口比例来看，我国老年人犯罪率并不高，但由于我国人口基数大，老年化速度快，老年人犯罪的绝对数仍不容小觑。[3]按类似上述这些研究的预设，老年性犯罪是应当具有一定的犯罪量的。可事实上，除了犯罪量本来就是个只有参照一定的标准才能成立的变量外，到目前为止，几乎没有哪项研究对这些犯罪量的大小予以充分地说明。以事实为起点追求事实的真实是犯罪现象研究保持科学性的特征。假如一项研究没有以充分的事实证据来支撑老年人性犯罪的量确实较大这样的研究预设，等于变相否认了自身研究的合理性，犯罪的事实研究也变为猜想中的犯罪研究。显然，这样的研究难以使研究主题具备一定的知识公信力，也难以激发后续研究的探索性与连续性。具体到老年性犯罪，其研究规模的微弱就不难理解了。

其次，是以既往的研究经验构造研究主题。现实社会生活是社会科学研究的出发点，挖掘现实社会生活与犯罪现象之间的关系是犯罪研究得以深化的一条途径。然而，需要承认的是，"知觉能直接产生并且也必然产生一种关系，而关系提供了意义和结构，这又是知觉未来的目标"[4]，即当知识的构

〔1〕 朱尧利：《老年男性性犯罪值得关注》，载《广东科技报》2004年10月29日。
〔2〕 丁志宏：《老年人性犯罪的特点、原因和对策初探》，载《兰州学刊》2006年第5期。
〔3〕 戴卫东、余飞：《老年犯罪及改造问题的社会学研究》，载《中国监狱学刊》2011年第4期。
〔4〕 ［美］伯特尔·奥尔曼：《马克思的异化理论》，王贵贤译，北京师范大学出版社2018年版，第116页。

造成为一种社会实践时，其本身的经验会反过来塑造知识构造，包括可能使知识的构造过程脱离现实社会生活。这一点也或多或少地反映在了我国当前的性犯罪研究中。例如，据笔者对"中国当代性犯罪研究文章类数据库"中的以我国为研究背景的文章[1]统计，在涉及犯罪人的研究文献中，以犯罪人的年龄为标准，文章标题标明以青少年为研究对象的占了33篇[2]，再加上以未成年人为研究对象的文章，共计42篇，而标题标明以老年人为研究对象的文章只为19篇（见图5）。如果以研究文献的数量加以判别，这是否说现实生活中的老年性犯罪不如青少年性犯罪突出？假如答案是肯定的，则还是在"中国当代性犯罪研究文章类数据库"中，文章标题标明研究女性犯罪人的文章数量是研究男性犯罪人的文章数量的近3倍（见图5）。这是否说明，现实中女性的性犯罪较之男性的性犯罪更突出？事实中的犯罪现象与研究中的犯罪现象是有差异的，其中一个方面是研究视野中的犯罪现象状况涉及研究层面的研究技巧的运用。以本书中的表3为例，如果看"在性犯罪人中所占比例"这一栏，老年性犯罪人所占比例及其变化并不明显，甚至个别的小数点后的数字升降还可能包含着统计加工的因素；如果看"在老年犯罪人中所占的比例"这一栏，老年性犯罪人所占比重不仅大且渐次上升。由此产生的问题是：哪个数字系列揭示的老年人性犯罪的状况与趋势更接近于真实呢？研究者的惯习——以过往经验的综合作为感知、评估和行动的框架[3]与生活感知影响着研究过程。在研究惯习与生活感知的积累中，以往的研究经验由本来意义上的批判对象逐渐变为构造研究主题的标准甚至来源。但是，笔者的上述分析表明，至少是以已有研究文献的关注点作为研究主题构造的出发点是欠妥的，因为这个过程可能改变着研究主题在现实生活中的现实程度。在这种情形下，如果强调研究主题构造的唯文献论，就会出现类似 R. I. 莫比（R. I. Mawby）指出的研究误区，即表现得最有风险的犯罪问题却不一定在表

---

〔1〕 在笔者检索到的以我国台湾地区为研究背景的性犯罪研究文章中，没有出现有关老年性犯罪的研究文献，故在此忽略其分析。

〔2〕 文章标题是把少年为性犯罪人的归入青少年一类。

〔3〕 ［法］皮埃尔·布尔迪厄：《实践理论大纲》，高振华、李思宇译，中国人民大学出版社2017年版，第218页。

达上最受关注。[1]那么，已有的对我国老龄化社会的老年性犯罪的研究是否存在此类现象呢？

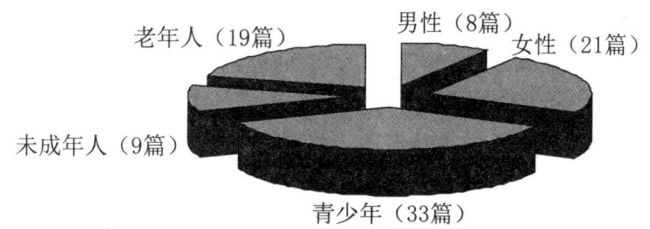

**图5　以不同年龄与性别的性犯罪人为研究主题的文章分布**

在科学研究中，文献研究环节的目的不是复制已有的研究结论，而是追寻已有的研究与其相应的现实世界的关系，以便于从中发现已有的研究在方法、资料与结论等方面的研究价值。然而，"'事件发展的逻辑'与'史家的逻辑'是相反的，在时间与事件顺序上正好相反，一个是 A→Z，一个是 Z→A"[2]。也就是说，无论是作为具有历时性的已有研究，还是作为具有"溯史回顾"特点的文献研究，都会在某种程度上脱离现实社会生活。因此，笔者上述的文献研究以及相关的评论并不能完全代表原有研究文献的实际价值和老龄化社会的老年性犯罪研究的历史与未来方向。

## 三、小结

犯罪是社会生活的反映，犯罪问题的研究应按照社会生活的特点与需要而得到调整。就我国目前来看，老龄化背景下的老年性犯罪尚未引起学术界的充分关注，已有研究也未完全确切地说明老年性犯罪的实际规模及其与老龄化社会发展之间的关系。当然，虽说有的研究涉及了我国老龄化社会的老年性犯罪问题，由于研究方式与老龄化的关联度不高，从中较难找到与本书有关的具有统一性的研究方法与研究结论方面的参照。

---

〔1〕　R. I. Mawby, "Crime and the Elderly: A Review of British and American Research", *Current Psychological Reviews*, 2 (1982), p. 302.

〔2〕　王汎森：《思想是生活的一种方式：中国近代思想史的再思考》，北京大学出版社 2018 年版，第 356 页。

老龄化与犯罪均是全球问题。国外有关老龄化社会的老年性犯罪的研究经验在某种意义上是可以借鉴的，尤其是研究主题的选取、研究思路、研究方法等这些属于研究技术层面的元素。通过前文的分析可发现，在老龄化社会的老年性犯罪研究方面，当前国外的研究程度不等地存在三大现象：老年性犯罪不是犯罪研究的一个较为集中的领域；在老年性犯罪的解释方面没有较为成熟的具有概括性的理论；对老年性犯罪与老龄化社会的关联研究未出现明显的迹象。这三大现象与我国当前的研究状况有些相似。对此，笔者认为，虽同处于人口老龄化的发展阶段，但在向国外借鉴老龄化社会的老年性犯罪研究的过程中应具有反思性，尤其是为什么有关老龄化与老年性犯罪的研究主题未引起充分关注。当然，依笔者浅见，其中一个方面是研究者中存在的研究文化——老年偏见与囿于犯罪研究的某些传统，如认为老年人的性机能是衰退的，以及人在老年期与性犯罪的关系不大等，甚至间接地反映了犯罪学研究在当前社会发展中的退化。

第二章
# 老年性犯罪的特征

老年性犯罪的特征反映的是不同角度的老年性犯罪现象的状况与变化趋势。在研究的意义上，老年性犯罪的特征既是对老年性犯罪的现象描述，也是分析老年性犯罪现象的影响因素以及研究老年性犯罪预防的事实基础。

## 一、研究数据的说明

注重经验事实的真实与完整是犯罪现象研究获得研究结论的真实与系统的重要前提。在犯罪现象研究中，能够表达经验事实的主要形式是研究数据，研究数据的获取与使用影响着研究结论的合理性，也影响着研究结论能够得到公共判别的程度。"任何经验学科中的理论都必须以两种方式与该学科的'数据'（data）相关：它必须与其相容，也必须能推动进一步的经验研究。"[1]本书研究的是中国老龄化社会的老年性犯罪。那么，在对该主题的研究中，关于研究数据至少需要明确研究数据与研究主题的契合状况。

（一）研究数据的类型

在研究老年性犯罪的过程中，笔者使用的有关性犯罪的研究数据主要是以"中国裁判文书网"中已生效的刑事案件的判决书与裁定书为母体。其中，研究数据的类型主要涉及性犯罪与老年性犯罪两个类别。

1. 性犯罪数据的类型

在犯罪的法律确定维度，性犯罪不是我国现行刑事法律中的专有名词，

---

〔1〕 ［美］彼得·L.伯格、托马斯·卢克曼：《现实的社会建构：知识社会学论纲》，吴肃然译，北京大学出版社 2019 年版，第 234 页。

现行的刑事司法解释也没有关于哪些犯罪是与满足人的性欲有关的阐释。因此，即使在理论上明确性犯罪是行为人为满足性欲而实施的性行为，上述状况也影响着犯罪现象研究中的经验事实提取。2013 年 10 月，最高人民法院、最高人民检察院、公安部、司法部发布了《关于依法惩治性侵害未成年人犯罪的意见》。在该文件中，性侵未成年人中的性侵所涉及的罪名包括强奸罪，猥亵儿童罪，强制猥亵、侮辱妇女罪。[1]2016 年 12 月，最高人民法院网站发布了《司法大数据专题报告：性侵类犯罪》这个研究报告。该研究报告对 2014 年 1 月 1 日到 2016 年 9 月 30 日的刑事一审审结案件进行了有关的统计分析。在该研究报告中，性侵类案件在 2014 年到 2015 年 10 月涉及强奸，强迫卖淫，强制猥亵、侮辱妇女，猥亵儿童，引诱幼女卖淫，嫖宿幼女；而在 2015 年 11 月到 2016 年 9 月这个时间阶段，性侵类案件中的罪名排除了嫖宿幼女罪。[2]从发布者的角色来看，《关于依法惩治性侵害未成年人犯罪的意见》与《司法大数据专题报告之性侵类犯罪》对性侵类案件的罪名划分是有一定的权威性与代表性的。那么，如果以《关于依法惩治性侵害未成年人犯罪的意见》和《司法大数据专题报告之性侵类犯罪》为参照，笔者认为，在直接表达满足行为人的性欲这个层面，能够在研究的角度确认为性犯罪的行为，则包括以人体攻击为特征的强奸与猥亵。

强奸与猥亵这两种性犯罪能够体现以人际攻击为特征的性侵犯行为，但由于涉及研究数据的准确性，关于这两种犯罪在司法实践适用中可能出现的情况仍需进一步地分析。对于强奸行为的成立，在我国当前的刑法教科书中，一般是按照受害人为年满 14 岁和不满 14 岁为界，分别定义为男性生殖器对女性生殖器的"插入式"与"接触式"。[3]作为生理常识，人们对强奸这种行为的方式与内容是不难理解的。然而，关于什么是猥亵，笔者在调研中了解到，这是司法部门不易把握的一个概念，而理论界对猥亵的理解也没有统一、清晰的标准。例如，有观点认为，对于受害人为 14 岁以上的女性，猥亵

---

〔1〕 最高人民法院、最高人民检察院、公安部、司法部：《关于依法惩治性侵害未成年人犯罪的意见》，载最高人民检察院网，http://www.spp.gov.cn/zdgz/201310/t20131025_63797.shtml，最后访问日期：2017 年 8 月 16 日。

〔2〕 司法大数据研究院、司法案例研究院：《司法大数据专题报告之性侵类犯罪》，载最高人民法院网，http://www.court.gov.cn/fabu-xiangqing-63182.html，最后访问日期：2017 年 11 月 2 日。

〔3〕 王作富主编：《刑法》（第 6 版），中国人民大学出版社 2016 年版，第 376 页。

是指性交以外的具有淫秽性质的下流行为，对于男性，是一切侵害性权利的犯罪，猥亵行为既包括肉体的直接接触，也包括利用工具侵害受害人的隐私部位，以及当众裸露性器官等[1]；所谓猥亵他人，是指针对他人实施的，刺激满足行为人或第三者的变态性欲，侵犯他人性决定权的行为[2]。在我国《刑法》明确的罪刑法定和罪责刑相适应这两个基本原则之下，罪名构成的判断是刑事司法裁量的重要环节，尤其涉及对不同罪名的构成要件的辨析。为此，由于侵害行为的作用对象均为人的身体且与性欲满足有关，是否以性交为目的则成为一些观点判别猥亵与强奸这两种行为的主要指向。如有研究者指出，所谓性交以外的猥亵行为，是指性交以外的带有明显的性色彩、性倾向的下流行为。[3]"对物体深层的科学探查会使其表层变得难以理解"[4]，如前述，性本来就是一个尚未统一的概念，加上术语的界定可能含有界定者的个人语境，如果仅着眼上述关于猥亵的三种理解，其中至少涉及在判定是否属于猥亵时的三个关键问题：如何辨别是否属于性交的范畴；如何在不同性别的被害人之间区分不同的行为内容与方式；如何认识性欲满足的第三方介入。应当说，对何为猥亵的理解差异可能造成司法适用的标准不完全统一。因此，考虑到司法实践中可能出现的罪名适用的因素，笔者只将强奸案件作为考察性犯罪的研究数据来源。

2. 老年性犯罪数据的类型

老年性犯罪是由人们在老年阶段实施的，但老年本身并不是个固定的术语。对此，为更为明确地从生命历程角度观察老年性犯罪的特征，笔者采取了对不同犯罪年龄的性犯罪人进行比较分析的方法。从以往关于老年人性犯罪的研究来看，在截取犯罪现象的研究样本时，多侧重于老年人的具体年龄节点，并通常将犯罪时年满 60 岁的人视为老年人性犯罪的犯罪主体。也就是说，对老年人性犯罪现象的分析是在实施性犯罪的老年人中展开的。就老年人实施性犯罪这种现象而言，类似上述这种方式的犯罪数据截取在研究中不能说存在什么问题。而且，按照我国《老年人权益保障法》的规定，年满 60

---

[1] 李梦洁：《强制猥亵罪问题研究》，河北师范大学 2016 年硕士学位论文，第 19 页。
[2] 韩玉胜主编：《刑法学原理与案例教程》（第 4 版），中国人民大学出版社 2018 年版，第 383 页。
[3] 陈兴良：《罪名指南》（第 2 版·上册），中国人民大学出版社 2008 年版，第 689 页。
[4] ［英］罗杰·斯克鲁顿：《性欲：哲学研究》，朱云译，南京大学出版社 2016 年版，第 11 页。

周岁的公民就是老年人。然而，产生犯罪的社会生活是连续的，如果只将犯罪事实的提取限定于犯罪时年满 60 岁的人，由此产生的主要问题是，老年期是渐进的，一个人在 59 岁和在 60 岁实施性犯罪是否有本质的区别？此外，笔者在调研中还发现，有些年届 60 岁的人实施的强奸犯罪是持续多年的，即在其年满 60 岁之前就已经开始实施强奸犯罪了。年龄的意义寓于社会生活。如果脱离社会生活而仅就年龄与犯罪的关系而论，"在一些条件下，年龄效应可能是不起作用的"[1]。

年龄是一种生活元素，年龄可以成为划分人的生活特点的标准，但年龄不能分割人的生活过程。当然，单在统计的角度，将行为人犯罪时年满 60 岁作为认定老年人性犯罪的犯罪主体标准有一个优势，就是能较为精确地阐释由老年人实施的性犯罪的量和老年人实施性犯罪的特征。然而，这种研究方式的不足是，易忽略在不同生命历程中考察人的老化过程对其实施性犯罪的影响，以及老年人实施性犯罪有哪些特殊之处。特别需要强调的，则是会改变老年人性犯罪现象的某些轮廓。对此，笔者试以最高人民法院网站发布的《司法大数据专题报告之性侵类犯罪》这个研究报告加以说明。在《司法大数据专题报告之性侵类犯罪》中，关于被告人，只有年龄段的划分而没有年老与年轻的分类。如图 6 所示，按照《司法大数据专题报告之性侵类犯罪》，如果把老年人的年龄起点界定为 65 岁，老年人实施的"性侵类犯罪"占 3%，如果把老年人的年龄起点界定为 55 岁，老年人实施的"性侵类犯罪"占 9%。显然，在不同年龄起点的界定中，老年人实施的"性侵类犯罪"所占的比重是不同的。当然，对老年人实施的"性侵类犯罪"所占比重的不同认识影响着研究结论。

老龄化社会的老年性犯罪研究不应只是"创造"一类犯罪现象，还要分析以性犯罪为介质的人的老化与其生活之间的关系。而且，如此一来，人的老化与其生活之间的关系"这个领域的理论发展与研究发现可能有助于研究其他年龄群体的犯罪行为"[2]。所以，在对"主数据"的提取中，笔者将分析范围扩展至整个性犯罪，只是在分析技术上以人的年龄持续为特征，将犯

---

〔1〕 ［美］迈克尔·戈特弗里德森、特拉维斯·赫希：《犯罪的一般理论》，吴宗宪、苏明月译，中国人民公安大学出版社 2009 年版，第 121 页。

〔2〕 Edith Elisabeth Flynn, "Elders As Perpetrators", in Max B. Rothman, et al. (eds.), *Elders, Crime, and the Criminal Justice System*, New York: Springer Publishing Company, 2000, p. 44.

罪人的犯罪年龄划分为 13 个区间：14~18 岁；18（不含）~25 岁；25（不含）~
30 岁；30（不含）~35 岁；35（不含）~40 岁；40（不含）~45 岁；45（不含）~
50 岁；50（不含）~55 岁（不含）；55~60 岁（不含）；60~65 岁（不含）；
65~70 岁；70（不含）~75 岁；75 岁（不含）以上。

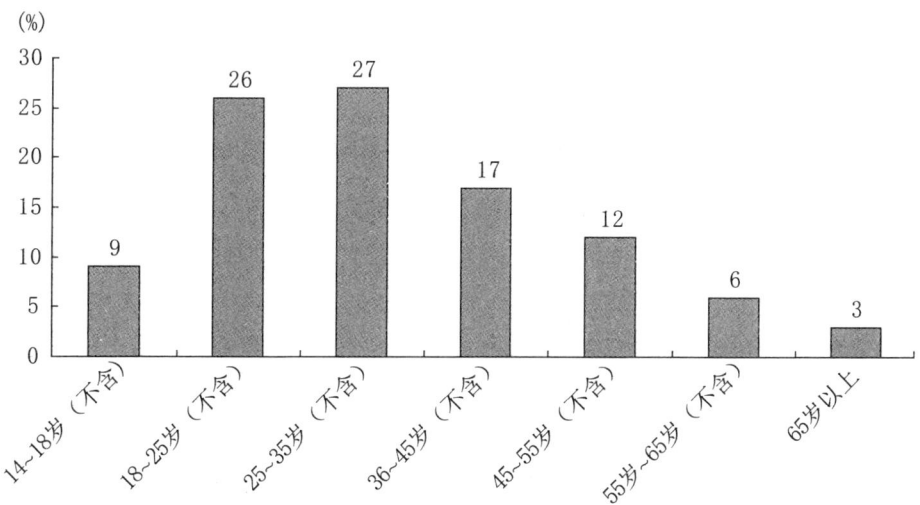

**图6　2014 年 1 月—2016 年 9 月全国刑事一审审结性侵类案件中被告人的年龄段划分**

资料来源：司法大数据研究院、司法案例研究院：《司法大数据专题报告之性侵类犯罪》，载 http://www. court. gov. cn/fabu-xiangqing-63182. html，最后访问日期，2017 年 11 月 2 日。

（二）老年性犯罪数据的时-空分布

研究数据需要契合于研究主题。本书研究的是我国老龄化社会的老年性犯罪。那么，就研究数据而言，既要在所反映的时间上包含我国的老龄化进程，也要尽量反映我国的整体情况。笔者提取老年性犯罪事实的"主数据"来自"中国裁判文书网"发布的强奸案件的一审判决书与二审裁定书。在所提取的数据中，一审判决书中的起止年份为分别 2004 年与 2014 年，共 1689 份。"中国裁判文书网"公布的该时间段的强奸案件的一审判决书为 1810 份，笔者录入的约占 93.31%，涉及的犯罪人数为 1782 人；所录入的二审裁定书的起止年份分别是 2009 年和 2016 年，共 1201 份，"中国裁判文书网"公布的该时间段的强奸案件的二审裁定书为 1964 份，笔者录入的约占 61.1%，涉及的犯罪人数为 1341 人，与录入的一审判决书中的犯罪人数合计为 3123 人。为便于在后文清晰地表达数据的运用与来源，笔者将这些取自"中国裁判文书网"的强奸案件的研究数据称为"强奸案件性犯罪数据"。[1] 笔者建立的"强奸案件性犯罪数据"中的数据是从 2004 年到 2016 年的，跨越了我国进入老龄化社会之后的 13 个年度。鉴于有的法律文书没有明确显示犯罪人的犯罪地，为明确这些数据所涵盖的地域范围，笔者引入了以省级行政区划为单位的"案发地"和法律文书体现的以省级行政区划为单位的"终审法院地"[2] 这两个指标，并以犯罪人所占比重的分布状况进行了比较。结果表明，在"案发地"与"终审法院地"这两个指标中，犯罪人所占比重分布的变化不大，且在全国各省份的分布态势是趋同的（见图 7）。也就是说，"强奸案件性犯罪数据"能够大体在全国这个层面反映一定程度上的性犯罪的基本情况。

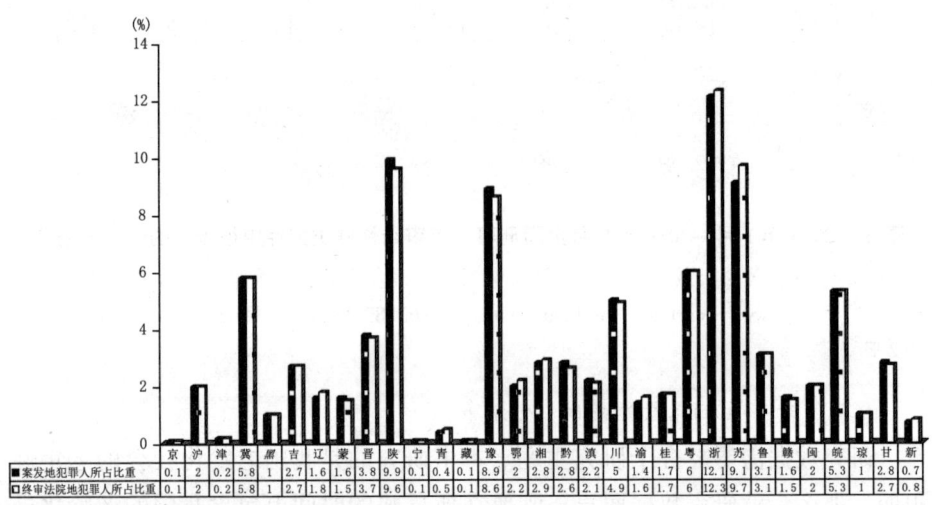

| | 京 | 沪 | 津 | 冀 | 晋 | 吉 | 辽 | 蒙 | 晋 | 陕 | 宁 | 青 | 藏 | 豫 | 鄂 | 湘 | 黔 | 滇 | 川 | 渝 | 桂 | 粤 | 浙 | 苏 | 鲁 | 赣 | 闽 | 皖 | 琼 | 甘 | 新 |
|---|---|---|---|---|---|---|---|---|---|---|---|---|---|---|---|---|---|---|---|---|---|---|---|---|---|---|---|---|---|---|---|
| ■案发地犯罪人所占比重 | 0.1 | 2 | 0.2 | 5.8 | 1 | 2.7 | 1.6 | 1.6 | 3.8 | 9.9 | 0.1 | 0.4 | 0.1 | 8.9 | 2 | 2.8 | 2.2 | 5 | 1.4 | 1.7 | 6 | 12.9 | 19.1 | 3.1 | 1.6 | 2 | 5.3 | 1 | 2.8 | 0.7 |
| □终审法院地犯罪人所占比重 | 0.1 | 2 | 0.2 | 5.8 | 1 | 2.7 | 1.6 | 1.6 | 3.7 | 9.6 | 0.1 | 0.5 | 0.1 | 8.6 | 2.2 | 2.9 | 2.6 | 4.9 | 1.6 | 1.7 | 6 | 12.9 | 9.7 | 3.1 | 1.6 | 2 | 5.3 | 1 | 2.7 | 0.8 |

**图 7　2004—2016 年全国强奸犯罪（省级行政区划）的地域空间分布**

---

〔1〕　本书凡未明确指出数据出处的数据，均来自该类数据。

〔2〕　根据我国《刑事诉讼法》第 25 条的规定，刑事案件由犯罪地人民法院管辖。

## 二、老年性犯罪的基本特征

老年性犯罪的基本特征是以性犯罪人的年龄增加为参照，进而对老年性犯罪的基本状况与变化趋势进行的分析。

（一）犯罪年龄增长中的老年性犯罪

在性犯罪的总体中，性犯罪人的犯罪年龄分布是不同的。如果将性犯罪总体中的性犯罪人的犯罪年龄分布看作犯罪人的犯罪年龄变化的连续过程，在犯罪人的犯罪年龄增长的变化中，就可以发现老年性犯罪的一些基本状况。

犯罪人的犯罪年龄的变化可以在一定意义上反映不同的性犯罪人随着犯罪年龄的增加而表现出来的实施性犯罪的可能性。笔者的统计表明，在犯罪年龄的变化中，性犯罪群体呈现了犯罪年龄趋增中的性犯罪的可能性趋减的特征。据对"强奸案件性犯罪数据"的统计，犯罪年龄为 14～18 岁的犯罪人所占比重为 2.9%；犯罪年龄为 18（不含）～25 岁的犯罪人所占比重为 34%，是在所有犯罪年龄段中占比最高的，25 岁以后的各个犯罪年龄段的犯罪人所占比重依次降低；所占比重居于第二位的是 25（不含）～30 岁的犯罪人，为 20.4%，该犯罪年龄段之后的 30（不含）～35 岁的犯罪人所占比重骤降，为 10.7%，其后，各犯罪年龄段的犯罪人所占比重趋于平缓地逐次降低（见图 8）。如果把笔者统计的性犯罪人的犯罪年龄分布看作一个连续的整体，如图 8 所示，可以将这个连续的整体呈现的样态比作一个近似的"蝌蚪"状。其中，处于"蝌蚪"尾部的是 14～18 岁的未成年人；处于"蝌蚪"头部的是 18 岁以上到 30 岁的；处于"蝌蚪"躯干部的是 30 岁以上的，并在大致 50 岁以上开始显现出较为细长的"尾部"；如果按照以往的研究将犯罪时年满 60 岁作为老年人性犯罪的年龄节点，60 岁及以上的人所占比重为 3%，接近于"蝌蚪"尾部的末端，所占比重与处于"蝌蚪"尾部的 14～18 岁的未成年人相仿。由上述统计可发现，实施性犯罪的犯罪人的犯罪年龄趋增与性犯罪人实施性犯罪的可能性趋减是大致同步的。对此，或可推论，以强奸犯罪为代表，性犯罪出现的可能性大小具有较为明显的年龄阶段效应，特别是从 25 岁之后的青年期之后开始，伴随人的年龄的逐渐增加，性犯罪逐渐退出活跃期而进入以"休眠"为特征的"老化"阶段。

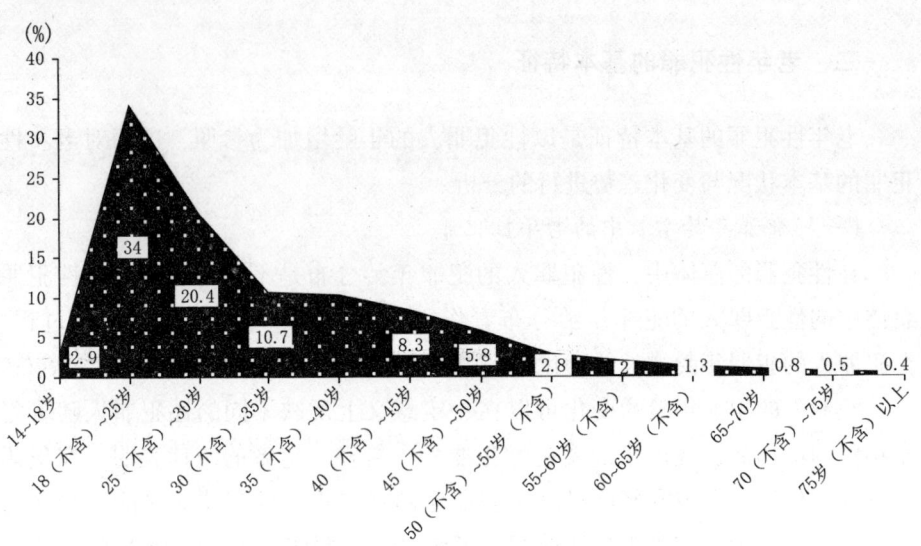

图 8　性犯罪人的犯罪年龄分布（n=1767 人）

　　按以往将犯罪量作为衡量犯罪现象严重程度大小的研究惯例，假如将 60 岁及以上的人实施的性犯罪视为老年人实施的性犯罪，结合笔者的上述统计，其所占比重为 3% 这个结果似乎与近年来一些媒体报道谈到的老年人性犯罪的严重程度不太吻合。考虑到在数据录入时可能存在因一部分法律文书未明确提及被告人的出生日期与案发时间所导致的数据失误问题，笔者将图 8 中的犯罪人在犯罪年龄上的分布趋势与图 6 显示的《司法大数据专题报告之性侵类犯罪》中的数据进行了对比。结果表明，在图 8 与图 6 中，一方面，行为人所占比重较大的都有 18~25 岁这个年龄段，且处于 18~35 岁这个年龄段的行为人所占比重均为 50% 以上；另一方面，尽管图 6 中没有出现被告人为 60 岁及以上这样的年龄段划分，但如果将其中的 55 岁及以上群体所占比重为 9%、65 岁及以上群体所占比重为 3% 这两个数字和图 8 中的 55 岁及以上的占 5%、65 岁及以上的占 1.7% 加以对比，图 6 与图 8 中的这两个群体的所占比重分布趋势趋同。简言之，将"强奸案件性犯罪数据"的统计结果与《司法大数据专题报告之性侵类犯罪》相比，可得出结论：相对于除未成年人以外的其他年龄段，年老者在性犯罪人中所占的比重可能确实不是很突出。具体到笔者的统计结果，即使考虑数据中存在犯罪人的犯罪年龄的缺失值，由年满 60 岁的人实施的强奸犯罪所占比重至多也是在 3% 到 4% 之间。犯罪是社会生活的一种生态,对犯罪的研究需要着眼于这种生态的特质,而不能仅将其抽象为以研究者意向为转移的数字或文字。因此,笔者认为,对于由年老者实施的性犯罪的数量至少应引入另一个话题:究竟是需要在媒体报道和科学研究之间进行老年人性犯罪严重与否的辩论,还是需要思考如何看待我国在老龄化社会出现的人的年老与性犯罪的关系。当然,笔者倾向于后者。

除了案发时间可能存在差异,"强奸案件性犯罪数据"与《司法大数据专题报告之性侵类犯罪》所采用的数据都来自我国全国法院系统审结的刑事案件。基于此,应当予以指出的一个关键环节是,通过将图 6 中的性侵类案件被告人的案发年龄分布与图 8 中的性犯罪人的犯罪年龄分布进行对比,可发现,由图 6 的性侵类案件所标明的被告人的案发年龄的整体分布趋势和图 8 所揭示的性犯罪人的犯罪年龄整体分布趋势是趋同的。按照《司法大数据专题报告之性侵类犯罪》的统计,强奸案件在 2014 年到 2015 年 10 月以及 2015 年 11 月到 2016 年 9 月分别占 79.8% 和 82.5%。[1] 在《司法大数据专题报告之性侵类犯罪》中的性侵类案件所包含的罪名与笔者采用的强奸案件之间具有逻辑上的属种关系这个角度,可推论,以强奸案件作为分析我国性犯罪的样本具有一定的代表性。同样,如果结合笔者的统计与《司法大数据专题报告之性侵类犯罪》,以犯罪量为参照,近年来我国的性犯罪现象具有明显的年龄期效应,即以大致 35 岁为界,性犯罪出现的可能性明显趋于减少,且行为人的年龄越大,性犯罪出现的可能性越低,在 50 岁以上的群体中,该特征尤为突出。当然,如果仍将 60 岁作为界定实施性犯罪的老年人的年龄节点,老年人性犯罪中的高风险群体是相对年轻的老年人。

在生物学角度,作为一个伴随人之成长的生物时间的累积,人体的衰老是在人的生活时间的动态延续中渐显的动态的老化(aging)过程。[2] 人体的生物老化是多方面的,不仅表现于人的外在形体、容貌,身体器官、神经系统、心血管系统、消化系统等也会发生改变,包括人的内分泌系统,如老年

---

〔1〕 司法大数据研究院、司法案例研究院:《司法大数据专题报告之性侵类犯罪》,载最高人民法院网,http://www.court.gov.cn/fabu-xiangqing-63182.html,最后访问日期:2017 年 11 月 2 日。

〔2〕 梅慧生:《人体衰老与延缓衰老研究进展——人体老化的特征和表现》,载《解放军保健医学杂志》2003 年第 1 期。

期的激素水平普遍下降，特别是睾丸、卵巢及有关的性器官萎缩。[1]象征人的老化进程的重要量化标志是人的年龄增长。那么，以常识推论，由于人的增龄而出现的生物基质的功能性退化，作为原发于身体的性，其相应的生物机能也会有所变化，"性兴趣与性功能必定随年龄的增长而衰退，这是当男人变老时而发生的最初变化"[2]。基于一种假设寻找事实既是对已有假设的证实或证伪，也是设置发现新问题的线索。笔者认为，对于性犯罪中出现的年龄期效应，虽然不排除生理角度的人的性能力可能随着人的年龄增加而有所弱化的因素。但是，如果将人的性能力降低看作是处于老年期的人实施性犯罪的可能性减少的必然因素，则是不适当的。因为，实施性犯罪的可能性减少可能从 35 岁左右的青年期就已经开始了。而且，处于青春期的未成年人实施性犯罪的可能性也极低。换言之，单纯以人在老年期的性能力来推导其以犯罪行为来满足性欲的必然与否，并不具备充分的解释力。

（二）"年龄-性犯罪-曲线"与性犯罪的老龄化

随着犯罪人的犯罪年龄增长，性犯罪显现了较为规则的犯罪量趋减的曲线变化。这是笔者在前述的统计结果。由此，是否意味着性犯罪的可能性与人的年龄增加成反比呢？笔者认为，认识这种现象的出发点是，犯罪现象的变化不会脱离现实社会生活的特点。

1. "年龄-性犯罪-曲线"中的老年性犯罪

人的年龄变化可以用来浓缩人的社会成长历程以及隐含于其中的人与社会的关系，而人的年龄变化轨迹也就可以作为观察和分析某些社会现象的参照，人口的老龄化如此，犯罪现象亦如此。例如，在谈到犯罪学中增长的纵向研究将年龄效应作为研究工具时，美国学者特拉维斯·赫希（Travis Hirschi）与迈克尔·戈特弗雷德森（Michael Gottfredson）指出，这种研究重点在年龄与诸如"生涯犯罪人""再犯"与"中断"之类概念的联结中赢得了魅力，所有的这些都被认为在理论与实务方面是相当重要的，所有的这些都

---

〔1〕 梅慧生：《人体衰老与延缓衰老研究进展——人体老化的特征和表现》，载《解放军保健医学杂志》2003 年第 1 期。

〔2〕 [英] 罗杰·戈斯登：《欺骗时间：科学、性与衰老》，刘学礼、陈俊学、毕东海译，世纪教育集团、上海科技教育出版社 2014 年版，第 220 页。

被认为有必要通过定义和纵向设计开展研究。[1]不仅如此，特拉维斯·赫希与迈克尔·戈特弗雷德森甚至得出结论："犯罪的年龄分布的恒定跨越了社会的与文化的条件。"[2]从已有研究来看，将人的年龄变化与犯罪现象之间的关系作为研究主题主要见之于犯罪人生涯研究或犯罪人生命历程研究，相关的主要研究结论是，犯罪的可能性在人的年龄增加中趋减。例如，从较早的研究来看，美国学者谢尔登·格卢克（Sheldon Glueck）与埃莉诺·格卢克（Eleanor Glueck）在20世纪30年代指出：只有在老化这个因素内，才能对远离犯罪行为的趋势增长这个发现给予有意义的解释。[3]谢尔登·格卢克与埃莉诺·格卢克在此处所讲的"老化"指的是人的以年龄增长为标志的成长过程。[4]年龄是由行为人显现出来的最明显的生活变量之一。因此，在犯罪学研究中，犯罪方面的最稳定模式之一就是年龄与犯罪行为的关系。[5]在后来国外研究者的理论概括中，犯罪的可能性随人的年龄变化而变化这样的研究结论集中体现在了以青少年犯罪为研究对象的、被称之为"年龄-犯罪-曲线"（age-crime-curve）的理论假设中，即"犯罪承载着与年龄之间的强劲关系，在少年后期快速达到顶峰，随后很快接近于快速地下降，并在整个成年期持续地下降"[6]。

在一个特定类型的犯罪总体中，如果可以将不同犯罪年龄段的犯罪人所占比重大小视为该年龄段的行为人实施该类犯罪的可能性大小，依照笔者的统计，18（不含）~25岁这个年龄段是性犯罪的顶峰，自18（不含）~25岁这个年龄段之后开始，随着行为人的年龄增加，性犯罪的可能性依次减小，从而拟化了一条较为明显的"年龄-性犯罪-曲线"（见图8）。"年龄-性犯罪-曲线"是笔者结合不同犯罪年龄的性犯罪人的犯罪频数得出的结果。对此，需

---

〔1〕 Travis Hirschi & Michael Gottfredson, "Age and the Explanation of Crime", *American Journal of Sociology*, 89（1983）, p. 553.

〔2〕 Travis Hirschi & Michael Gottfredson, "Age and the Explanation of Crime", *American Journal of Sociology*, 89（1983）, p. 554.

〔3〕 Sheldon & Eleanor Glueck, *Later Criminal Careers*, New York：The Commonwealth Fund, 1937, p. 200.

〔4〕 Sheldon & Eleanor Glueck, *Later Criminal Careers*, New York：The Commonwealth Fund, 1937, p. 200.

〔5〕 ［美］伊丽莎白·考夫曼等：《关于青少年冒险行为和犯罪行为的发展观点》，载［美］亚历克斯·皮盖惹主编：《犯罪学理论手册》，吴宗宪主译，法律出版社2019年版，第132页。

〔6〕 Gary Sweeten, et al., "Age and the Explanation of Crime, Revisited", *Journal of Youth and Adolescence*, 42（2013）, p. 922.

要予以说明的是，除了考虑"强奸案件性犯罪数据"中的性犯罪能否代表社会上的性犯罪总体这个因素外，"年龄-性犯罪-曲线"并不是基于传统意义上的由犯罪人生涯研究得出的结论。因为，按照特拉维斯·赫希与迈克尔·戈特弗雷德森所说，犯罪人生涯研究的主要议题是，对初次被警方记录在案的人在事后是否持续实施犯罪行为的区分因素予以识别。[1]也就是说，"年龄-性犯罪-曲线"是否存在，其至少涉及犯罪的出现、犯罪的终止以及犯罪的持续这三个要素的确定，而笔者并未对此作出明确。因此，就年龄与性犯罪之间的关系而言，有观点可能会认为，笔者的结论不能说明人的年龄老化与性犯罪可能性减小之间的关系，或者说不太符合已有的某些研究习惯。然而，事实上，仅就犯罪终止的时间来讲，由于"终止（desistance）是一个由特殊的行为状态或标记予以特征化的过程"[2]，能够确定一个人在终生不再犯罪是不可能的，犯罪生涯研究中所讲的犯罪终止也仅是回溯式的，并不代表一个人在未来不会犯罪。而且，在生命历程的犯罪研究中，犯罪生涯研究仅仅是其中的一种研究模式。事实上，在犯罪关乎年龄方面，能够予以解释的是社会学与心理学变量的共变。[3]研究犯罪现象变化的主要目的之一是调整预防犯罪的方向，而非仅仅是创造某种理论。因此，生命历程角度的犯罪研究模式也应是不断变化的。例如，对于注重以生命历程为特点的"发展历程犯罪学"的进一步完善，美国德克萨斯大学（University of Texas）的亚历克斯·R.皮盖惹（Alex R. Piquero）曾提到了 10 个方面，其中，他指出的一个方面是，不同群体不同年龄中的不同风险因素对于更好地理解犯罪行为的纵向模式构成是必要的，但却始终在理论与经验研究（empirical research）中缺乏，有关这个议题的工作兴趣不仅关乎理论，而且关乎政策，因为它可能有助于活跃年龄分级（age-graded）方面的预防与干预事项。[4]

---

〔1〕 Travis Hirschi & Michael Gottfredson, "Age and the Explanation of Crime", *American Journal of Sociology*, 89 (1983), p. 578.

〔2〕 Christopher Uggen & Michael Massoglia, "Desistance from Crime and Deviance as a Turning Point in the Life Course", in Jeylan T. Morrimer & Michael J. Shanahan (eds.), *Handbook of the Life Course*, New York: Springer, 2003, p. 317.

〔3〕 Gary Sweeten, et al., "Age and the Explanation of Crime, Revisited", *Journal of Youth and Adolescence*, 42 (2013), pp. 934-935.

〔4〕 Alex R. Piquero, "What We Know and What We Need to Know about Developmental and Life-course Theories", *Australian & New Zealand Journal of Criminology*, 48 (2015), pp. 340-342.

人的年龄所承载的社会生活含义是变化的，犯罪现象的再现以及观察犯罪现象的角度也是变化的。笔者认为，在不同的研究意图与研究语境下，人的年龄变化与犯罪可能性变化之间关系的测量标准并非单一，既可以以个体层面的生命历程为考察单位，也可以以聚合具体犯罪行为的某类犯罪现象的变化过程为考察单位。其中，前者说明的是人的生命历程与其犯罪可能性之间的关系，后者说明的是人的年龄变化与某类犯罪实施的可能性之间的关系；前者是在人的犯罪与非犯罪之间进行比较，后者是在某类犯罪现象之内的不同犯罪人之间进行比较。应当说，除非验证或解释原本意义上的"年龄-犯罪-曲线"的理论假说，在生命历程的犯罪学研究范式中，犯罪人生涯研究不是在年龄变化角度描述犯罪现象和解释犯罪问题的唯一模式。况且，传统意义上的"年龄-犯罪-曲线"的理论假设是基于青少年犯罪得出的，而青少年犯罪不能替代其他成年人犯罪，尤其是步入老年期的人实施的犯罪。犯罪是事实与司法裁量的共同产物，犯罪研究中运用的经验事实也仅是犯罪事实的某种再现。因此，如果说以法院裁定有罪的人作为犯罪现象分析的样本具有合理性，在"强奸案件性犯罪数据"呈现的性犯罪人总体中，描述犯罪现象变化轨迹的"年龄-性犯罪-曲线"不仅是存在的，而且应当予以重视，因为性犯罪并没有因为人们年龄的逐渐老化而趋于终止。因此，就预防犯罪而言，我们更需要探讨年龄变化与性犯罪出现之间的某些作用机制，尤其在老龄化社会。

犯罪统计仅是类化地分析犯罪现象的一种方式，犯罪的统计样本与统计技术的差别会导致犯罪图像的差异。假如忽略由犯罪统计表达的犯罪现象难以完全代表真实的犯罪现象，以及统计本身可能存在的偏差等因素，按照笔者的结论，行为人的年龄越大，其实施性犯罪的可能性越小，对处于人的年龄变化轨迹末端的年老者来说，实施性犯罪的可能性当然更小。在社会现象的范畴内，法国学者 E. 迪尔凯姆曾提出，"只要犯罪行为没有超出每类社会所规定的界限，而是在这个界限之内，它就是正常的"[1]。与此相应，就社会发展中的犯罪应对而言，以犯罪的必然性为假定，更具实用意义的似乎在于将犯罪控制在社会所能容忍的那个界限内，而为了实现这一点，犯罪控制多集中于那些呈现一定规模的犯罪现象方面。以此推论，在将年老者视为老

---

[1]　[法] E. 迪尔凯姆：《社会学方法的准则》，狄玉明译，商务印书馆 1995 年版，第 84 页。

年性犯罪的主体这个视角内，趋于弱化的老年性犯罪在性犯罪总体的控制中可能不会有较大的社会意义。

认识犯罪以对认识犯罪的假定为前提。在法治的社会，对于什么是犯罪是只能由法律来规定的。在犯罪与法律的关系方面，德国学者克劳斯·罗克辛（Claus Roxin）曾主张，关于（犯罪）行为人的法律，当然也包括刑法，并不是改变社会的工具，而仅仅是帮助人们形成相互共处的自由空间的方式，同时使得这种自由空间具有秩序。[1]那么，比照克劳斯·罗克辛的观点，在社会生活的组织者这个角度，可以认为犯罪是社会为实现自我发展而通过法律创制的社会现象。相应地，只要不"由于犯罪的出现而对社会的存在产生怀疑"[2]，在看到犯罪的常态化的同时应认识到，犯罪的常态是以社会发展所寄予的犯罪的非必然性为前提的。在这种条件下，相对于犯罪控制，对犯罪的非必然性的认识假定使犯罪的应对更倾向于"有罪即防"的犯罪预防。如同人口老龄化对社会发展的影响是渐进的、潜在的与综合的一样，犯罪对社会发展的影响不仅限于能够观察到的某些有形的方面。因而，作为发现社会问题的中介，通过对当下犯罪现象的轻重等级划分来界定未来社会问题的等级标准本身就含有社会风险的制造。"犯罪的下降是许多许多因素的细小效应的联结，而不是单独发生作用的因素产生的一个或两个特殊影响的结果"[3]，年龄与犯罪的关系并非类似有观点所称的"年龄与犯罪呈现出相反的相关关系"[4]那样的线性关系。在认定犯罪现象的变化规律方面，保持犯罪现象的年龄效应有其局限这样的认识，是能够使研究者拓展研究深度的前置条件。因此，笔者认为，在以老年性犯罪认识我国老龄化问题的过程中，不能固化地看待"年龄-性犯罪-曲线"，因为在老龄化社会的环境下，老龄化问题往往是渐显的。

---

〔1〕［德］克劳斯·罗克辛：《刑事政策与刑法体系》（第2版），蔡桂生译，中国人民大学出版社2011年版，第11页。

〔2〕［德］冯·李斯特：《论犯罪、刑罚与刑事政策》，徐久生译，北京大学出版社2016年版，第185页。

〔3〕Gary Sweeten, et al., "Age and the Explanation of Crime, Revisited", *Journal of Youth and Adolescence*, 42（2013），pp. 921-938.

〔4〕［美］马特·德利西、迈克尔·沃恩：《犯罪的相关因素》，载［美］亚历克斯·皮盖惹主编：《犯罪学理论手册》，吴宗宪主译，法律出版社2019年版，第27页。

2. 性犯罪的老龄化

人口老龄化具有基于社会生活的区域特征，犯罪现象的出现也依赖于一定的社会生活区域。在我国 31 个省份中，人口老龄化程度的分布是不同的。那么，如果引入区域的人口老龄化状况，在不同的老龄化程度下，性犯罪人的犯罪年龄分布是否会出现差异呢？如果出现差异，那么，在一定程度上就可以表明，人口老龄化对性犯罪中的犯罪人的犯罪年龄分布产生了影响。

按照我国《2015 年全国 1% 人口抽样调查资料》，60 岁及以上的人口占全国的 16.15%，在全国 31 个省份中，60 岁及以上人口占各自总人口的比例高于 16.15% 的有 15 个（见图 9），低于 16.15% 的有 16 个（见图 10）。[1] 通过对"强奸案件性犯罪数据"的统计，在以这 31 个省份为犯罪地的性犯罪人中，犯罪年龄的平均值由高到低为前十位的省份分别为吉林（35.64 岁）、天津（35.04 岁）、黑龙江（34.95 岁）、安徽（34.59 岁）、湖南（34.46 岁）、河南（34.46 岁）、福建（33.57 岁）、四川（33.15 岁）、重庆（33.05 岁）、江苏（32.99 岁）、江西（32.81 岁）。其中，以湖南与河南为犯罪地的性犯罪人的平均年龄并列居于第五位，如果结合图 9 与图 10，性犯罪人的平均犯罪年龄由高到低所占比重为前十位的省份在老年人口系数超过我国一般值的 15 个省份中占了 8 个，在老年人口系数未超过我国一般值的 16 个省份中只占了 3 个。也就是说，在性犯罪人犯罪地的人口老龄化程度较高的省份中，性犯罪人的犯罪年龄平均值较高的在分布上更为集中。此外，笔者结合图 9 与图 10 中的不同老年人口系数的省份分布，分别计算了超过与未超过我国老年人口系数一般值的省份的性犯罪人的犯罪年龄平均值。结果表明，在以超过我国老年人口系数一般值的 15 个省份为犯罪地的性犯罪人中，平均犯罪年龄为 32.29 岁，而在以未超过我国老年人口系数一般值的 16 个省份为犯罪地的性犯罪人中，平均犯罪年龄为 29.44 岁，前者高出后者 2.85 岁。再者，笔者根据《2015 年全国 1% 人口抽样调查资料》，对图 11 中的坐标轴的横轴的省份分布按照各自的老年人口系数由高到低依次进行了排列，而按这个排列顺序，图 11 中的曲线变化趋势大体是下降的，即可以看作性犯罪人的平均犯罪年龄

〔1〕 相关数据参见国家统计局人口和就业统计司编：《2015 年全国 1% 人口抽样调查资料》（电子版），中国统计出版社 2016 年版，表 3-2。

是趋于下降的。

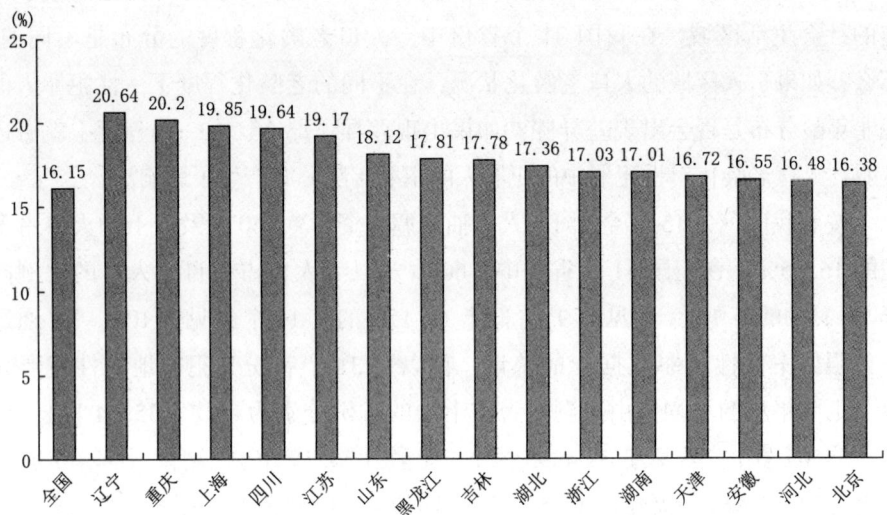

**图9　2015年中国31个省份中老年人口系数超过全国的状况分布**

注：根据《2015年全国1%人口抽样调查资料》（电子版）中的资料绘制。

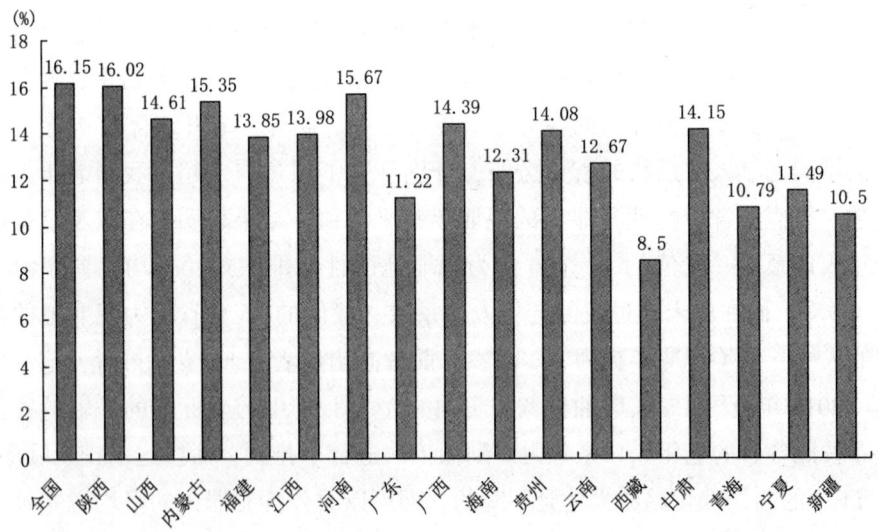

**图10　2015年中国31个省份中老年人口系数未超过全国水平的状况分布**

注：根据《2015年全国1%人口抽样调查资料》（电子版）中的资料绘制。

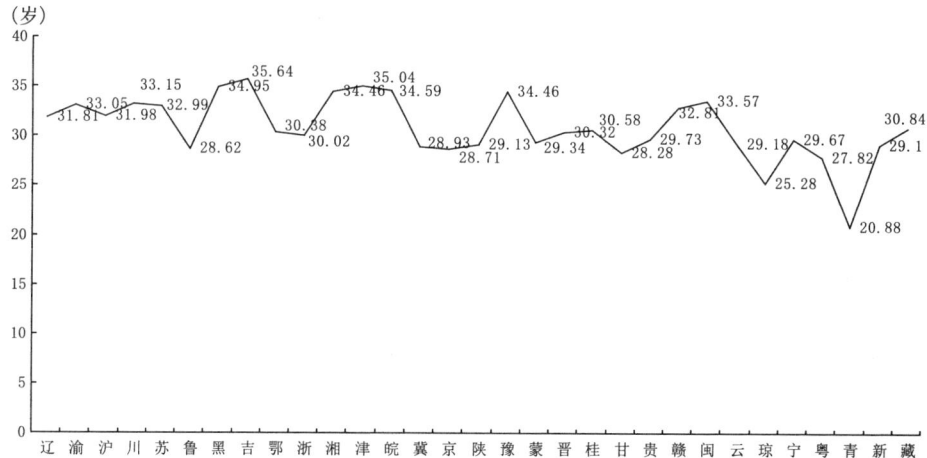

**图 11　以中国 31 个省份为犯罪地的性犯罪人平均犯罪年龄的分布（n = 1358）**

综上，以我国 31 个省份来看，在人口老龄化程度较高的地区实施犯罪的性犯罪人的犯罪年龄出现了相对老化的特征。当然，这种老化特征并未体现在典型地代表人口老化程度的老年人这个群体中。不过，笔者认为，这种特征在某种意义上显示了我国的老龄化进程与性犯罪的变化之间存在一定关系。

### 三、老年性犯罪的分类特征

老年性犯罪的分类特征主要从两个不同分类标准的角度描述老年性犯罪的特征。这两个分类标准包括：一方面，将性犯罪人的犯罪年龄增长变化看作个体逐渐变老的过程，以个体的老化过程作为分类标准；另一方面，将老年性犯罪看作老年人群体实施的性犯罪，以 60 岁这个表示老年的年龄节点作为分类标准。

（一）个体老化中的老年性犯罪

年龄的增长是用来测量人的老化过程的常用指标。在个体的角度，以性犯罪人的年龄变化为准，根据"强奸案件性犯罪数据"，可将老年性犯罪的特征主要归纳为以下方面。

1. 犯罪人的职业状况特征

身份与职业状况是衡量人的成长历程与生活特点的重要标尺。通过犯罪前的身份与职业状况，可以考察行为人与某些生活的关系。据笔者分析，在性犯罪人中，犯罪前为农民的多和为"其他职业"的少，这种情形随着犯罪人的犯罪年龄增长而趋于明显。

在犯罪数据量表的编制中，笔者发现，法律文书并非都详细地显示被告人在案发前的身份与职业状况。为突出调查结果的普遍性，笔者在犯罪数据量表中只设置了"学生""无业""农民""其他职业"这四个能基本表达犯罪人在犯罪前的身份与职业状况的指标。统计结果表明，在这四种犯罪人的身份与职业状况方面，13个犯罪年龄段的性犯罪人群体所共有的一个特征是，犯罪前为农民的所占比重最高，且该特征在犯罪年龄为40岁以后的各犯罪年龄段的群体中更加明显，所占比重均为50%以上，而在犯罪年龄为55岁及以上的各犯罪年龄段的群体中，犯罪人在犯罪前为农民的所占比重甚至均为60%及以上（见表5）。除了犯罪前为农民的较多是性犯罪人的突出特征，如果将不同犯罪年龄段的犯罪人的犯罪年龄分布看作是连续的，通过表5可发现，性犯罪人在犯罪前的身份与职业状况的分布上还有三个较为规则的变化特征：一是在犯罪年龄为18岁以上到35岁这个区间，犯罪人在犯罪前属于"其他职业"的所占比重在18（不含）~25岁、25（不含）~30岁、30岁（不含）~35岁这三个犯罪年龄段是依次增加的；二是在犯罪年龄为35岁以上到60岁以下这个区间，性犯罪人在犯罪前属于"其他职业"的所占比重在35（不含）~40岁、40（不含）~45岁、45（不含）~50岁、50（不含）~55岁（不含）、55~60岁（不含）这5个犯罪年龄段内是依次减小的；三是在犯罪年龄为60岁及以上这个区间，性犯罪人在犯罪前属于"其他职业"的情形是不存在的。犯罪前属于"其他职业"这种情形说明，犯罪人在犯罪前处于就业状态。对于上述在性犯罪人中出现的三个较为规则的变化特征，笔者的分析如下：

首先，由于具有就业的年龄优势，年轻人的就业空间大、就业活跃度大、就业选择的机会多，这部分人在实施性犯罪时承载一定职业的可能性较大，而伴随年龄增长并逐渐超越具有就业优势的年轻人这个阶段，人们的就业空间缩小、就业的活跃度减弱、就业状况趋于稳定，甚至退出了职业圈子，在年龄较大的犯罪群体中，承载一定的职业这个特征就相对不明显了，尤其是达到退休年龄的人。据笔者统计，在犯罪年龄为60岁及以上的性犯罪人中，只有 75 岁以上的年龄段中出现了一位女性，其他年龄段的均为男性。那么，假如以 60 岁这个年龄节点作为在我国当前界定男性退休或通常意义上的离开劳作的年龄，60 岁及以上的人实施性犯罪与"其他职业"这个特征之间的关系几乎不存在了。

其次，就业状况反映着人的生活方式，不同犯罪年龄群体的性犯罪人在犯罪前的就业状况可以说明不同生活方式与性犯罪实施之间的某些关系。例如，对 25 岁到 35 岁之间的人来说，就业的机会多、就业的可能性大，因而增强了他们在社会生活中的活动空间。如果再考虑这个阶段是人的性生理、性心理与性角色的活跃期。那么，无论是社会生活诱发性欲的机会还是性欲萌发的可能性都会增加，从而增大了这部分群体实施性行为的可能性，包括实施构成犯罪的性行为。至于年龄再大一些的人，尤其是步入通常所讲的老年人行列的人，由于就业的活跃度降低影响了社会生活的活跃度，通过实施非法行为满足性欲的机会减少了。概言之，可以认为，渗透于人际接触频率中的实施性犯罪的机会是影响性犯罪在不同犯罪年龄阶段的人之间出现分布差异的因素之一。

最后，从生命历程中的心理成长与社会生活适应的角度来说，如果将人的年龄增长视为人的心智成熟与承担生活的责任感增加的过程，对于性犯罪这种以个体的生理、心理与行为冲动为重要特征的犯罪来说，其实施的可能性与人的年龄不断增加有可能成反比关系。按照国外研究者的观点，随着人们的成熟和拥有更多责任感并将其联结于社会秩序，人们的"社会整合"（social integration）也增加了，故而实施犯罪的成本增加使这些人参与犯罪的可能性减小了。[1]也就是说，由社会生活导致的个体的社会角色、生活压力、社会适应等因素增强了人们的生活理性。由此，或许可以认为，考虑犯罪成本与犯罪收益的关系是性犯罪在年龄较大的人群中出现的可能性较小的因素。年龄是社会个体加载社会生活内容与进程的标尺，年龄的变化演绎着人们的生命历程以及人们对生命历程的自我理解与感悟。在源远流长的中国文化中，对此曾做出过经典阐释的是类似古代的孔子讲的，"吾十有五而志于学，三十

---

〔1〕 Leslie A. Morgan and Suzanne R. Kunkel, *Aging, Society, and the Life Course*, New York: Springer Publishing Company, 2011, p. 30.

而立，四十而不惑，五十而知天命，六十而耳顺，七十而从心所欲，不逾矩"[1]。人的成长是社会生活对人的文化塑造过程。伴随年龄增加中的生活过程的累积，在社会生活对人的影响中，人们对其社会属性形成了渐进式的自我认知与自我理解，从而致使社会属性趋强，而人的社会属性趋强的效果之一，则是对自身生物属性的自觉抑制的趋强。可以说，在基于生活理性的犯罪理性之外，社会生活历程的文化积累是又一个能够解释为什么在笔者的统计结果中显示了35岁到60岁之间的性犯罪人在属于"其他职业"方面所占比重逐渐减小的因素。

表5　不同犯罪年龄群体的性犯罪人犯罪前的身份与职业状况

单位:%

| 犯罪年龄（岁） | 不同身份与职业状况的犯罪人所占比重（n=1009） | | | |
| --- | --- | --- | --- | --- |
| | 学　生 | 无　业 | 农　民 | 其他职业 |
| 14~18 | 12.50 | 37.50 | 50.00 | — |
| 18（不含）~25 | 3.06 | 25.28 | 47.78 | 23.88 |
| 25（不含）~30 | 0.49 | 24.39 | 46.34 | 28.78 |
| 30（不含）~35 | 1.01 | 29.29 | 35.35 | 34.35 |
| 35（不含）~40 | — | 23.91 | 48.91 | 27.18 |
| 40（不含）~45 | — | 17.44 | 60.47 | 22.09 |
| 45（不含）~50 | — | 20.00 | 60.00 | 20.00 |
| 50（不含）~55（不含） | — | 22.58 | 58.06 | 19.36 |
| 55~60（不含） | — | 23.81 | 61.90 | 14.29 |
| 60~65（不含） | — | — | 100.00 | — |
| 65~70 | — | 16.67 | 83.33 | — |
| 70（不含）~75 | — | 40.00 | 60.00 | — |
| 75（不含）以上 | — | — | 100.00 | — |

在个体层面，犯罪行为的出现与否是人与社会生活相互作用的结果。基

---

[1]　《论语·为政》，载李志敏主编：《四书五经》（卷一），京华出版社2010年版，第43页。

于人们为什么要遵守社会规范而不犯罪，控制理论（control theory）认为，当人们与社会之维系坚强时，则来自本我之冲动与欲望就能受到控制而产生顺从社会规范之行为[1]。身份与职业是表达人们维系社会生活的基本状况指标。按照笔者的上述统计，犯罪前属于"其他职业"的在不同犯罪年龄段的性犯罪人中呈现了不同的变化特点，总体趋势是犯罪年龄的增龄与犯罪前属于"其他职业"的减少。该统计结果似乎悖于控制理论的观点，因为犯罪前属于"其他职业"本身即意味着存在一定的社会维系，且年轻人的这种社会维系的向心力可能更强。那么，对于性犯罪人中存在的犯罪年龄的增龄与犯罪前属于"其他职业"的减少，笔者的结论是，这与行为人的生命历程中包含的犯罪机会、犯罪理性和自我文化塑造有关。换言之，人的自我控制力会随着生命历程的变化而呈现与不同生活之间的不同关系，控制力可以作为考察行为人为什么犯罪的一个结果层面的因素，却不一定单一地影响着行为人对犯罪的选择。人的社会生活轨迹是变化的。作为对人的社会生活轨迹的描写，人的年龄变化可以被作为考察人的社会生活变化的参照。就进入老年期的人而言，由于年老对社会生活的影响，老年人的社会生活参与相对于以往减弱了，来自人与人之间的实施性犯罪的犯罪机会减少了。然而，如果老年人的犯罪理性与自我文化塑造也在减少，犯罪机会的减少可能并不能完全表明进入老年期的人实施性犯罪的可能性也减少了。那么，假设进入老年期的人不具备较高的犯罪理性或自我文化，犯罪机会的减少或许促使其将犯罪的可能性聚焦于某些较为固定的生活场景和其中的人，如笔者在前述指出，国外学者在研究中提到的"乱伦爷爷"针对的是家庭生活成员。因此，虽然老年期的男性可能存在着性需求，但这些人最终是否以实施犯罪来满足性需求是由多种个体化的因素导致的，如性需求度的高低、犯罪机会、对社会生活的自我认同程度，等等。

在衡量人的生活历程与生活特点方面，身份与职业状况具有一定的意义，但由身份与职业状况的一般性推导出来的某些结论可能会忽略不同人群的某些特殊的生活特征。例如，相比于职业状况对城镇职工生活的影响，农民这个职业特征究竟有无程式化的生活模式是较模糊的。对于进入老年期的农民

---

[1] 蔡德辉、杨士隆：《犯罪学》（增订7版），五南图书出版股份有限公司2017年版，第114页。

而言，可能没有明显的基于职业退出而产生的生活方式转换或社会适应问题。[1]相反，以农业劳作为代表的一贯式的生活方式反而使其更容易形成对自身生活的认识定型。进一步说，虽然人与人之间的犯罪机会少是影响老年人实施性犯罪的因素，但由于农村的年老者习惯了以往的生活，犯罪机会这个因素在其是否实施性犯罪方面的意义不大。对此，如果结合笔者的统计，犯罪前为农民的，随着犯罪人的犯罪年龄增加而更加突出则表明，其中可能更多地隐含着犯罪理性与自我文化塑造中的一些因素，如所认可的犯罪成本小、对社会生活的自我认同能力低等。当然，也不排除由人的生物性老化带来的认识能力与控制能力退化问题。

2. 犯罪人的文化程度特征

在个体层面，犯罪行为的实施说明行为人的认识及行为方式与维护社会秩序的社会规范相冲突。因而，作为反映个体的认识与行为养成的重要指标，犯罪人的文化程度——是否接受过正规学校教育或接受的程度是考察犯罪特征的一个侧面。在性犯罪人的文化特征方面，笔者的分析表明，属于"小学及以下"文化程度的随着性犯罪人的犯罪年龄增长而趋增。

据笔者的统计，文化程度普遍不高是性犯罪人的特征之一，因为在所有的性犯罪人中，文化程度属于"小学及以下"与"初中"的所占比重在笔者划分的13个年龄段的各群体中都达到了70%以上，属于"高中"及以上文化程度的所占比重均相对不多（见表6）。如果以不同年龄段的性犯罪人为考察对象，如表6所示，在文化程度分布方面有两个较为规则的现象。一方面，除了50（不含）~55岁（不含）和65~70岁这两个年龄段，属于"小学及以下"文化程度的犯罪人在14~65岁（不含）的犯罪年龄区间的各年龄段所占比重随犯罪人的犯罪年龄增加而依次增加。对此，需要指出一点，在14~65岁（不含）这个犯罪年龄区间内，尽管50（不含）~55岁（不含）的犯罪年龄段的犯罪人在"小学及以下"的文化程度方面所占比重低于45（不含）~50岁的犯罪年龄段的犯罪人的比重，却相差仅为1.04个百分点，即对于在50（不含）~55岁（不含）的年龄段出现的犯罪人所占比重的下降，并不完

---

[1] 按照吴宗宪教授的观点，离休、退休之后的老年人存在社会生活的适应问题，适应不良的结果之一就可能是走向犯罪。参见吴宗宪：《论老年男性的犯罪心理》，载《政法论坛》1992年第3期。

全影响属于"小学及以下"文化程度的性犯罪人在 14~65 岁（不含）的犯罪年龄区间的各年龄段所占比重随犯罪人的犯罪年龄增加而依次增加的结论。根据我国当前关于全日制学校学历教育的设置，"小学及以下"的文化程度是比较低的文化程度类别。由此，可以认为，在 14~65 岁（不含）的犯罪年龄区间内，性犯罪人的文化程度出现了犯罪人的犯罪年龄越大而低文化程度越明显的现象，尤其是在 55~65 岁（不含）这个犯罪年龄段，犯罪人的文化程度属于"小学及以下"的达到了 70% 以上（见表 6）。此外，如表 6 所示，在 65 岁及以上这个犯罪年龄区间，除了 70（不含）~75 岁和 75 岁（不含）以上这两个犯罪年龄段的性犯罪人的文化程度为"小学及以下"的所占比重均为 100% 之外，在 65~70 岁的犯罪年龄段的性犯罪人的文化程度也多数不高。其中，属于"小学及以下"的占 57.14%，属于"初中"的占 28.57%，二者合计为 85.71%。再者，在 60 岁及以上的犯罪年龄区间，性犯罪人的文化程度均在高中及以下，没有出现文化程度为"中专（技校）"及其以上较高文化程度的情形（见表 6）。以上述统计结果推论，文化程度较低的增多是性犯罪人的犯罪年龄在增加中出现的一种现象，60 岁及以上的性犯罪人在总体性犯罪人中属于文化程度偏低的群体。

表6　不同犯罪年龄群体的性犯罪人的文化程度

单位:%

| 犯罪年龄（岁） | 犯罪人在文化程度方面所占比重（n = 1077） | | | | |
| --- | --- | --- | --- | --- | --- |
| | 小学及以下 | 初　中 | 高　中 | 中专（技校） | 大学及以上（含专科） |
| 14~18 | 21.21 | 78.79 | — | — | — |
| 18（不含）~25 | 24.03 | 56.59 | 7.24 | 6.98 | 5.19 |
| 25（不含）~30 | 27.70 | 48.83 | 7.98 | 5.16 | 10.33 |
| 30（不含）~35 | 39.66 | 36.21 | 8.62 | 6.90 | 8.61 |
| 35（不含）~40 | 49.02 | 39.22 | 4.90 | 0.98 | 5.88 |
| 40（不含）~45 | 53.09 | 33.33 | 6.17 | — | 7.48 |
| 45（不含）~50 | 58.62 | 39.65 | 1.73 | — | — |

续表

| 犯罪年龄（岁） | 犯罪人在文化程度方面所占比重（n=1077） | | | | |
|---|---|---|---|---|---|
| | 小学及以下 | 初　中 | 高　中 | 中专（技校） | 大学及以上（含专科） |
| 50（不含）~55（不含） | 57.58 | 18.18 | 18.18 | 3.03 | 3.03 |
| 55~60（不含） | 75.00 | 16.67 | 4.17 | — | 4.16 |
| 60~65（不含） | 85.71 | 7.14 | 7.15 | — | — |
| 65~70 | 57.14 | 28.57 | 14.29 | — | — |
| 70（不含）~75 | 100.00 | — | — | — | — |
| 75（不含）以上 | 100.00 | — | — | — | — |

在我国已有的研究中，往往把文化程度的高低视为影响行为人是否犯罪的一个因素，包括对年老者犯罪的认识。例如，有观点指出，犯罪的老年人文化水平普遍低下，道德败坏，法制观念淡薄。[1]按照当前对一个人文化水平高低的考察标准，接受正规学校教育的状况是重要方面。美国学者亚伯拉罕·马斯洛曾指出，教育必须指向两个目标，即对控制和自发性、表现力的培养。[2]也就是说，至少在个体调节自我的内在需求的生物性与文化性的关系，以及自我内在需求与外在环境予以满足的方式之间的关系这两个方面，教育发挥着重要功能。在社会生活中，接受来自正规学校的教育对提高人的综合社会认知能力和社会生活适应能力具有重要意义。反之，人的综合社会认知能力和社会生活适应能力的提高也与其接受学校教育的情况存在一定关系。假如行为人的文化程度较低，可能意味着综合社会认知能力与社会适应能力不足，从而影响着对社会规范的理解、认同与遵守。在这个角度，可以将文化程度低看作行为人实施犯罪的一个影响因素。按照笔者的统计，一方面，性犯罪人的文化程度不高；另一方面，性犯罪人中的犯罪年龄增加与犯罪人的文化程度低之间表现了较规则的作用关系。此外，60岁及以上的性犯罪人属于文化程度偏低的群体。概言之，在性犯罪中，似乎可以得出文化程

---

〔1〕 沈莉莉、刘旭刚、徐杏元：《老年人性犯罪的原因及其矫治对策》，载《中国性科学》2010年第5期。

〔2〕 ［美］亚伯拉罕·马斯洛：《需要与成长：存在心理学探索》（第3版），张晓玲、刘勇军译，重庆出版集团、重庆出版社2018年版，第213页。

度低对犯罪能产生较大影响这样的结论，这对于年长者来说更有针对性。但是，由表6可发现，在同样不存在"中专（技校）"及以上文化程度这样的情形下，属于"高中"文化程度的性犯罪人在65～70岁的犯罪年龄段所占的比重却高于在45（不含）～50岁的犯罪年龄所占比重的12.56个百分点，即属于"高中"文化程度的这种情形在年龄更大一些的性犯罪人中却有更高的比重。言外之意，至少在年老与相对年轻的性犯罪人的对比中，类似由文化程度低导致性犯罪这个结论不具有普遍意义。

在当代社会，学校教育是人的社会化的重要途径，是否接受过学校教育或接受的程度会影响人们的生活轨迹，包括影响着一个人的犯罪可能性。然而，作为一种生活实践，学校教育对人的作用过程与效果是通过不同的人所依存的具体生活形成的。言外之意，代表学校教育经历的文化程度与一个人是否实施犯罪之间不仅不是线性关系，在分析文化程度对犯罪的影响时，还需要挖掘生活特点、生活环境与生活过程等这些潜在的生活因素。人的年龄是计算社会时间推移和测量社会生活演变的标尺。当在人的文化程度与人的社会生活之间引入人的年龄变量时，对于文化程度偏低在年龄较大的性犯罪人中相对明显这种现象的解释，就不能只停留于人的认识能力与行为养成方面了。因为，一方面，随着行为人的年龄增加，即使曾经有过学校教育经历，相对于社会生活的发展，由"过去时态"的文化程度所产生的社会化效果也存在老化的问题，且行为人接受学校教育的终止时间与其当下的年龄之间的"时间差"越大，这种老化的程度越高；另一方面，除了涉及人的认识与行为，文化程度还有一个非常特殊且重要的功用，就是学历的有无或高低影响人们的社会生活资本的获取，尤其在中国。由此，不同的文化程度就会塑造人们的社会地位、社会角色、生活能力等这些嵌入生命历程的生活要素，进而使人们的生活产生相应的特征。根据笔者统计表明，文化程度偏低是年龄较大的人，尤其是60岁左右的人在实施性犯罪方面的一个较为明显的特征。对此，除了要考虑学校教育的状况会影响人们的认识能力与行为模式之外，至少还要结合笔者在上述指出的两个方面。

性交是人们满足性欲的行为方式，异性间能否发生性交是以行为人对相关社会规范以及对他人与自己的生活关系的认识为前提的。应当说，以强奸犯罪为代表的性犯罪是较为典型的有悖于社会伦理规范的性行为。按照正常的生活理性，只要具备一定的社会伦理常识，文化程度的高低并不影响行为人对自身能否与他人发生性交的理解。况且，在当前的社会条件下，以性交满足性欲并不以违背社会伦理和法律规定为必要条件。所以，笔者认为，在行为人的文化程度层面，如果不考虑文化程度与社会生活之间的关系，而简单地将文化程度低视为性犯罪的影响因素，则是片面的。尤其对年长者来说，相比于当时的文化程度，分析其是否具备与社会生活发展相适应的认识与行为能力以及生活条件可能更为重要。

3. 犯罪时间特征

时间是日常生活延续的基本计量单位，犯罪行为的实施离不开时间。笔者的分析表明，在犯罪时间方面，性犯罪的特征表现为，犯罪人的犯罪年龄增长中的"犯罪时钟"逆时针运行。

据笔者对"强奸案件性犯罪数据"的统计，以一天为24小时计，在性犯罪人的总体中，有半数以上所实施的性犯罪行为发生在18时以后的夜晚到3时之前的凌晨这个时间段。其中，最为集中的时间段为"0—3时"，在该时间段实施性犯罪的犯罪人所占比重为28.1%，其次是"18—21时"这个时间段，在该时间段实施性犯罪的犯罪人所占比重为19.2%（见图12）。

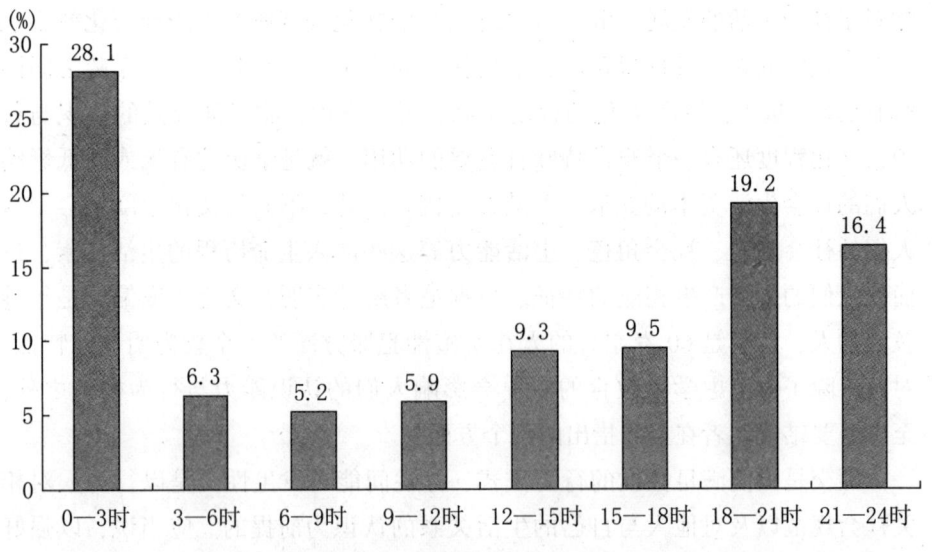

图 12　性犯罪人在不同时间段的所占比重分布（n=1959）

在将个体的犯罪行为汇聚为某类犯罪现象时，寻找类化的犯罪特征需要设置观察的参照。笔者考察老年性犯罪现象主要是以犯罪人的犯罪年龄的增加为主线，并借助于不同犯罪年龄段的犯罪人群之间的比较完成的。在性犯罪人中，如果以不同犯罪年龄段的犯罪人在不同犯罪时间段所占比重为第一位的作为参照，根据笔者的统计可发现，在14~70岁的犯罪年龄区间内呈现了较为规则的变化，即在14~40岁的犯罪年龄区间的5个犯罪年龄段内，性犯罪人所占比重为第一位的犯罪时间段均为"0—3时"；在40（不含）~55岁（不含）的犯罪年龄区间的3个犯罪年龄段内，性犯罪人所占比重为第一位的犯罪时间段均为"18—21时"；在55~70岁的犯罪年龄区间的3个犯罪年龄段内，性犯罪人所占比重为第一位的犯罪时间段均为"12—15时"（见表7）。当然，对于70岁及以上的犯罪年龄区间，由于犯罪人数本来就不多，其犯罪时间的分布特征也不太具有代表性。概言之，统计结果表明，当以性犯罪人所占比重为第一位的为参照时，随着犯罪人的犯罪年龄增加，性犯罪的犯罪高发时间在"0—3时""3—6时""6—9时""9—12时""12—15时""15—18时""18—21时""21—24时"这8个犯罪时间段内出现了由"0—3时"向"18—21时"，以及再由"18—21时"向"12—15时"的移动轨迹。由此推论，在犯罪人的犯罪年龄增加中，性犯罪的"犯罪时钟"在犯罪高发时间方面是逆时针运行的。

**表7 不同犯罪年龄群体的性犯罪人的犯罪时段（1）**

单位：%

| 犯罪年龄（岁） | 犯罪人在不同犯罪时段所占比重（n＝1026） | | | | | | | |
|---|---|---|---|---|---|---|---|---|
| | 0—3时 | 3—6时 | 6—9时 | 9—12时 | 12—15时 | 15—18时 | 18—21时 | 21—24时 |
| 14~18 | 40.00 | 10.00 | — | — | 3.33 | 13.33 | 23.33 | 10.01 |
| 18（不含）~25 | 35.03 | 6.89 | 2.99 | 3.29 | 7.78 | 10.18 | 17.37 | 16.47 |
| 25（不含）~30 | 32.42 | 8.68 | 2.28 | 5.94 | 5.48 | 5.48 | 18.72 | 21.00 |

续表

| 犯罪年龄（岁） | 犯罪人在不同犯罪时段所占比重（n=1026） | | | | | | | |
|---|---|---|---|---|---|---|---|---|
| | 0—3 时 | 3—6 时 | 6—9 时 | 9—12 时 | 12—15 时 | 15—18 时 | 18—21 时 | 21—24 时 |
| 30（不含）~35 | 33.62 | 4.31 | 6.03 | 4.31 | 7.76 | 11.21 | 18.10 | 14.66 |
| 35（不含）~40 | 28.70 | 10.19 | 9.26 | 1.85 | 8.33 | 14.81 | 11.11 | 15.75 |
| 40（不含）~45 | 21.59 | 3.41 | 5.68 | 7.95 | 13.64 | 9.09 | 25.00 | 13.64 |
| 45（不含）~50 | 11.67 | 3.33 | 13.33 | 11.67 | 10.00 | 8.33 | 31.67 | 10.00 |
| 50（不含）~55（不含） | 7.69 | 7.69 | 11.54 | 15.38 | 11.54 | 15.38 | 19.23 | 11.55 |
| 55~60（不含） | 10.53 | — | 10.53 | 10.53 | 31.58 | 15.79 | 15.79 | 5.25 |
| 60~65（不含） | 15.38 | 7.69 | 7.69 | — | 38.45 | 15.38 | 15.41 | — |
| 65~70 | — | 12.50 | 12.50 | 12.50 | 37.50 | — | 25.00 | — |
| 70（不含）~75 | | | | 33.33 | — | 33.33 | 33.33 | |
| 75（不含）以上 | | | | | 100.00 | — | — | — |

注：犯罪时间按一天24小时分段，单位为"时"。

老年性犯罪的研究需要突出性犯罪人的年龄变"老"与性犯罪之间的某些特殊关系。按照笔者的上述分析，在14~70岁的犯罪年龄区间内，性犯罪的高发时间分布与性犯罪人的犯罪年龄增加之间呈现规则性变化的一个方面是，55~70岁的犯罪年龄区间的犯罪人的犯罪高发时间在3个犯罪年龄段都集中于午后。人的年龄变化是连续的。在这个连续的过程中，老年不是一个静止的点，而是一个动态的阶段。相对于14~70岁的犯罪年龄区间的其他犯罪年龄段，55~70岁的犯罪年龄区间是呈现犯罪时间分布的规则性变化的犯罪人最年长的年龄阶段。换言之，对于上了年岁的人而言，性犯罪的实施更有可能在白天，"昼出夜伏"是年老者实施性犯罪的一个特征。时间在日常生活中的意义之一是设置日常生活的格局。在时间的不同划分中，日常生活所包含的内容是不同的，白天与夜晚的界分即如此。例如，白天突出的是日常生活中的"忙"——人们更有可能走入公共社会生活或必须参与某些社会活动，夜晚突出的是日常生活中的"闲"和"休"——人们更有可能暂时退出某些公共社会生活或有更多予以自由支配的时间。据此，如果大体上将人们更有可能走入公共社会生活或必须参与某些社会活动的时间界定为"9—18时"的"白天"，将人们更有可能暂时退出某些公共社会生活或有更多予以自由支配的时间界定为"18—24时"的"夜晚"以及"0—9时"的"夜间睡眠"，根据笔者对"强奸案件性犯罪数据"的统计，在14～40岁的犯罪年龄区间的5个犯罪年龄段内，犯罪人所占比重均为第一位的犯罪时间段为"夜间睡眠"；在40（不含）～50岁的犯罪年龄区间的2个犯罪年龄段内，犯罪人所占比重均为第一位的犯罪时间段为"夜晚"；在50（不含）～70岁的犯罪年龄区间的4个犯罪年龄段内，犯罪人所占比重为第一位的犯罪时间段为"白天"，且所占比重均为40%以上（见表8）。也就是说，上了年岁的人实施性犯罪多集中在白天。

表8　不同犯罪年龄群体的性犯罪人的犯罪时段（2）

单位：%

| 犯罪年龄（岁） | 犯罪人在不同犯罪时段所占比重（n=1026） | | |
|---|---|---|---|
| | 夜间睡眠 | 白　天 | 夜　晚 |
| 14～18 | 50.00 | 16.67 | 33.33 |
| 18（不含）～25 | 44.91 | 21.26 | 33.83 |
| 25（不含）～30 | 43.38 | 16.89 | 39.73 |
| 30（不含）～35 | 43.97 | 23.28 | 32.75 |
| 35（不含）～40 | 48.15 | 25.00 | 26.85 |
| 40（不含）～45 | 30.68 | 30.68 | 38.64 |
| 45（不含）～50 | 28.33 | 30.00 | 41.67 |
| 50（不含）～55（不含） | 26.92 | 42.31 | 30.77 |

| 犯罪年龄（岁） | 犯罪人在不同犯罪时段所占比重（n=1026） | | |
| --- | --- | --- | --- |
| | 夜间睡眠 | 白 天 | 夜 晚 |
| 55~60（不含） | 21.05 | 57.89 | 21.05 |
| 60~65（不含） | 30.77 | 53.85 | 15.38 |
| 65~70 | 25.00 | 50.00 | 25.00 |
| 70（不含）~75 | — | 66.67 | 33.33 |
| 75（不含）以上 | — | 10.00 | — |

犯罪行为的日常生活特征是行为人日常生活的特殊性与犯罪行为的特殊性的结合。笔者认为，对于认识老年性犯罪在犯罪高发时间方面的"昼出夜伏"的现象，可以着眼于强奸犯罪的特点与行为人的日常生活特点的相互作用。例如，相对于年轻人在白天忙于生计或其他必要的生活事项，上了年岁的人在白天更多的是处于时间的自我支配甚至是"闲"的状态，加之白天通常是人际交往频繁的时段，上了年岁的人更有可能接触到潜在的侵害对象，并由此而产生性欲驱动和选择适合的加害对象与时机。同理，由于"忙"是年轻人在白天的生活特征，作为满足性欲的一种形式，年轻人更可能将强奸犯罪的实施置于自身在"闲暇"或"休息"时段的夜晚或凌晨。此外，强奸犯罪既是一种以人体攻击为特征的犯罪，也是以人体的性驱动产生为特征的犯罪，体力与精力的充沛程度决定了上年岁的人实施强奸犯罪更有可能在白天，反之，年轻人更多的是在夜晚或凌晨。当然，年轻人多选择夜晚或凌晨作案可能还涉及对逃避法律追究的考虑，上了年岁的人多选择在白天作案可能还涉及在夜晚或凌晨作案的自我人身安全或难以找到满足性欲的对象。

4. 犯罪场所特征

空间场所是强奸犯罪不可缺少的组成要素。笔者的分析表明，性犯罪在犯罪场所的特征方面表现为，被害人住所与加害人住所是50岁以上、70岁及以下的人实施性犯罪的主要场所。

为考察行为人在实施性犯罪方面的空间场所状况，笔者在犯罪数据量表中设置了可能发生性犯罪的 18 类场所[1]。据笔者统计，性犯罪人在这 18 类场所中的分布是较为分散的。如果着眼于性犯罪人所占比重超过 10% 的犯罪空间场所，则集中于"宾馆（旅店）""被害人住所""被告人住所""野外（道路、里巷）"这四个类型，所占比重分别为 23.9%、22.1%、18.2%、12.3%（见图 13）。通过性犯罪人的分布较为集中的上述四类犯罪空间场所可发现，物理环境的对外封闭与过往人员的流动性低是性犯罪空间场所的特征之一，尤其是物理环境的对外封闭相对更为明显，如"宾馆（旅店）""被害人住所""被告人住所"等这些空间场所。

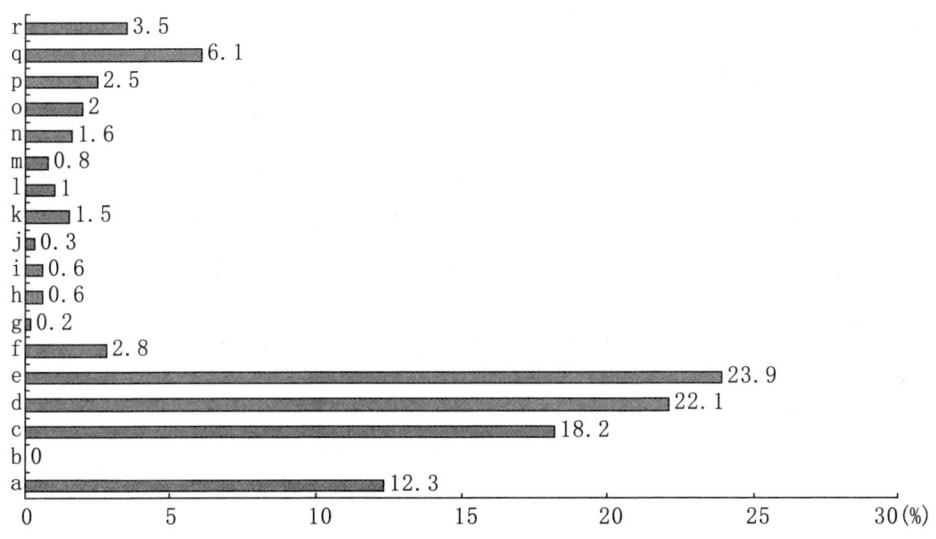

**图 13　性犯罪人的犯罪空间场所分布（n = 2820）**

注：图中纵轴的字母代表空间场所类型，从"a"到"r"依次分别代表野外（道路、里巷）；车站（码头）；被告人住所；被害人住所；宾馆（旅店）；酒吧（歌舞厅）；网吧；公园；公共厕所；学校；被告人工作场所；被害人工作场所；饭馆（饭店）；发廊（会所或洗浴场所）；其他人的居所；共同的居所；公共交通工具（含小型出租类汽车）；其他场所。

---

〔1〕　这 18 类场所包括：野外（道路、里巷）；车站（码头）；被告人住所；被害人住所；宾馆（旅店）；酒吧（歌舞厅）；网吧；公园；公共厕所；学校；被告人工作场所；被害人工作场所；饭馆（饭店）；发廊（会所或洗浴场所）；其他人的居所；共同的居所；公共交通工具（含小型出租类汽车）；其他场所。

在不同犯罪年龄的性犯罪人实施犯罪的空间场所方面，笔者统计了13个犯罪年龄段的性犯罪人所占比重居于前两位的犯罪空间场所的分布情况。结果表明，在14~70岁这个犯罪年龄区间内，随着犯罪人的年龄增加，不同犯罪年龄段的性犯罪人的犯罪空间场所分布组合呈现了三个较为规则的变化特征：一是在14~25岁的犯罪年龄区间内，犯罪空间场所的组合特征是"宾馆（旅店）+被告人住所"；二是在25（不含）~35岁的犯罪年龄区间内，犯罪空间场所的组合特征是"宾馆（旅店）+被害人住所"；三是在50（不含）~70岁的犯罪年龄区间内，犯罪空间场所的组合特征是"被害人住所+被告人住所"（见表9）。就这三个特征，笔者认为，相对于35岁及以下的犯罪人，50岁以上、70岁及以下的群体在实施性犯罪的空间场所方面主要以"被害人住所"和"被告人住所"为主，由表9可知，这个年龄区间的性犯罪人以"被害人住所"和"被告人住所"为犯罪空间场所的均达到了50%以上。而且，在50岁以上、70岁及以下的犯罪人中，以"被害人住所"为犯罪空间场所的在55岁及以上的性犯罪人中所占比重均达到了55%以上（见表9），即以"被害人住所"为性犯罪场所的，在年龄更大一些的犯罪人中更明显。

**表9 不同犯罪年龄群体的性犯罪人的犯罪空间场所**

单位：%

| 犯罪年龄（岁） | 所占比重居于前两位的犯罪场所（n=1315） |
|---|---|
| 14~18 | 宾馆（旅店）（31.58）；被告人住所（26.32） |
| 18（不含）~25 | 宾馆（旅店）（33.63）；被告人住所（20.18） |
| 25（不含）~30 | 宾馆（旅店）（24.25）；被害人住所（22.76） |
| 30（不含）~35 | 宾馆（旅店）（23.40）；被害人住所（22.70） |
| 35（不含）~40 | 被害人住所（32.58）；宾馆（旅店）（22.00） |
| 40（不含）~45 | 被害人住所（45.87）；被告人住所（14.68）；野外（道路、里巷）（14.68） |
| 45（不含）~50 | 被害人住所（53.25）；野外（道路、里巷）（13.00） |
| 50（不含）~55（不含） | 被害人住所（36.84）；被告人住所（18.42） |
| 55~60（不含） | 被害人住所（55.56）；被告人住所（29.63） |
| 60~65（不含） | 被害人住所（56.25）；被告人住所（31.25） |

| 犯罪年龄（岁） | 所占比重居于前两位的犯罪场所（n=1315） |
| --- | --- |
| 65~70 | 被害人住所（63.64）；被告人住所（27.27） |
| 70（不含）~75 | 野外（道路、里巷）（42.86）；被告人住所（28.57）；被害人住所（28.57） |
| 75（不含）以上 | 被告人住所（60.00）；野外（道路、里巷）（20.00）；被害人住所（40.00） |

人际接触是强奸犯罪发生的前提。作为组合日常生活的两个基本要素，如果说时间对日常生活的调整使性犯罪人有可能选择加害对象，空间对日常生活的现时固定意味着性犯罪人有可能接触到加害对象。如前文，一方面，在性犯罪人的总体中，犯罪空间场所为"宾馆（旅店）""被害人住所""被告人住所"这三个类型的所占比重居于前三位，其合计比重达64.2%；另一方面，就14~70岁的犯罪年龄区间而言，在不同犯罪年龄段的性犯罪人的犯罪空间场所分布组合的三个规则变化特征方面，犯罪空间场所类型也都是"宾馆（旅店）""被害人住所"以及"被告人住所"，且相对于14~35岁的性犯罪人，"宾馆（旅店）"已不再是50岁以上、70岁及以下的性犯罪人的主要犯罪空间场所，取而代之的是"被害人住所"与"被告人住所"。一定的生活空间包含着一定的生活内容。通常，私人住所属于个人生活空间，除非采取强行进入、欺骗或偷偷进入等方式，进入私人住所需要经过居住人的许可。因此，如果结合50岁以上、70岁及以下这部分性犯罪人的主要犯罪空间场所类型，以及犯罪空间场所为"被害人住所"的在55~70岁之间的犯罪人中更突出这两类情形，笔者认为，年长的犯罪加害人与其被害人之间可能在犯罪加害发生前就已具备一定的熟识度了。甚至可以推论，加害人和被害人的日常生活交往状况是性犯罪发生的重要条件。例如，过多地在个人居所进行交往可能更易激发加害人的加害意图或增加加害人的犯罪安全系数。

5. 犯罪方式特征

在犯罪方式方面，性犯罪的特征表现为犯罪人的犯罪年龄增长与趋向于单独犯罪。据笔者的统计，在性犯罪人的总体中，作案时为1人的占82%，作案时为2人的占7.1%，作案时为3人的占10.9%，即大部分的性犯罪人都是一个人单独作案。然而，笔者的统计还表明，在所划分的 13 个犯罪年龄段的犯罪人中，犯罪的参与人数却呈现了差异性（见表 10）。其中，较为规则的变化主要表现在两个方面：一是在 45 岁以上的犯罪年龄区间内，每个犯罪年龄段的犯罪人都属于 1 人的单独犯罪；二是在 45 岁及以下的犯罪年龄区间内，虽然犯罪人数为 1 人的单独犯罪并非唯一形式，但 2 人及以上的共同犯罪在 25 岁以下的犯罪人中更为明显，尤其在 14~18 岁这个犯罪年龄群体中，犯罪人数为 3 人的所占比重达到了 53.85%，超过了该群体内属于犯罪人数为 1 人的 20.52 个百分点。

表 10　不同犯罪年龄群体的性犯罪人实施犯罪的犯罪人数

单位：%

| 犯罪年龄（岁） | 作案人数（n=1355） | | |
| --- | --- | --- | --- |
| | 1 人 | 2 人 | 3 人 |
| 14~18 | 33.33 | 12.82 | 53.85 |
| 18（不含）~25 | 68.76 | 11.07 | 20.17 |
| 25（不含）~30 | 88.45 | 5.05 | 6.50 |
| 30（不含）~35 | 93.75 | 2.08 | 4.17 |
| 35（不含）~40 | 94.96 | 3.60 | 1.44 |
| 40（不含）~45 | 94.64 | 4.46 | 0.9 |
| 45（不含）~50 | 100.00 | — | — |
| 50（不含）~55（不含） | 100.00 | — | — |
| 55~60（不含） | 100.00 | — | — |
| 60~65（不含） | 100.00 | — | — |
| 65~70 | 100.00 | — | — |
| 70（不含）~75 | 100.00 | — | — |
| 75（不含）以上 | 100.00 | — | — |

　　按笔者的统计，不同犯罪年龄的性犯罪人在犯罪参与人数方面存在差异，如果以 45 岁为犯罪年龄节点，共同犯罪与单独犯罪的分界更明显。对于这些

情形，笔者主要从以下方面进行分析。

首先，犯罪参与人数与行为人犯罪意图的形成时间存在一定关系。犯罪意图是行为人决意实施犯罪行为的心理要素。相对于犯罪行为的实施，犯罪意图的形成时间早晚反映了行为人对犯罪的心理准备程度。如果犯罪意图是行为人在接触犯罪目标之前形成的，可能意味着行为人有较高程度的犯罪成功预期。为确保犯罪的成功率，对于人身攻击性可能较强的犯罪，行为人选择多人作案的可能性较大。如表10所示，在14~25岁的犯罪年龄区间的犯罪人中，犯罪参与人数为2人及以上的所占比重明显高于25岁以上的各犯罪年龄段的犯罪人所占比重。其中，在14~18岁的犯罪年龄段的犯罪人中，属于犯罪参与人数为3人的所占比重分别超出了该犯罪年龄段的犯罪参与人数为1人的20.52个百分点以及犯罪人数为2人的41.03个百分点，且与犯罪参与人数为3人的在其他犯罪年龄段中所占的比重相比是最高的。就犯罪意图形成的分析，结合强奸犯罪的特点，笔者引入了两个参照：一是行为人对作案目标的主动寻找；二是激发犯罪意图的因素来源。据笔者的统计，在14~18岁和18（不含）~25岁这两个犯罪年龄段的犯罪人中，犯罪意图的形成类型属于"主动寻找作案目标"的所占比重分别为45.71%和11.53%，与其他犯罪年龄段的犯罪人所占的比重相比是较高的，其中，14~18岁的犯罪年龄段的犯罪人所占比重最高（见表11）。在犯罪意图的形成时间方面，如表11所示，在笔者列出的5种犯罪意图的形成类型中，能够明确表达犯罪意图是在犯罪行为实施之前形成的，是"主动寻找作案目标"这个类型。所以，笔者推论，在强奸犯罪中，对于犯罪意图的形成时间较早、目的性较强的，行为人在作案时有可能采取共同犯罪的形式，尤其是14~18岁这个群体最为典型。相反，对于年龄较大，甚至上了年纪的人来说，由于犯罪意图可能是在遇到被害人或与被害人的个人交往中临时形成的较多，即带有一定的生活随机性或属于"见景生情"型，故在实施犯罪时不可能再纠集他人实施共同犯罪，而只是采取单独犯罪的形式。

其次，犯罪参与人数融合了行为人对犯罪成功的自我认同的认识程度。犯罪成功的自我认同是行为人在实施犯罪前形成的、关于是否自信犯罪可以获得成功的心理认知。在犯罪人的角度，犯罪是风险行为。为规避可能由更多的人知晓犯罪而带来的被法律追究的风险，犯罪成功的自我认同感高的人易倾向于单独作案。强奸是行为人以性交为目的而满足性欲的生活型犯罪。作为人与生俱来的不可缺少的生活要素，对性和性行为的认识或（和）体验是人们的日常生活的组成部分。由此，如果说任何犯罪都需要犯罪人具备相应的犯罪技术或技巧，强奸犯罪的技术或技巧更多地来自行为人对相关生活经验的积累，包括对性行为发生机制的了解以及熟悉如何通过"性沟通"来暗示性交流，从而"合理"地对异性进行"性表达"。需要说明的是，关于此处所说的"性表达"（representation of sexuality），如果借鉴瑞士的尼古拉斯·法韦（Nicolas Favez）与爱尔威·坦瑟特（Hervé Tissot）所说的，是关乎性行为的想象、性幻想、情感。[1]按照尼古拉斯·法韦与爱尔威·坦瑟特对依恋理论（attachment theory）的研究，对于男性与女性来讲，依恋（attachment）主要是通过表达变量之间的调节而联结在一起的。[2]以此推论，如果人们能够对影响"性表达"的一些因素加以调节，就可以使对方淡化或打消对性敌对的倾向。与其他人身攻击型的犯罪相比，类似强奸这样的性犯罪有其特殊性，因为性的元素是任何人都具备的。那么，如果犯罪人自认为选择了合适的时机来使用某些日常生活经验，就会认为易与潜在的被害人之间建立相应的心理沟通情境，从而会产生较高的犯罪成功的自我认同感。日常生活经验愈丰富、人生经历愈长，行为人对强奸犯罪获得成功的自我认同感就愈高，而在不同的年龄群体中，最有可能具备这一特征的就是年龄更大一些的行为人。

表 11　不同犯罪年龄群体的性犯罪人的犯罪意图的形成

单位：%

| 犯罪年龄（岁） | 不同犯罪意图形成类型的犯罪人所占比重（n＝1141） | | | | | |
| --- | --- | --- | --- | --- | --- | --- |
| | 路遇被害人后临时起意 | 与被害人在交往中主动起意 | 主动寻找作案目标 | 被他人怂恿或教唆 | 被告人自己临时起意 | 其　他 |
| 14~18 | — | 40.00 | 45.71 | — | 8.57 | 5.72 |

〔1〕　Nicolas Favez, Hervé Tissot, "Attachment Tendencies and Sexual Activities: The Mediating Role of Representations of Sex", *Journal of Social and Personal Relationships*, 34（2017）, p. 733.

〔2〕　Nicolas Favez, Hervé Tissot, "Attachment Tendencies and Sexual Activities: The Mediating Role of Representations of Sex", *Journal of Social and Personal Relationships*, 34（2017）, p. 748.

续表

| 犯罪年龄（岁） | 不同犯罪意图形成类型的犯罪人所占比重（n=1141） | | | | | |
|---|---|---|---|---|---|---|
| | 路遇被害人后临时起意 | 与被害人在交往中主动起意 | 主动寻找作案目标 | 被他人怂恿或教唆 | 被告人自己临时起意 | 其 他 |
| 18（不含）~25 | 11.78 | 50.13 | 11.53 | 2.76 | 20.30 | 3.50 |
| 25（不含）~30 | 13.90 | 50.22 | 10.31 | 1.35 | 21.97 | 2.25 |
| 30（不含）~35 | 13.39 | 52.76 | 9.45 | — | 22.05 | 2.35 |
| 35（不含）~40 | 14.29 | 48.21 | 5.36 | — | 30.36 | 1.78 |
| 40（不含）~45 | 21.28 | 35.11 | 8.51 | 2.13 | 28.72 | 4.25 |
| 45（不含）~50 | 18.64 | 40.68 | 3.39 | — | 35.59 | 1.70 |
| 50（不含）~55（不含） | 17.65 | 26.47 | 11.76 | — | 41.18 | 2.94 |
| 55~60（不含） | 9.09 | 54.55 | 4.55 | — | 31.81 | — |
| 60~65（不含） | 7.14 | 42.86 | — | — | 50.00 | — |
| 65~70 | 18.18 | 45.45 | — | — | 36.37 | — |
| 70（不含）~75 | 42.86 | 14.28 | — | — | 42.86 | — |
| 75（不含）以上 | — | — | — | — | — | — |

6. 犯罪被害人特征

在犯罪被害人方面，性犯罪的特征主要表现为，犯罪人的犯罪年龄增长与以精神病患者为侵害对象的增多。在老年人实施性犯罪这个角度，有研究曾谈到了老年人实施性侵害的两个重要对象群体，即幼女和女性精神病患者。例如，李健与张二军在对四川广安市 2000 年到 2004 年的 60 岁以上的老年人性犯罪进行调查的基础上指出，被害人主要是幼女或有精神障碍的妇女。[1]再如，有研究者根据对厦门的老年性犯罪的调研指出，老年人的生理特点决定了其作案对象多选择一些幼女、痴呆女等弱势群体。[2]由于生理、心理、社会生活经历等方面的因素，无论幼女或女性精神病患者，在日常生活中都

---

[1] 李健、张二军：《广安市农村老年人性犯罪的调查》，载《西南政法大学学报》2008 年第 3 期。
[2] 熊英、李翠英：《初探老年人性犯罪》，载《湖南医科大学学报（社会科学版）》2006 年第 1 期。

属于在性行为的识别、性侵害的防卫以及性被害后果的承受等方面的低能力群体。因而，假如以幼女和（或）女性精神病患者为侵害对象确实是老年人在实施性犯罪方面的突出现象，将会为认识我国人口老龄化进程中的老龄化问题拓展更深层次的视角或线索。

强奸罪的成立涉及立法规定和司法适用。根据我国现行《刑法》的规定，除了只有女性能够成为强奸罪的对象外，在犯罪既遂的认定与刑罚的处罚上，还对女性群体区分了不满 14 岁的幼女与已满 14 岁的非幼女这两个类别。此外，就强奸罪的司法适用，有观点认为，我国的一些司法实践还在遵循着最高人民法院、最高人民检察院、公安部在 1984 年印发的《关于当前办理强奸案件中具体应用法律的若干问题的解答》（已失效），将明知是精神病患者（或者严重痴呆者）而与之发生性关系的情形以强奸论的"一概而论处理模式"。[1]基于以上两点，笔者在犯罪数据量表中设置了"被害人是否为幼女"和"被害人是否患有精神疾病"这两个指标，以了解老年人对幼女和女性精神病患者实施性侵害的分布情况，相关分析结果如下：

（1）老年人对幼女的性侵害。据笔者对"强奸案件性犯罪数据"的统计，在性犯罪人的总体中，以幼女为侵害对象的占 15%。从不同犯罪年龄群体来看，统计结果表明，在笔者划分的 13 个犯罪年龄段的犯罪人中，除了 75 岁以上的，其他犯罪年龄段的犯罪人在 70% 以上都是以非幼女为侵害对象，即使以 60 岁作为划分老年人的年龄节点，在 60~75 岁的犯罪年龄区间的 3 个犯罪年龄段内，犯罪人以幼女为侵害对象的所占比重的最低值甚至还低于 14~18 岁以及 18（不含）~25 岁这两个犯罪年龄段的犯罪人所占的比重，而以幼女为侵害对象的所占比重的最高值也没有超过性犯罪人总体中的 15% 这个一般值（见表 12）。反之，如果仅就 13 个犯罪年龄段的犯罪人侵害幼女的分布情形看，超过 15% 这个一般值的却是 50（不含）~55 岁（不含）和 55~60 岁（不含）这两个犯罪年龄段的犯罪人所占的比重，分别为 26.32% 和 22.22%（见表 12）。概言之，以强奸犯罪为代表，在性犯罪中，犯罪人的犯罪年龄增加本身与倾向于侵害幼女之间无明显的规则性特征。因此，如果笼统地说老

---

〔1〕 高维俭、李晓磊：《"明知是精神病妇女而与之发生性关系"定性的类型化研究》，载《理论月刊》2015 年第 9 期。

年人在性犯罪中多侵害幼女，显然是缺乏充分证据的。当然，如果说上了年岁的人有倾向于侵害幼女的可能，按照 60 岁这一当前关于老年人的法律界定，更多是 50 岁以后的那些接近于老年人的人。

表 12　不同犯罪年龄群体的性犯罪人的侵害对象类型分布

单位：%

| 犯罪年龄（岁） | 侵害不同对象的犯罪人所占比重（n=1352） | |
| --- | --- | --- |
| | 侵害幼女的犯罪人 | 侵害幼女以外妇女的犯罪人 |
| 14~18 | 12.82 | 87.18 |
| 18（不含）~25 | 12.36 | 87.64 |
| 25（不含）~30 | 6.20 | 93.80 |
| 30（不含）~35 | 13.79 | 86.21 |
| 35（不含）~40 | 8.70 | 91.30 |
| 40（不含）~45 | 11.61 | 88.39 |
| 45（不含）~50 | 7.69 | 92.31 |
| 50（不含）~55（不含） | 26.32 | 73.68 |
| 55~60（不含） | 22.22 | 77.78 |
| 60~65（不含） | 11.76 | 88.24 |
| 65~70 | 9.09 | 90.91 |
| 70（不含）~75 | 14.29 | 85.71 |
| 75（不含）以上 | 80.00 | 20.00 |

人的老化表现在生理以及由此影响到的生活这两个层面。针对人的老化，国外研究者曾阐述了一些观点，"补偿最优化选择"（selective optimisation with compensation）就是由 M. 巴尔特斯（M. Baltes）等提出的"成功老化"（successful aging）理论中的一种。[1]按照"补偿最优化选择"理论，"成功老化"被视为所得的最大化（希望的目标或结果）与失去的最小化（不希望的目标

---

〔1〕　Liam E. Marshall, "Aging and Sexual Offending: An Examination of Older Sexual Offender", PhD diss., Queen's University at Kingston, 2010, p. 25.

或结果）的结合。[1]利亚姆·E. 马歇尔将这种理论用于思考在晚年期初次实施性犯罪的犯罪人时曾提出了这样的假设：这些年长的性犯罪者的被害人可能是年纪较小的、更易攻击的儿童，而这些儿童与这些犯罪人有关系或是犯罪人已经准备接近的。[2]然而，结合笔者的统计，在忽略年长的人就是指某个年龄段的年长者或忽略对年长的人的年龄予以具体界定的前提下，与其说利亚姆·E. 马歇尔的假设适用于老年人的性犯罪群体，不如说更适用于对老年这个动态概念下的性犯罪现象的认识，因为"老"是一个过程，只有在"老"这个过程中，才能较全面地分析人的性犯罪与人的老化之间的某些内在关系。

性是一种超越肉体的生活元素，当这种元素被生活不断地分解时，又会回归到肉体这种有形的物质中，并重复地再次成为影响人的观念与行为的身体力量。我国学者冯国超指出，处女象征着心灵与肉体的纯洁，当与处女性交时，会自然产生安全感、自豪感，甚至有一种彻底"占有"对方的感觉，这些感觉对男子来说都是十分重要的。[3]在该角度，假如将 M. 巴尔特斯等提出的"补偿最优化选择"理论做一些调整，吸取其中的人在老化中的"最优化选择"这个成分，并与中国传统性文化中的"处女情结"相结合，可以认为，一些年长者之所以倾向于侵害幼女这些年纪小的女性，可能是将这种行为视为对即将失去的性能力，甚至是即将逝去的"性人生"的补偿。对于那些处于由壮年向老年转化，以及年事已高的、体会到生活转折点的人来说，性犯罪实施中的"老化补偿"这个成分或许更突出。

性是伴随人类发展而不断演变的生物与生活元素。关于性的进化，国外的进化心理学研究有一种假设，即一种行为一旦能够增加繁殖成功率，这种行为将被自然选择所青睐，而与生殖直接相关的行为是性行为，而包括性犯罪在内的人类性行为都被认为受到了进化的心理机制影响……性攻击是一种

---

[1]　Liam E. Marshall, "Aging and Sexual Offending: An Examination of Older Sexual Offender", PhD diss., Queen's University at Kingston, 2010, p. 25.

[2]　Liam E. Marshall, "Aging and Sexual Offending: An Examination of Older Sexual Offender", PhD diss., Queen's University at Kingston, 2010, p. 27.

[3]　冯国超：《中国古代性学报告》（增补版），华夏出版社 2014 年版，第 453 页。

男性繁衍的策略。[1]同样，按照进化心理学关于女性的繁殖价值与生育力的假设，由于年轻通常意味着更强的生育力，随着年龄的逐步增长，男性偏爱的年轻女性与他自身的年龄差距也不断加大。[2]简言之，在进化心理学的角度，可以认为，年长者之所以更有可能对幼女进行性侵害，可能是因为受到了人类进化中的某些内在基因的影响。当然，如果该结论有其合理性，则伴随人的年龄增长，尤其是男性，关于性的文化调节将是一个不能忽略的生活因子。甚至可以说，在人的生命历程中，正视性的意义，并融合于与生活特点相适应的性教育不可或缺。

自人类伊始，性的色彩就是神秘和经久不衰的，并在生活中演绎着各种角色。对于性的意义，我国学者李银河曾概括为繁衍后代、表达感情、肉体快乐、延年益寿、维持生计、建立或保持人际关系、表达权力关系等七个方面。[3]虽然说这七个方面有些抽象，却反映了性的含义之所以富有动态色彩的重要因素——生活的情境性。作为性行为的一种体现，人们在看待年长者实施的性犯罪时，多强调其性欲的释放。然而，无论是性欲还是性行为，其背后都与存在于每个人的生活差异中的性的意义相关联。因此，如果不只把性理解为生物性的性欲，在性对生活的塑造中，一部分年长者倾向于侵害幼女可能就是试图将其作为表达某种生活含义的一种方式。对犯罪人而言，犯罪行为的实施总是象征着某种生活意义。美国学者多纳尔·E. J. 麦克纳马拉（Donal E. J. MacNamara）提到，格布哈特（Gebhard）等人曾将强奸犯分为两类：一类是虐待成性的攻击者（sadistic-aggressive assaulter），对这些人来说，首要的是性满足，并伴以身体攻击；另一类是无关道德的流氓（amoral delinquent），妇女在他们眼里是性愉悦的对象。[4]性犯罪的动机影响着性加害对象的选择。因此，尽管都属于强奸犯罪，如果在表达某种生活含义的层面加以理解，不只是以某个年龄为标签的老年人，甚至是在老年性犯罪现象本身，

---

〔1〕［英］理查德·沃特利：《犯罪心理学：犯罪为何会发生》，马皑、宋业臻译，中国法制出版社2019年版，第45页。

〔2〕［美］戴维·巴斯：《进化心理学：心理的新科学》（第4版），张勇、蒋柯译，商务印书馆2015年版，第142~155页。

〔3〕李银河：《性的问题》，内蒙古大学出版社2009年版，第4页。

〔4〕 Donal E. J. MacNamara, "Sex Offenses and Sex Offenders", *The Annals of the American Academy of Political and Social Science*, *Sex and the Contemporary American Scene*, 37（1968）, p. 151.

侵害幼女可能就不是较为明显的犯罪特征了。

（2）老年人对女性精神病患者的侵害。据笔者对"强奸案件性犯罪数据"的统计，在性犯罪人的总体中，以精神病患者为侵害对象的占7.5%。在不同犯罪年龄群体的角度，笔者统计了13个犯罪年龄段的性犯罪人以精神病患者为侵害对象的分布情况。结果表明，一方面，在18岁以上到75岁的犯罪年龄区间的11个犯罪年龄段内，以精神病患者为侵害对象的犯罪人所占比重呈现了较为规则的"增龄渐进"的现象，即犯罪人的犯罪年龄越大，以精神病患者为侵害对象的所占比重越高；另一方面，以60~75岁的犯罪年龄区间的3个犯罪年龄段来看，不仅以精神病患者为侵害对象的犯罪人所占比重逐渐增加，而且，这3个犯罪年龄段的犯罪人以精神病患者为侵害对象的所占比重远高于18岁以上、60岁以下的犯罪年龄区间的各犯罪年龄段的犯罪人所占比重，尤其是65~70岁以及70（不含）~75岁这两个犯罪年龄段的犯罪人，以精神病患者为侵害对象的所占比重均超过了50%（见表13）。根据笔者的统计，性犯罪人中出现的侵害精神病患者的"增龄渐进"现象表明，行为人的年龄越大，以精神病患者为侵害对象的可能性越大，侵害精神病患者是60~75岁这部分群体的突出特征。此外，考虑已有研究关于60岁以上的老年人的主要侵害对象之一是精神病患者的调查结论，笔者对60岁及以上的老年人性犯罪群体进行了单独统计。结果表明，以精神病患者为侵害对象的占46.34%，比性犯罪人总体中以精神病患者为侵害对象的所占比重为7.5%高出38.84个百分点。换言之，即使只着眼于60岁以上的老年人群体，从全国范围内的样本来看，以精神病患者为主要性侵害对象的结论也是成立的。

表13　不同犯罪年龄群体的性犯罪人侵害精神病患者的状况分布

单位：%

| 犯罪年龄（岁） | 侵害精神病患者的犯罪人在各犯罪年龄群体中的比重 |
| --- | --- |
| 14~18 | — |
| 18（不含）~25 | 0.65 |
| 25（不含）~30 | 1.08 |
| 30（不含）~35 | 2.07 |

| 犯罪年龄（岁） | 侵害精神病患者的犯罪人在各犯罪年龄群体中的比重 |
| --- | --- |
| 35（不含）~40 | 6.47 |
| 40（不含）~45 | 7.14 |
| 45（不含）~50 | 16.67 |
| 50（不含）~55（不含） | 18.42 |
| 55~60（不含） | 29.63 |
| 60~65（不含） | 47.06 |
| 65~70 | 54.54 |
| 70（不含）~75 | 57.14 |
| 75（不含）以上 | 20.00 |

7. 犯罪加害人与犯罪被害人的关系特征

在犯罪加害人与犯罪被害人的关系方面，性犯罪的特征是犯罪人的犯罪年龄增长中的加害人对被害人的"近缘相侵"。强奸是典型的人际犯罪，考察性侵（sexual assault）中被害人的病因学的最佳出发点是被害人与犯罪人的关系。[1] 在以往的研究中，分析强奸犯罪的人际特点的一个方面是犯罪加害人与犯罪被害人的关系。笔者曾根据对天津市 2005 年当年入狱罪犯的调查指出：在对女性实施强奸的犯罪人中，选择结识不久的人作案的占 37.3%，选择很熟的人作案的占 40%，选择不认识的人作案的占 22.7%；在对女性实施抢劫的犯罪人中，选择结识不久的人作案的占 4.3%，选择很熟的人作案的占 5%，选择不认识的人作案的高达 90.7%。[2] 以该研究结论来看，至少与抢劫犯罪相比，强奸犯罪中的加害人倾向于选择熟悉的人实施加害，加害人与被害人之间的先期认识是加害人与被害人之间关系的一个特征。再如，陈童鑫通过对 A 省 H 市九个区 2010—2014 年警方数据平台上的案件的分析指出，在

---

〔1〕 Stephen T. Holmes & Ronald M. Holmes, *Sex Crimes*: *Patterns and Behavior*, 3rd ed., Thousand Oaks: SAGE Publication, 2009, p. 255.

〔2〕 王志强：《女性被害问题的实证分析》，载《江西公安专科学校学报》2007 年第 2 期。

强奸案件中属于"熟人强奸"的占63.4%。[1]这些研究表明，在考察强奸犯罪现象的过程中，注重被害人因素的引入对于扩展分析线索具有一定意义。

据笔者对"强奸案件性犯罪数据"的统计，法律文书中显示被告人在作案前与被害人认识的在性犯罪人总体中占54.5%，犯罪人的犯罪意图属于"与被害人在交往中主动起意"的所占比重达49.8%，也即近50%的强奸犯罪人的犯罪意图是在与被害人的交往中产生的。由此发现，在实施加害前，加害人与潜在的被害人之间存在人际纠葛在强奸犯罪中较为突出。任何一个人由幼小到成年、从家庭到社会都离不开人际，人际的扩展以及变化过程演示着人们的生活轨迹。作为社会生活参与的条件，"一个人的社会活动能力越强，往往介入的'社交'圈子也就越多"[2]，人际圈子也越复杂。通常，在以年龄为参照的生命历程中，青年期可以被认为是人际的扩展阶段，而老年期则相对属于人际的缩减阶段。基于人的年龄与社会生活活跃度之间的关系，笔者在前文指出，年轻人与年长者在实施性犯罪方面存在犯罪机会的差异。同样，如果还是考虑社会生活活跃度因素，性犯罪中的加害人与被害人在犯罪发生前的人际纠葛是否也呈现年龄效应呢？为此，笔者统计了"强奸案件性犯罪数据"中13个犯罪年龄段的犯罪人在犯罪发生前属于与被害人认识的分布情况，结果表明，在13个犯罪年龄段的犯罪人中，与被害人在犯罪加害前认识的犯罪人各自所占比重没有随着犯罪人的犯罪年龄增龄而出现规则的变化（见图14）。不过，如果以各个犯罪年龄段的犯罪人所占比重的大小看，一方面，60~65岁（不含）与65~70岁这两个犯罪年龄段的犯罪人所占比重是较高的，分别为第一位和第二位；另一方面，从60岁及以上的犯罪年龄区间的4个犯罪年龄段来看，属于与被害人在犯罪加害前认识的犯罪人所占比重逐次降低（见图14）。因而，如果说以加害人与被害人在犯罪加害前相识为标志的"熟人强奸"是强奸犯罪的特征，该特征在60~65岁的年龄群体中更明显。

---

〔1〕 陈童鑫：《关于熟人强奸被害人的被害性研究——基于A省H市五年案件数据的分析》，载《犯罪研究》2015年第4期。

〔2〕 王尧基：《人际关系"圈"的"圆系模型"与关系网——读〈特权与优惠的经济学分析〉有感》，载《世界经济文汇》1998年第6期。

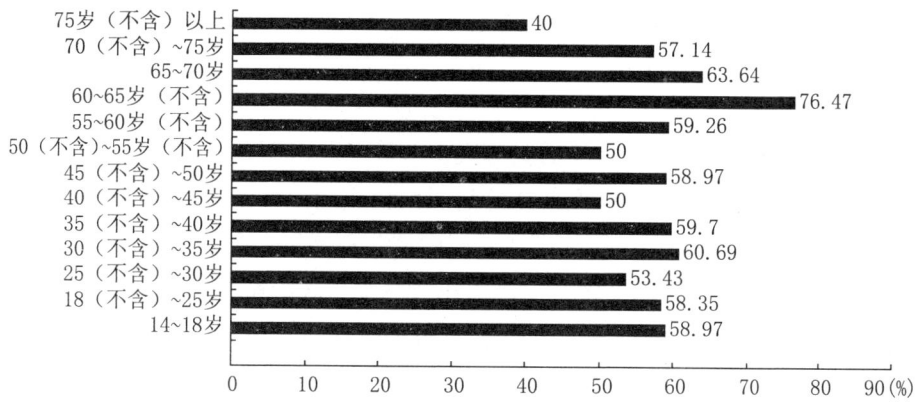

**图 14　性犯罪中的犯罪加害人与被害人在加害前认识的**
**在不同犯罪年龄群体中的分布（n=1356）**

　　人与人之间的关系是社会生活的纽带，并表现在不同的社会生活之中。反之，社会生活的类型、方式等的不同，人与人之间的交往以及彼此结识的缘由和程度亦多样。加害人与被害人的事前结识在强奸犯罪中是一个相对明显的特征。但是，在社会生活中，由于潜在的加害人与被害人的结识是以各种具体社会生活关系的存在为前提的，故潜在的加害人与被害人在人际交往中的类型与程度可能存在差异。为考察犯罪人在实施加害前与被害人的人际交往倾向于哪些类型以及由此反映的人际交往程度，在犯罪数据量表中，笔者将犯罪前的加害人与被害人的关系设置为 14 种类型。[1] 在对"强奸案件性犯罪数据"的统计中，笔者选取了犯罪人所占比重居于前三位的加害人与被害人的关系类型，用于进行不同犯罪年龄之间的犯罪人的比较，以期发现"熟人强奸"中的老年效应所反映的人际交往类型或程度。统计表明，在强奸犯罪中，不同犯罪年龄群体在犯罪前与被害人的人际交往类型呈现了较明显的特征，且随着犯罪人的犯罪年龄增长，在加害人与被害人的人际交往类型上显示了较为规则的变化。具体讲，一方面，在 14~35 岁的犯罪年龄区间的 4 个犯罪年龄段的犯罪人中，犯罪人实施加害前与被害人属于"一般朋友关系""在网络上认识""同事""恋人""邻居"的所占比重在 14 种人际关系

────────────

　　[1]　这 14 种类型包括：家人；邻居；同村或同一社区；同学；师生；同事；恋人；一般朋友关系；工作或生意中的客户；性买卖；在网络上认识；他人介绍认识；亲戚；其他。

类型中是前三位的，其中，除了25（不含）~30岁这个群体，在其他群体中的犯罪人所占比重居于前两位的人际交往类型集中于"一般朋友关系"和"在网络上认识"这两个方面；另一方面，在35（不含）~55岁（不含）的犯罪年龄区间的4个犯罪年龄段的犯罪人中，除了"在网络上认识"这一人际交往类型外，犯罪人所占比重最高的是"同村或同一社区"这一人际交往类型。此外，在55岁及以上的犯罪年龄区间的各犯罪年龄段的犯罪人中，属于"在网络上认识"的人际交往类型不再出现，除了55~60岁（不含）这个群体外，所占比重始终居于第一位的是"同村或同一社区"类型（见表14）。值得指出的是，如表14所示，在50（不含）~55岁（不含）与55~60岁（不含）这两个犯罪年龄段的犯罪人中，加害人与被害人的人际交往类型出现了"家人"这一类，且属于这一人际交往类型的犯罪人所占比重在55~60岁（不含）的犯罪年龄段的犯罪人中为25%，高出犯罪人在50（不含）~55岁（不含）的犯罪年龄段所占比重的15个百分点（见表14）。

**表14 不同犯罪年龄群体的性犯罪人在与被害人的认识途径方面的分布**

单位：%

| 犯罪年龄（岁） | 在认识的途径中所占比重为前三位的（n=534） | | |
| --- | --- | --- | --- |
| | 第一位 | 第二位 | 第三位 |
| 14~18 | 一般朋友关系（44.44） | 在网络上认识（33.33） | 同事（11.11）；恋人（11.11） |
| 18（不含）~25 | 在网络上认识（31.55） | 一般朋友关系（14.44） | 恋人（12.83） |
| 25（不含）~30 | 在网络上认识（27.43） | 同事（17.70） | 一般朋友关系（11.50） |
| 30（不含）~35 | 一般朋友关系（17.19） | 在网络上认识（15.63） | 同事（10.94）；邻居（10.94） |
| 35（不含）~40 | 在网络上认识（29.51） | 邻居（13.11） | 同村或同一社区（11.48） |
| 40（不含）~45 | 同村或同一社区（27.03） | 恋人（13.51） | 邻居（10.81） |

续表

| 犯罪年龄（岁） | 在认识的途径中所占比重为前三位的（n=534） | | |
|---|---|---|---|
| | 第一位 | 第二位 | 第三位 |
| 45（不含）~50 | 同村或同一社区（42.31） | 在网络上认识（11.54） | 邻居（11.54） |
| 50（不含）~55（不含） | 同村或同一社区（40.00） | 家人（10.00）；邻居（10.00）；性买卖（10.00）；在网络上认识（10.00）；他人介绍认识（10.00） | — |
| 55~60（不含） | 邻居（33.33） | 家人（25.00） | 同村或同一社区（16.67）；他人介绍认识（16.67） |
| 60~65（不含） | 同村或同一社区（37.50） | 他人介绍认识（12.50）；亲戚（12.50）；邻居（12.5）；工作或生意中的客户（12.5）；其他（12.5） | — |
| 65~70 | 同村或同一社区（100.00） | — | — |
| 70（不含）~75 | 同村或同一社区（66.66） | 其他（33.34） | — |
| 75（不含）以上 | 同村或同一社区（100.00） | — | — |

对于强奸犯罪中的加害人与被害人的关系类型，有研究曾基于犯罪调查指出，犯罪人在与被害人的关系方面属于恋爱对象、父母、邻居、同事、上下级、同乡、同学和亲戚的所占比重分别为 12.2%、2.6%、28.1%、9.9%、5.3%、30.1%、9.5%、2.3%。[1] 仅以该研究结果看，加害人与被害人属于恋爱对象、邻居、同乡关系的相对突出。关于人际交往，有句俗话称"亲戚分远近、朋友分厚薄"。相对而言，恋爱对象、邻居、同乡这三种关系在日常

---

[1] 王志强：《女性被害问题的实证分析》，载《江西公安专科学校学报》2007 年第 2 期。

生活中属于生活情感距离或生活空间距离较近的人际类型，人与人之间交往的可能性与频率也较大。因此，在强奸犯罪中，如果说加害人与被害人之间在事前就结识，类似基于"情缘"或"地缘"这样的交往密度较高的人之间发生强奸犯罪的加害与被害的可能性也增加了，从而也可由此得出"熟人强奸"中的"近缘相侵"这样的推论。如表14所示，通过笔者在上述对"强奸案件性犯罪数据"的统计分析，"熟人强奸"中的"近缘相侵"现象也体现了犯罪人的犯罪年龄效应。一方面，随着犯罪人的犯罪年龄的增加，在犯罪前的加害人与被害人的人际类型上，大体显示了由生活空间距离和日常生活接触频率构成的人际距离的"由远及近"的变化特征。该情形在55岁及以上的性犯罪人群体中最明显，因为在这些群体中没有再出现在虚拟的互联网空间接触的"在网络上认识"这个类型。当然，或许有观点认为，少接触或不接触网络社交这种情形可能与年长者与年轻人之间的生活方式差异有关。然而，笔者认为，在强奸犯罪的加害对象选择方面，与年轻人的喜欢"猎奇"的心理相比，年长者更倾向于接触在交往程度方面较深的现实生活中的人。如此的结论通过表14也能加以说明。因为，如表15所示，在"生活或工作中交往""网络上交往"和"偶遇搭讪"这三类表示加害人与被害人在加害发生前的不同交往程度中，55岁及以上的犯罪人中只存在"生活或工作中交往"这一个类型。另一方面，如表14所示，从55岁及以上的犯罪人来看，在犯罪加害前，加害人与被害人的人际类型主要围绕着"同村或同一社区""邻居""家人"等这几个方面。同时，笔者的统计还表明，在55岁以上的犯罪人中，加害人与被害人在加害发生前的交往都单一地集中在"生活或工作中交往"这一类型上，而55岁以下的犯罪人在与被害人的交往方面有较多的类型（见表15）。也就是说，相比于其他年龄的人，像55岁以上这些上了年纪的人实施性犯罪侵害基本都是围绕其"生活圈"展开的。同理，"生活圈"的半径不大，决定了上了年纪的人在"熟人强奸"的现象中有更明显的"近缘相侵"现象。如前述，通过对"强奸案件性犯罪数据"的统计，笔者曾得出60岁到65岁这个性犯罪群体中的"熟人强奸"最突出的结论。究其原因，如果就表14的统计结果加以分析，在60岁以上的犯罪年龄区间中，60~65岁（不含）群体的人际交往类型相对较多，如"亲戚""邻居""工作或生意中的客户"等。对此，笔者认为，之所以说60~65岁（不含）这一犯罪年龄群体较能体现"熟人强奸"的老年效应，主要是由这部分人的社会交往范围相对广泛而导致的"熟人圈子"较大。换言之，对于在 60 岁以上的哪些年龄群体中更能体现"熟人强奸"的老年效应，并不是完全由年龄本身决定的，而是由"熟人圈子"的大小决定的，"熟人圈子"大，加害人选择被害人的机会就多；"熟人圈子"小，加害人选择被害人的机会就少，甚至反而可能把侵害的目标聚焦于与其生活交往频率较多的人，如同村、同一社区的或者家人。

表 15　不同犯罪年龄群体的性犯罪中加害人与被害人在加害前的交往程度

单位：%

| 犯罪年龄（岁） | 不同的交往程度（n=500） | | |
| --- | --- | --- | --- |
| | 生活或工作中交往 | 网络上交往 | 偶遇搭讪 |
| 14~18 | 76.92 | 23.08 | — |
| 18（不含）~25 | 63.86 | 35.54 | 0.60 |
| 25（不含）~30 | 72.22 | 25.93 | 1.85 |
| 30（不含）~35 | 81.13 | 18.87 | — |
| 35（不含）~40 | 70.91 | 29.09 | — |
| 40（不含）~45 | 94.74 | 5.26 | — |
| 45（不含）~50 | 90.00 | 10.00 | — |
| 50（不含）~55（不含） | 90.00 | 10.00 | — |
| 55~60（不含） | 100.00 | — | — |
| 60~65（不含） | 100.00 | — | — |
| 65~70 | 100.00 | — | — |
| 70（不含）~75 | 100.00 | — | — |
| 75（不含）以上 | 100.00 | — | — |

法律对犯罪的标定是社会生活秩序维护的需要。然而，在人类生活文化构造的复杂过程中，社会秩序的维护不可能只是单一地由法律来实现。作为人类生活文化性的普遍体现，在法律之外，对社会生活秩序发挥调节功能的还包括道德。因为，道德不仅可以使人们养成规则素养和自觉遵守规则的品行，还可以通过其特有的在人与人之间的社会监控与社会评价机制来监督、

约束人们的生活行为。道德是文化的形式也是文化的产物。钱穆先生曾讲过，"中国文化是以'道德精神'为其最高领导的一种文化"[1]就日常生活这个层面而言，笔者认为，如果说基于道德的社会监控与社会评价在人与人之间能够做到无处不在，则钱穆先生讲的中国文化中的这种"道德精神"最能体现在"熟人社会"之中。之所以如此，一个常识化的理解是，"熟人社会"最能展示人与人之间的"你看"与"我观"，从而在人们之间会形成一种特有的心理与行为机制——"面子"。在中国人的语境中，"面子"不仅在人际互动中被广泛使用，而且具有非常重要的评价意义。[2]借助于"面子"，人与人之间也就自然地拥有了进行道德监控与道德评价的前提。中国是注重人际文化的社会。作为人际文化的产物和人际关系的纽带，"面子"总在不同范围内以不同方式发挥着人与人之间关系的调节作用，尤其在人际关系较为固定的某些生活环境中。如有观点指出的，"面子"是中国农民在村落这个熟人社会中立足的重要依据。[3]

性是人体的自然之物，而人的社会性却又决定了这种自然之物应当遵从社会生活秩序的教化与规则。作为身体与精神、个体与社会的混合体，人的性在社会生活中的构造是矛盾的。一方面，人们对于性总是试图张扬自然的感觉、冲动与体验；另一方面，人们又不得不在各种社会规则的调整中寻找着性的自然和性的驯化的中和策略。在中国的传统文化中，性的社会规则塑造是重要内容之一，且历史久远。例如，蔡枢衡先生根据《路史·前纪》推断，公然猥亵亦即妨害风化是我国历史上最为古老的罪名[4]；按照日本学者宫宅洁对我国古代法律典籍《二年律令》的研究，我国古代犯强奸罪的要被处以最重的肉刑——腐刑[5]。苟志于仁矣，无恶也。[6]在中国传统文化对性的社会规则塑造中，社会生活出现了两个附随效应，即认为人与人之间"谈性"为不雅以及认为人与人之间"夺性"为不耻。应当承认，类似的关于不

〔1〕 钱穆：《文化学大义》，九州出版社 2011 年版，第 75 页。

〔2〕 贺雪峰等：《南北中国：中国农村区域差异研究》，社会科学文献出版社 2017 年版，第 159 页。

〔3〕 贺雪峰等：《南北中国：中国农村区域差异研究》，社会科学文献出版社 2017 年版，第 161 页。

〔4〕 蔡枢衡：《中国刑法史》，中国法制出版社 2005 年版，第 129 页。

〔5〕 [日] 宫宅洁：《中国古代刑制史研究》，杨振红等译，广西师范大学出版社 2016 年版，第 28~37 页。

〔6〕 《论语·八佾》，载李志敏主编：《四书五经》（卷一），京华出版社 2010 年版，第 7 页

雅与不齿的性文化有利于维护人与人之间正常的社会生活关系。但是，恰恰是这些不雅与不齿的文化观念，造成了人们对性的讳莫如深和对性规则的模糊认识，而在事实上，如孙隆基指出的，中国人表达"性"的心理焦点模糊，却不等于说在生理上没有这个冲动。[1]因此，在性的问题上，人与人之间的"面子"实际上就被推到了维护正常社会生活秩序的异乎寻常的角色上。然而，笔者的上述统计表明，以强奸为代表的性犯罪不仅有相当一部分发生在熟人之间，且上了年纪的人还倾向于将人际交往频繁、人际关系亲近的人选择为性加害的对象。言外之意，"熟人社会"的"面子"对人际关系中的性这个敏感的道德问题的调整是失效的，尤其在那些上了年纪的人中间。在中国的传统文化中，人的年老被赋予了特殊的文化含义，在一定意义上被化约为礼与理并重的象征。那么，为什么上了年纪的人在讲究"面子"的熟人环境里宁可丢掉"保持晚节"的道德约束而实施附着了强烈违反伦理道德色彩的强奸犯罪呢？笔者理解，其答案可能涉及四个方面：一是"熟人社会"中的"面子"的道德监控与评价功能在生活中难以发挥作用，即使失去"面子"也不会影响行为人的正常生活；二是生活环境中缺乏明确、统一的道德规范与道德环境的塑造，即使在"熟人社会"，所谓的"面子"和常人所理解的具有社会生活秩序维护功能的道德之间也许根本就不是同一个概念，或者说"面子"本身的含义在现实生活中是可以随着具体生活环境的改变而改变的；三是在"面子"即为立世资本的信条中，伴随走向人生的末端和再塑生活的能力不及，所谓"面子"这个看似虚空之物或道德感的自我评价在年老者中已经失去了意义，而通过获得感受而得到的身体满足被认为是更加现实的；四是道德监控与评价并不是熟人之间的社会生活关系的唯一内容，由于某些因素的作用，犯罪人或许容易找到对熟人实施性侵害的自我认可的理由，如恋人之间的情感关系或家庭生活中的经济依赖关系，也即与熟人之间的其他社会生活关系内容相比，道德的内容被冲淡了。

（二）年龄节点中的老年性犯罪

除了注重老年的动态性，认识老年性犯罪还需注重其静态性的人群——老年人。这也是当前人们认识老年生活的一个惯常思路。为此，根据我国

---

〔1〕　孙隆基：《中国文化的深层结构》，中信出版社 2015 年版，第 99 页。

《老年人权益保障法》规定的老年人是60周岁以上的公民，并结合强奸犯罪发生的一般特点，笔者以"犯罪人→犯罪行为→被害人"的犯罪行为发生模式为主要框架，分析了60岁及以上的老年人的性犯罪特征。

1. 文化程度与犯罪前的身份和职业状况特征

实施性犯罪的老年人在文化程度上偏低，在犯罪前的身份与职业状况方面以农民为主。据笔者对"强奸案件性犯罪数据"的统计，一方面，在实施性犯罪的60岁及以上的老年人中，文化程度为"小学及以下"的占83.33%，文化程度为"初中"和"高中"的分别为10%和6.7%，即除了文化程度为"小学及以下"的在实施性犯罪的老年人中占多数外，在"小学及以下""初中"和"高中"这个文化程度由低到高的序列中，实施性犯罪的老年人所占比重依次减小。综合上述两点，可以认为，实施性犯罪的老年人以低文化程度的为主。如果与60岁以下的性犯罪人相比，实施性犯罪的老年人文化程度偏低这个特征更加明显。如表16所示，在60岁以下的性犯罪人中，属于"小学及以下"文化程度的占35.37%，属于"初中"的占46.81%，前者低于60岁及以上的性犯罪人在"小学及以下"文化程度方面所占比重的47.96个百分点，后者高于60岁及以上的性犯罪人在"初中"文化程度方面所占比重的36.81个百分点，而且，与60岁及以上的性犯罪人呈现的一个明显区别是，在60岁以下的性犯罪人中，有6.28%的属于"大学及以上（含专科）"文化程度（见表16）。另一方面，在实施性犯罪的60岁及以上的老年人中，犯罪前为农民的占86.96%，在60岁以下的性犯罪人中，犯罪前为农民的只占48.58%（见表17），即在实施性犯罪的60岁及以上的老年人中，不仅犯罪前为农民的占大多数，且与60岁以下的性犯罪人相比，犯罪前多为农民的这个特征也非常明显。

表16 老年与非老年性犯罪人的文化程度比较（n=1079）

单位：%

| 不同的犯罪年龄群体 | 小学及以下 | 初 中 | 高 中 | 中专（技校） | 大学及以上（含专科） |
|---|---|---|---|---|---|
| 60岁以下 | 35.37 | 46.81 | 6.96 | 4.58 | 6.28 |
| 60岁及以上 | 83.33 | 10.00 | 6.70 | — | — |

表 17 老年与非老年性犯罪人犯罪前的身份与职业状况比较 (n=1011)

单位:%

| 不同的犯罪年龄群体 | 学 生 | 无 业 | 农 民 | 其他职业 |
|---|---|---|---|---|
| 60 岁以下 | 1.72 | 24.60 | 48.58 | 25.10 |
| 60 岁以上 | — | 13.04 | 86.96 | — |

2. 犯罪地域特征

老年人实施的性犯罪在犯罪地域上主要在我国的中部、南部省份,犯罪地域分布相对集中。据笔者对"强奸案件性犯罪数据"的统计,在 60 岁及以上的性犯罪人中,以省级行政区划为单位的犯罪地分布在河南、四川、安徽、陕西、湖南的,分别为 25%、15%、15%、12.5%、10%,其比重合计达 77.5%。如果引入我国省级行政区划的地理分布图可发现:一方面,这几个省份的地理位置邻近,其中,安徽、河南、陕西、四川这几个省份是依次接壤的;另一方面,就整体的地理范围而言,除陕西以外,河南、四川、安徽、湖南分布在我国的中部、南部地区,而以这几个省份为犯罪地的老年性犯罪人的比重合计为 65%。

犯罪是流动的,某一地域的犯罪现象分布也并非固定不变。那么,对于以省级行政区划为单位的犯罪地域邻近和集中于我国中部、南部省份这种情形,是否就是说这是老年人性犯罪独有的犯罪地理区位特征?为此,笔者基于"强奸案件性犯罪数据"统计了 60 岁以下的性犯罪人的犯罪地域分布状况。结果表明,以我国的省级行政区划为考察犯罪地的单位,60 岁以下的性犯罪人所占比重居于前五位的省份依次是陕西(10.93%)、河南(10.39%)、江苏(8.57%)、安徽(8.12%)、四川(7.21%)(见图15),也即在笔者指出的老年人性犯罪较为集中的五个省份中占了四个。按照笔者的上述统计,60 岁及以上的老年人性犯罪的主要犯罪地域与 60 以下的性犯罪人的主要犯罪地域大体一致,其中的大部分省份在我国的中部、南部地区,甚至于从 60 岁以下的性犯罪人的主要犯罪地域来看,四川、陕西、河南、江苏、安徽这几个省份都是依次接壤的邻省,相比于 60 岁及以上的性犯罪人的犯罪地域更具犯罪地理区位分布的邻近性。对此,笔者推论,作为性犯罪现象中的一类,老年人性犯罪的出现可能并不是孤立于性犯罪这个总体的地域特征之外，在犯罪地理区位的角度，老年人性犯罪现象可能存在着对性犯罪现象总体的某种依附性。此外，如果考虑性犯罪人的地理区位分布的集中程度还可发现，60岁以下的性犯罪人分布在陕西、河南、安徽、四川这四个省的所占比重共计为36.65%（见图15），60岁及以上的性犯罪人分布在陕西、河南、安徽、四川

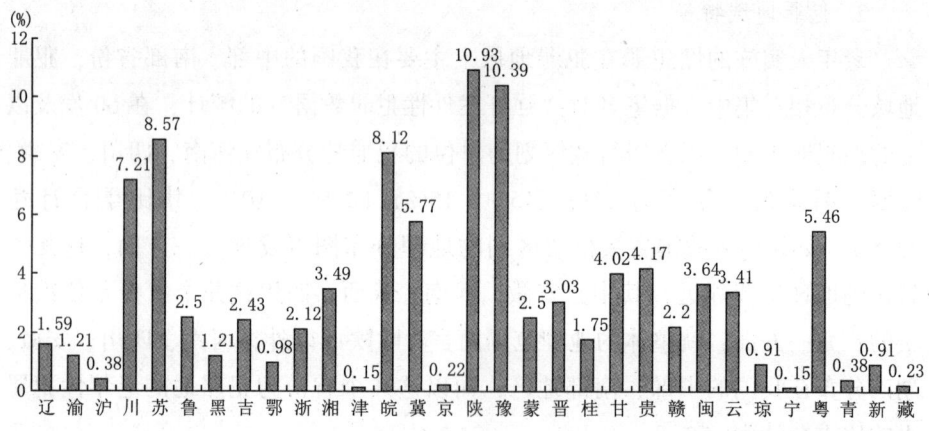

**图15 以中国31个省份为犯罪地的60岁以下的性犯罪人分布（n=1318）**

这四个省的所占比重共计为67.5%。进一步讲，虽然陕西、河南、安徽、四川这四个省份均属于60岁及以上和60岁以下的性犯罪人在犯罪地域方面分布较多的省份，但从所占的比重来看，60岁及以上的性犯罪人的分布密度更大，约为60岁以下的性犯罪人的1.84倍（67.5%/36.65%）。人是犯罪行为的主体，犯罪的流动在一定意义上折射着犯罪人的流动。与年轻一些的人相比，由于身体状况、生活特点等因素的制约，上了年岁的老年人在不同生活地域间的生活流动性低。相应地，以生活地域为犯罪地的老年人犯罪具有相对较高的犯罪地理区位的稳定性。所以，对于老年人性犯罪的犯罪地域主要在我国的中、南部省份以及犯罪地域分布相对集中，可以视为老年人性犯罪的犯罪地理区位特征。

以老年人为视角是我国当前研究老龄化问题的一种路径。具体到犯罪问题研究，该路径的表现之一，就是假定老年人口量的增加会引发老年人犯罪

的增加，甚至有观点提到了老年人性犯罪的增加，如笔者在前文曾提及的，"从人口比例看，我国老年人性犯罪率并不高，但由于我国人口基数大，老年化速度快，老年人性犯罪的绝对数量不可小视"[1]。然而，如图9与图10所示，在老年人性犯罪集中的河南、四川、安徽、陕西、湖南这五个省份中，虽然有的人口老龄化程度或超过了我国人口老龄化的一般值，或接近于我国人口老龄化的一般值，但其人口老龄化的程度在我国的31个省份中并非最为突出。言外之意，老年人口数量多可能不是老年人性犯罪多发的必要条件，仅由老年人口数量多来推导老年人性犯罪现象多发可能会导致某种意义上的认识犯罪现象的简化。

3. 犯罪场所与犯罪时间特征

老年人性犯罪的犯罪场所以"被害人住所"居多，犯罪时间以一天内的午后为主。据笔者对"强奸案件性犯罪数据"的统计，一方面，在笔者设置的18类犯罪场所[2]中，60岁及以上的性犯罪人的犯罪场所类型只有"野外（道路、里巷）""被告人住所""被害人住所"这三类，所占比重分别为12.82%、33.33%、48.72%，而60岁以下的性犯罪人的犯罪场所除了在"被害人住所""宾馆（旅店）""被告人住所""野外（道路、里巷）"这几种类型方面较为突出外，还有其他的一些犯罪场所类型，即相对于60岁以下的性犯罪人，60岁及以上的性犯罪人的犯罪场所类型相对集中，且以"被害人住所"为最多（见图16）；另一方面，以一天为24小时计，60岁及以上的性犯罪人在"12—15时"和"18—21时"实施性犯罪的所占比重相对较多，分别为38.46%和19.24%，60岁以下的性犯罪人在"0—3时"和"18—21时"实施性犯罪的相对较多，分别为29.94%和18.76%（见图17）。如果对60岁及以上和60岁以下这两个性犯罪群体的主要犯罪时段进行对比，可发现，除了"18—21时"是二者在实施性犯罪方面均较为突出的时间段外，60岁以下的群体实施性犯罪多倾向于在"0—3时"的凌晨，60岁及以上的群体实施性

---

〔1〕　朱尧利：《老年男性性犯罪值得关注》，载《广东科技报》2004年10月29日。

〔2〕　为做到图形绘制中的字迹清晰，图16中的英文字母a、b、c、d、e、f、g、h、i、j、k、l、m、n、o、p、q、r分别依次表示的犯罪场所类型为：野外（道路、里巷）；车站（码头）；被告人住所；被害人住所；宾馆（旅店）；酒吧（歌舞厅）；网吧；公园；公共厕所；学校；被告人工作场所；被害人工作场所；饭馆（饭店）；发廊（会所或洗浴场所）；其他人的居所；共同的居所；公共交通工具（含小型出租类汽车）；其他场所。

犯罪多倾向于在"12—15时"的午后。

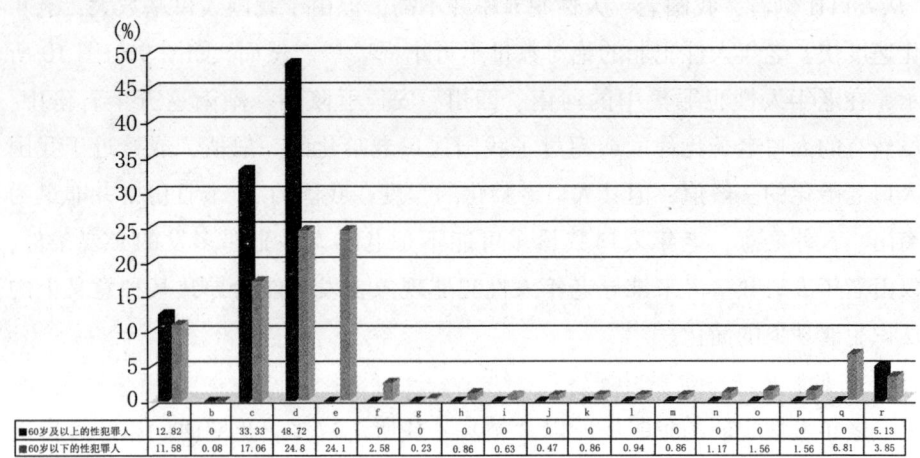

| | a | b | c | d | e | f | g | h | i | j | k | l | m | n | o | p | q | r |
|---|---|---|---|---|---|---|---|---|---|---|---|---|---|---|---|---|---|---|
| ■60岁及以上的性犯罪人 | 12.82 | 0 | 33.33 | 48.72 | 24.1 | 0 | 0 | 0 | 0 | 0 | 0 | 0 | 0 | 0 | 0 | 0 | 0 | 5.13 |
| ■60岁以下的性犯罪人 | 11.58 | 0.08 | 17.06 | 24.8 | 24.1 | 2.58 | 0.23 | 0.86 | 0.63 | 0.47 | 0.86 | 0.94 | 0.86 | 1.17 | 1.56 | 1.56 | 6.81 | 3.85 |

**图16　60岁及以上和60岁以下的性犯罪人的犯罪场所类型分布（n=1317）**

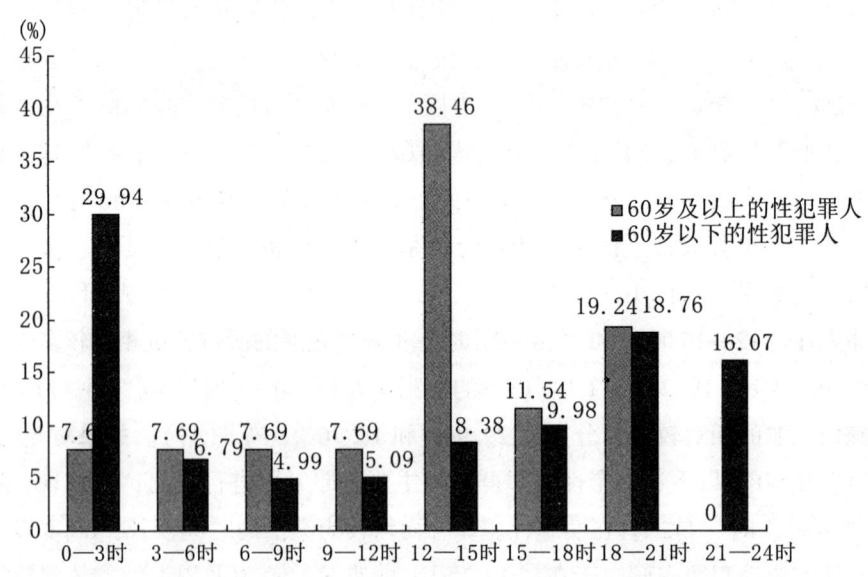

**图17　60岁及以上和60岁以下的性犯罪人在不同犯罪时段的分布（n=1028）**

4. 犯罪意图的产生特征

自己临时起意是老年人在实施性犯罪的过程中产生犯罪意图的主要形式。据笔者对"强奸案件性犯罪数据"的统计，在60岁及以上的性犯罪人中，犯罪意图的形成主要涉及三个方面，即"路遇被害人后临时起意""与被害人在交往中主动起意""被告人自己临时起意"，属于这三种情况的犯罪人所占比重分别为15.38%、33.33%和51.29%（见图18），即在60岁及以上的性犯罪人中，犯罪意图的形成以"被告人自己临时起意"的居多。另据笔者对"强奸案件性犯罪数据"的统计，在60岁以下的性犯罪人中，犯罪意图形成的方式较为多样，犯罪人所占比重居于前三位的分别为"与被害人在交往中主动起意""被告人自己临时起意""路遇被害人后临时起意"（见图18）。通过与60岁以下性犯罪人群体的比较，可发现，在60岁及以上的性犯罪人中，犯罪意图的形成属于"被告人自己临时起意"的仍较突出，因为在60岁以下的性犯罪人中，犯罪人所占比重最大的是"与被害人在交往中主动起意"的，

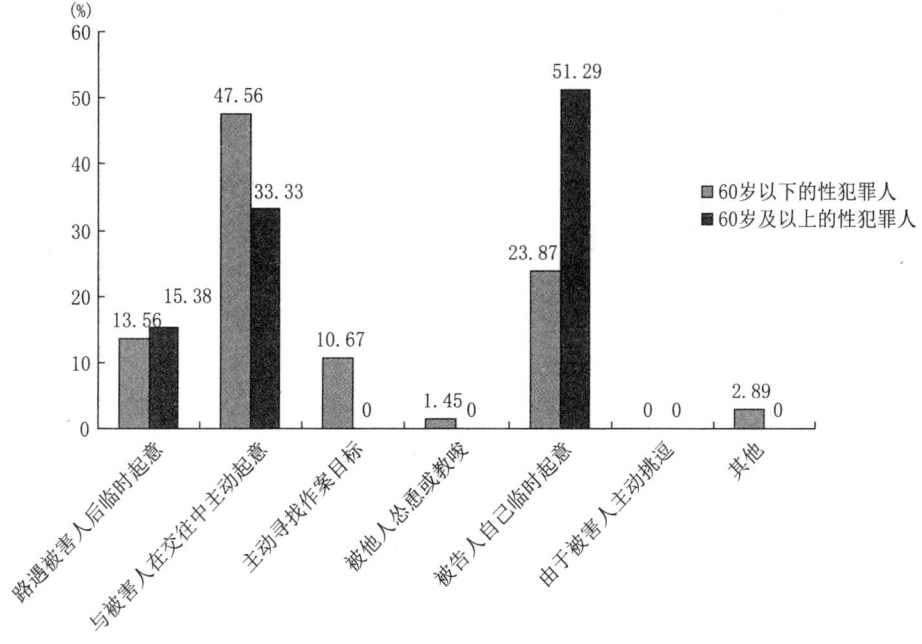

**图18 60岁及以上和60岁以下的性犯罪人的犯罪意图的形成（n=1142）**

为47.56%，而犯罪人的犯罪意图的形成属于"被告人自己临时起意"的占23.87%（见图18）。犯罪意图的形成方式可以反映推动行为人实施犯罪行为的心理因素来源与特点。由此，在60岁及以上的性犯罪人中，"被告人自己

临时起意"这种犯罪意图的形成方式较为突出则表明，该群体实施性犯罪主要来自自身的性驱动，且这种性驱动的产生带有某种随机性。

5. 犯罪被害人特征

"熟人强奸"在老年人性犯罪中是较为明显的现象，以精神病患者为侵害对象的相对突出。据笔者对"强奸案件性犯罪数据"的统计，在 60 岁及以上的性犯罪人中，在作案前与被害人认识的占 65%，在 60 岁以下的性犯罪人中，在作案前与被害人认识的占 56.83%。与 60 岁以下的性犯罪人相比，"熟人强奸"在 60 岁及以上的性犯罪人中相对明显一些。笔者的统计表明，从犯罪人在作案前与被害人之间的熟识关系类型来看，属于"同村或同一社区"的在 60 岁及以上的性犯罪人中所占比重最大，为 60%，其次是属于"亲戚"这一类型的，所占比重为 13.32%，而在 60 岁以下的性犯罪人中，所占比重最大的关系类型是"在网络上认识"，为 24.81%，在 60 岁及以上的性犯罪人中，"在网络上认识"这种关系类型不存在（见图 19）。

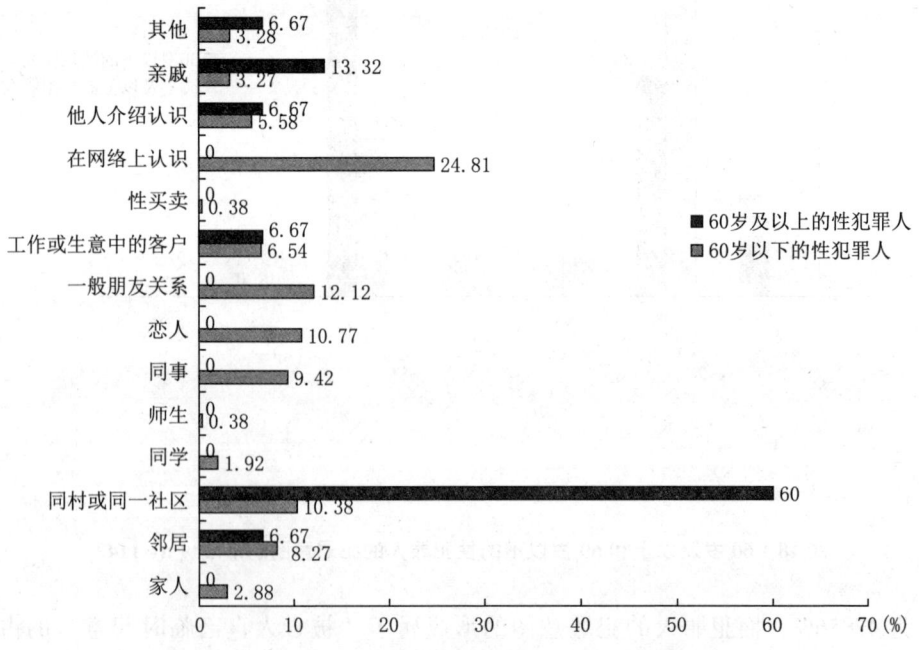

**图 19　60 岁及以上和 60 岁以下的性犯罪人与被害人在案发前相互认识的关系类型**

通常来讲，加害人在作案前与被害人相识可能是一些人被选为加害对象的重要条件。甚至有观点指出，在被害女性方面，不当行为和心理状态的功能使性侵害人产生或强化了性侵被害人的动机。[1]然而，笔者认为，人际交往是社会生活的特征。如果排除为了实施加害而故意创造人际交往这种情形，不能简单地在人际交往与一个人是否易受侵害之间画等号。否则，正常的人际交往就变为增加受害机会的生活危机，且有些人际交往本是无可避免的，如邻里、家庭生活成员、亲戚以及住在同村的人。所以，对于"熟人强奸"，与其说是加害人与被害人的熟识提高了被害人被侵害的可能，不如说是加害人在既有的人际交往中出现了犯罪的自我异化，尤其是那些人际交往类型较为固定的社会人群，如60岁及以上的上了年岁、生活方式较为单一的人。在这个意义上，可以说，"是强奸犯选择的实施强奸的时间与地方——相比于在错误的时间到了错误地方，此景（situation）无关被害人"[2]。

在60岁以下和60岁及以上的性犯罪人中，加害人与被害人在犯罪加害发生前的熟识度以及熟识的关系类型有所差别。在侵害对象上，这两个犯罪群体也有不同，较为突出的一个方面是，以精神病患者为侵害对象的在60岁及以上的性犯罪人中更突出。例如，据笔者对"强奸案件性犯罪数据"的统计，在60岁以下的性犯罪人中，以精神病患者为侵害对象的占4.11%，在60岁及以上的性犯罪人中，以精神病患者为侵害对象的占47.5%。选择什么样的人作为性侵害对象在不同的犯罪人之间具有差异性，但如果着眼于被害对象的一般特点推论，相对于60岁以下的人，60岁及以上的人将强奸犯罪的预期与安全转嫁到了被害人方面，即以被害人的特征来增强犯罪得逞与逃避法律追究的可能性。因为，按照通常的理解，精神病患者的行为能力低于正常人，对性侵害的防卫意识与防卫能力也较低。在该意义上，假设强奸犯罪的发生有其必然性，则不能只是认为被害人的某些特征提高了自身被害的可能性。还应认识到，是犯罪人以自身的特征塑造了适合的被害人，与由被害人"制造"的可能被害的机会和情境因素相比，犯罪加害人的犯罪决意程度及其对自身是否实施犯罪加害的自我控制程度更为重要。

---

〔1〕　肖建国、姚建龙：《女性性犯罪与性受害》，华东理工大学出版社2002年版，第223页。

〔2〕　Stephen T. Holmes & Ronald M. Holmes, *Sex Crimes：Patterns and Behavior*, 3rd ed., Thousand Oaks：SAGE Publication, 2009, p. 223.

## 四、小结

按照性犯罪人的犯罪年龄划分，在笔者的分析中，老年性犯罪显现了一些较为明显的特征。例如，在犯罪人的犯罪年龄渐增的不同发展阶段中，50岁以上、70岁以下的性犯罪人的犯罪场所集中于"被害人住所"与"被告人住所"，60~65岁的性犯罪人中的"熟人强奸"现象突出，45岁以上的性犯罪人单独作案的居多，等等。此外，在以60岁为标准划分的老年人性犯罪群体中，与60岁以下的非老年人性犯罪群体相比，农民与低文化程度者居多，性犯罪的实施具有一定的随机性，等等。在犯罪现象的研究中，犯罪现象的"切割"取决于"切割"的标准的设定。相应地，这一过程可能造成如此情形：同样的特征出现在了不同的犯罪现象轮廓中，或者同一犯罪现象轮廓中出现了不同的特征。例如，通过笔者的统计，60岁及以上的老年人性犯罪者中存在的一些特征并非就是在60岁这个年龄节点出现的，如实施性犯罪多见于白天这个特征在50岁以上的群体中就存在了，而在60岁及以上这个群体内，尽管"熟人强奸"是其特征之一，但相比于60岁及以上的一些年龄段，该特征在60岁到65岁这个年龄段是最突出的。同样，与犯罪现象"切割"导致的犯罪现象特征的变化类似，如果把老年性犯罪放置在老龄化的社会背景下，人的老化过程，甚至一定的生活地域中的人口老龄化进程都可以成为分析的焦点。例如，笔者的分析表明，在不同生活地域这个层面，人口的老龄化程度可能影响着性犯罪人的犯罪年龄结构。

事实是犯罪现象研究的基础。然而，由于带有主观因素的研究者的介入，事实中的犯罪现象与认识中的犯罪现象可能是不完全等价的，即使是声称基于经验事实的犯罪现象的"实证"研究，其研究结论也以截取犯罪现象的某些理论假定为前提，犯罪现象的客观性仅是人们试图认为犯罪现象就是客观的一种主观反映。当然，由于犯罪现象的现实性就是一个对客观化的主观认知过程，关于犯罪现象的认识框架并非一成不变。在笔者分析老年性犯罪现象的过程中，年龄被作为一个重要的考察维度。当然，如我们所知，在将年龄抽象为一个作用变量的同时，事实上也省略了年龄所不能包含的一些生活元素，而单有年龄维度推导的犯罪现象与社会生活的关系也会呈现某些片面性与虚假性。笔者认为，这既是在个体层面研究社会现象的一个难题，也是犯罪学研究需要克服某些传统研究模式的一个着眼点。对此，类似格里·斯维腾（Gary Sweetn）等人所说的，如果年龄本身直接促发了犯罪的高峰，则对青少年犯罪的干预是徒劳的。[1]同理，在对老年性犯罪现象的认识中，年龄仅是一个中介变量。

　　面对现实世界，"我们的观察是极其复杂、并非始终可靠的"[2]，"观察和实验检验的基本作用在于显示我们的一些理论是假的，从而激发我们去提出更好的理论"[3]。在人口老龄化社会，犯罪现象的变化是社会生活变化的结果。那么，在考察老龄化社会的犯罪现象时，我们关注的不可能只是某些犯罪现象呈现了什么，还会探求这些犯罪现象与哪些社会生活存在哪些不同于以往的关系，以至于是否是真实的，从而为犯罪现象的理论解释提供更为真实与合理的生活基础。因此，在我们批判性地认识老龄化社会的某些犯罪现象的客观性时，除了要着眼于产生这些犯罪现象的理论假定，还要反思某些已有的理论或方法是否适应老龄社会发展的特点与需要。

---

〔1〕　Gary Sweeten, et al. , "Age and the Explanation of Crime, Revisited ", *Journal of Youth and Adolescence*, 42（2013）, p. 935.

〔2〕　[英] 卡尔·波普尔：《客观知识：一个进化论的研究》，舒炜光等译，上海译文出版社 2015 年版，第 84 页。

〔3〕　[英] 卡尔·波普尔：《客观知识：一个进化论的研究》，舒炜光等译，上海译文出版社 2015 年版，第 291 页。

第三章
# 老年性犯罪的影响因素

　　犯罪现象的产生与变化是在人与社会的互动中持续的。在这个过程中，无论是个体层面的因素还是社会层面的因素，都以彼此的关系共同影响犯罪现象。犯罪影响因素的界定是认识犯罪现象的形成与变化的一条途径。或者说，是我们依据一定的标准，对个体与社会在介入犯罪现象时的作用关系的一种推理。犯罪现象产生于社会生活。在现实生活中，个体与社会是不可分割的整体。由于这个整体的存在，按照混沌理论与复杂性科学，当个体的人出现反社会行为时，复杂的社会中始终存在着他或她还没有触及的非线性的宏观结构。[1]换言之，即使可以把一些介入于犯罪现象的个体与社会之间的某些关系视为影响犯罪的因素，这些因素的性质也不是单一的。所以，笔者认为，在界定犯罪影响因素的过程中，一方面，应当根据犯罪现象的特点，将承载个体与社会之间作用关系的社会生活作为着眼点；另一方面，应当根据犯罪现象的不同变化角度，寻找个体与社会之间具有针对性的作用关系，即在犯罪影响因素角度解读社会生活时，"起点是捕捉能够对这些变化予以测量的控制参数"[2]。

## 一、老年性犯罪影响因素的理论框架

　　作为社会生活现象，犯罪是人与社会这两个方面相互作用的产物。然而，

---

　　〔1〕　T. R. Young, "The ABCA of Crime: Attractors, Bifurcations, and Chaotic Dynamics", in Dragan Milovanovic (ed.), *Chaos, Criminology, and Social Justice: The New Orderly (Dis) Order*, Westport: Praeger, 1997, p. 34.

　　〔2〕　Allison Forker, "Chaos and Modeling Crime: Quinney's Class, State and Crime", in Dragan Milovanovic, *Chaos, Criminology, and Social Justice: The New Orderly (Dis) Order*, Westport: Praeger, 1997, p. 63.

当在社会生活中考察犯罪影响因素时，并非意味着可以将人与社会这两个方面加以拆分，或者把犯罪影响因素看作人与社会这两个层面的简单相加，而解决该问题的途径之一，是在人与社会的彼此作用中寻找那些具有犯罪风险性的矛盾关系。

（一）犯罪影响因素中的"生活圈"

人是社会的人，社会是人的社会，个体的人与组织体的社会在彼此的差异中统一于社会生活。这是在人与社会的关系中寻找犯罪影响因素的基本思路。关于如何认识犯罪现象，以德国学者冯·李斯特（Franz von Liszt，1851—1919）为代表的学者曾提出过犯罪原因"二元论"的观点。例如，冯·李斯特指出，我们必须一方面将犯罪理解为犯罪人所在社会和经济关系的必要产物；另一方面将犯罪理解为犯罪人的个体特征。[1]对此，笔者认为，作为研究犯罪问题的一种视角，将人与社会拆分为二元的分析单位是合理的，但理解犯罪现象的着眼点却应是表现人与社会进行整体构造的社会生活。而且，只有以一定的社会生活为出发点，人与社会的二元化犯罪研究模式才更具有现实意义。

社会生活是以整体的形式存在的，"作为整体且变动不居的现实不能零打碎敲地掌握"[2]。年龄的增长本是人在成长中出现的现象。至于由人的增龄而形成的人口老龄化之所以受到关注，主要因素之一在于，与增龄相伴的人的老化会通过人与社会构造的社会生活而影响到社会与人的整体构造格局，并进一步通过社会与人的构造格局再影响到人，最终融入社会生活的整体发展进程。"个人行为带来的生命历程的变化是有限制的"[3]，人的老化的意义存在于泛化的社会生活之中，具体到个体的人，能表现老化意义的载体是围绕人的生活历程与生活环境形成的"生活圈"。"生活圈"是社会生活对人的社会角色的配置过程。因此，通过"生活圈"能较为完整地展示人的日常生活的基本框架，加之性能量的释放属于人的日常生活的组成部分，分析以强

---

〔1〕　[德] 冯·李斯特：《论犯罪、刑罚与刑事政策》，徐久生译，北京大学出版社 2016 年版，第 93 页。

〔2〕　[美] 伯特尔·奥尔曼：《马克思的异化理论》，王贵贤译，北京师范大学出版社 2018 年版，第 321 页。

〔3〕　侯崇文：《犯罪学：社会学探讨》，三民书局股份有限公司 2019 年版，第 352 页。

奸为代表的性犯罪现象就可以借助对人的"生活圈"的认识。根据我国现行《刑法》的规定，强奸是行为人违背妇女意志强行与妇女发生性交的行为。释放性能量是人的一种需求。人如果不吃饭就会饿死，但如果一个人的性冲动得不到满足会发生什么情况呢?[1]行为选择的预期以满足一种或多种需求为目标。[2]可以推论，作为释放性能量的一种方式，只要具备一定的性能力，至少对成年男性而言，在某种程度上均有潜在的实施强奸的可能，差别在于自我控制能力的高低和以非强奸的方式释放性能量的可能性大小。就此，着眼于个体的角度，可以认为，影响行为人实施强奸的主要因素涉及行为人的自我控制能力和以非强奸的方式释放性能量的可能性。具体讲，行为人的自我控制能力愈强，以非强奸的方式释放性能量的可能性愈大，其实施强奸的可能性愈小，反之愈大。人与人之间的关系及其联结方式是由社会生活建构的，行为人的自我控制能力和以非强奸的方式释放性能量的可能性也不例外。所以，以个体的角度看，构筑日常生活的"生活圈"不同，行为人实施强奸的可能性亦不同。笔者的前述统计分析表明，随着犯罪人犯罪年龄的增加，强奸犯罪在类似犯罪对象、犯罪时间、犯罪场所等某些方面的特征呈现了较为明显的区别。对于这些现象的出现，笔者认为，其中含有由人的老化导致的"生活圈"变化的因素。

（二）"生活圈"对老年性犯罪的作用

"生活圈"是人与社会相互构造的社会生活在以个体的人为主体的过程中的具体化。作为社会生活事实的呈现，无论社会或人对社会现象可能产生哪些影响，最终都以能够整合个体与社会相互作用过程的"生活圈"的形式表现出来。因此，在人与社会的统一中，就可以将"生活圈"视作考察犯罪现象的"事实场域"。通常情况下，人变老的过程对"生活圈"的作用具有综合性，且人的老化程度越高，"生活圈"改变的可能性越明显。因而，个体层面的"老"或老年人也往往被用作分析某些社会生活的视角，特别是在老龄化社会。然而，实施性犯罪的老年人的高发群体有某些特殊之处。例如，根

---

〔1〕 ［美］伯特尔·奥尔曼:《马克思的异化理论》，王贵贤译，北京师范大学出版社 2018 年版，第 329 页。

〔2〕 Chester L. Britt, "Self-Control, Grup Solidarity, and Crime: An Integrated Control Theory", in Chester L. Britt & Michael R. Gottfredson (eds.), *Control Theories of Crime and Delinquency*, New York: Routledge, 2017, p. 165.

据笔者的统计表明，这些群体的特征是文化程度较低和生活在我国中、南部的某些省份。进一步讲，人的老化对"生活圈"的某些共性改变不完全等于人的性犯罪的可能性也发生相同的共性改变，将"老"作为一个抽象的生活变量可能会影响研究结论的现实性。人的"生活圈"既有在一定时间内的稳定性，又有在一定时间持续中的动态性。而且，由于不同的具体生活环境与不同个体的作用关系不同，同样的因素可能导致"生活圈"发生质的差异，其中当然包括会对影响性犯罪的一些因素产生不同影响。因此，认识老年性犯罪现象的变化应结合人的变老对"生活圈"的差异性影响，以及这些影响对那些由行为人承载的性犯罪的易感因素的作用过程，而不能仅以诸如生活圈子缩小、生活方式趋于单一这样一些看似一般性的假设来推导老年性犯罪现象的变化规律。老年性犯罪是由生活中的老年群体实施的，但相关于性犯罪的因素却并不限于人的老年生活阶段。人口的老龄化及其对社会生活的影响是渐进的。在这个角度，尽管我国的人口老龄化具有相对快速的特点，人口老龄化对社会生活的渗透却需经历较长的时间过程。具体到以强奸为代表的性犯罪现象的变化，只要社会生活会在老年人口中产生自我控制能力低，以及以非强奸的方式释放性能量的可能性小这两个核心要素，性犯罪现象不仅存在，甚至在某些条件下可能呈现高发的特点。

作为社会生活现象，即使忽略法律的干预，对影响犯罪现象变化的关系的寻找也是复杂的。至于通常所说的犯罪学意义上的犯罪原因分析，其实质不过是立足解释犯罪的某些假定而围绕经验事实进行某些关系的逻辑组合，甚至仅是对"犯罪聚焦（crime concentration）——对观察到的经验规则的陈述"[1]的推理。犯罪现象是犯罪事实的表现形式。假如依照个体与社会的二元视角，犯罪现象既可以指个体层面的犯罪行为，还可以指社会层面的聚合犯罪行为的某类犯罪总体。然而，由于犯罪现象产生于个体与社会的相互关系之中，则除了考虑个体与社会的社会生活指向存在差异外，分析犯罪现象如何变化的经验事实的焦点应是那些可能使个体与社会形成互动关系的因素。日常生活中的犯罪存在于犯罪人的具体生活中，无论来自个体和社会层面的

---

〔1〕 Tim Hope, "The Social Epidemiology of Crime Victimzation: The Paradox of Prevention", in Sandra Walklate (ed.), *Handbook of Victims and Victimology*, New York: Routledge, 2018, p. 65.

因素通过何种互动影响到犯罪，最终产生犯罪异化的可能性均浓缩于行为人的生活。那么，当在个体和社会双重发展的意义上考察哪些方面可能影响犯罪变化时，可以依托一定的假定，并通过着眼个体的生活层面而聚焦并放大相关因素（见图20）。所以，在分析影响老年性犯罪因素的过程中，笔者以性犯罪与行为人的自我控制能力以及以非强奸的方式释放性能量的可能性之间的关系为假定，以老年生活中的"生活圈"为参照。

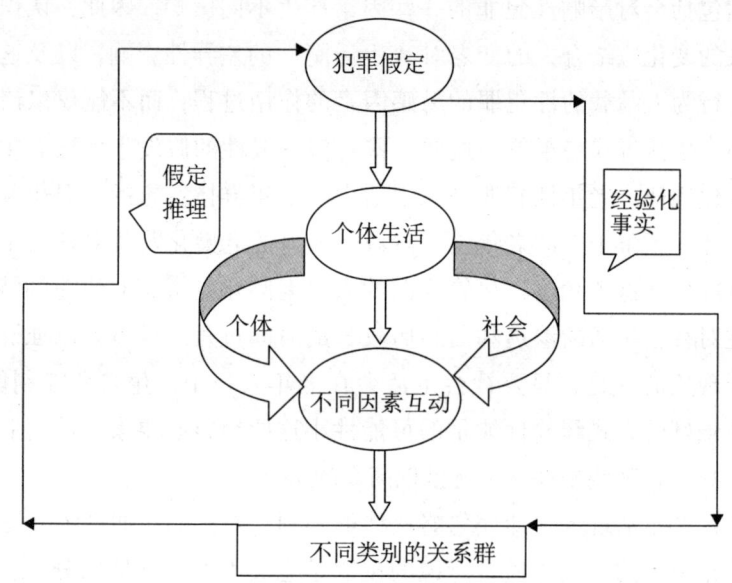

**图20    犯罪影响因素的聚焦与放大**

### （三）分析老年性犯罪影响因素的基本逻辑

犯罪是社会与人综合作用的结果，而在现实生活中，这一抽象的公式是通过在一定实际生活环境中的个体对社会生活的"新陈代谢"完成的。融合社会与人的社会生活的存在形式是系统。在这个系统中，实际的生活环境与实际的个体相互影响，承载着社会与人之间的抽象关系。至于所谓影响犯罪生成的因素，只是散落在实际生活环境与实际个体的彼此关系之中的日常生活元素，并最终由个体的犯罪行为聚合在一起。那么，围绕着犯罪，以社会生活来分析社会与人的相互作用过程就成为解释犯罪现象的核心。人的正常行为与异常行为都体现在日常生活中，寻找影响犯罪现象的因素不能脱离日常生活。以生活的现实性来看，如果对社会与人的作用过程做个隐喻，可以比作沙子从装满沙子的"沙漏"中落下。其中，"沙漏"的上部是宏观的社会环境，"沙漏"的中部是由人的实际生活形成的生活环境，"沙漏"的底部则是人的实际生活。也就是说，在这个"沙漏滴沙"的作用过程中，社会与人由远及近地发生作用，其作用结果最终是通过距离人最近的实际生活表现的。这个过程既体现了社会生活相对于个体的客观性的一面，也体现了个体相对于社会生活的主观选择的一面。在生活过程中，犯罪是行为人在社会生活的"沙漏滴沙"中的行为选择。所以，笔者在分析老年性犯罪现象的影响因素时，采用了这种犯罪影响因素研究的"沙漏滴沙"模式，从社会状况、生活地域、老年群体这三个方面依次展开。之所以如此，一是为保持社会与人的作用关系，并在人的生命历程的角度寻找影响老年性犯罪现象的因素；二是在社会与个体这两个维度的统一中解释老年性犯罪现象；三是试图表达人的生命历程中的社会性因素与个体性因素对犯罪的影响程度，即前者是客观的、外在的、历史的，后者是主观的、内在的、现实的，前者的犯罪性通过后者加以表现；四是试图以具有边界的、存在于一般社会世界中的"一个具体世界"[1]来认识性犯罪这种个性化的生活事件。

在犯罪学研究中，相对于犯罪现象的描述和犯罪对策的建构，最能使人产生研究兴趣和最具理论色彩的是犯罪现象的解释。诚然，基于不同的学科门类或不同的理论框架，对犯罪现象可采取不同的解释模式。但是，无论采取何种解释模式，理论解释的现实性都决定了不能回避两个问题：一是个体性因素与社会性因素既相互独立又相互融入；二是在认可犯罪是行为人的意志选择的同时，如何看待社会环境中的某些容易改变的因素和不容易改变的因素之间的关系，如我们在倡导社会健康文化的同时，却不得不承认，某些非健康文化不是在一时之间就能消除或减少的。在谈到生命历程理论的研究框架时，格伦·H. 埃尔德曾指出过"历史的时间与地点"、"生活时迁"（the timing of lives）、"联结的或相互依赖的生活"、"人的意志自由"这四个准则；而在思考历史背景与社会时迁（social timing）对人的生活的不同影响时，格

---

　　[1]　[美]彼得·L. 伯格、托马斯·卢克曼：《现实的社会建构：知识社会学论纲》，吴肃然译，北京大学出版社 2019 年版，第 165 页。

伦·H. 埃尔德的观点是，只能通过意志自由和联结的生活的动态性这两个方面加以理解。[1]简言之，在理解人的现实生活的样态时，应该认识到，生命历程中的不同介入因素有其不同的作用距离和作用程度。对此，笔者认为，其隐含的意思可能是说，当生命历程与人的现实生活发生作用时，有些作用因素是可变的，对人来说具有可选择性，有些是难以改变的，对人来说难以具有可选择性。

通过社会生活中的人与社会之间的共变关系，在日常生活的角度，笔者提出了研究犯罪影响因素的"沙漏滴沙"模式，主张应在不同的作用距离与作用程度的梯次结构上认识人与社会的作用对犯罪的影响。涉及犯罪解释，就目前来看，国外研究者也有类似的探索，差别是侧重于个体层面和试图进行理论解释的综合。例如，英国学者理查德·沃特利（Richard Wortley）在心理学的角度，借鉴进化心理学的研究提出了一种解释犯罪的综合模式。按照理查德·沃特利的观点，犯罪行为的发生可能有许多原因，这些原因可以由远及近临时排列，第一层级涉及出生时存在的因素，即每个人天生就有的基因编码的倾向，包括人类普遍具有的和具有个人特征的；第二个层级涉及个人一生中出现的因素，人们的不同发展经历创造了不同的犯罪潜能；第三个层级涉及犯罪时周围环境中存在的因素，情境会产生社会性影响，预示行为的可能结果。[2]当然，理查德·沃特利就其提出的综合模式也指出，虽然集成的吸引力在于复杂性的增加，但在科学中，简单而非复杂性是一个好解释的标志。[3]就此而言，笔者提出的"沙漏滴沙"的研究模式仅是在犯罪现象的解释中尝试性地运用了某些来自日常生活的常识。

## 二、老年性犯罪的主要影响因素

按照笔者在前文指出的分析老年性犯罪影响因素的思路，在社会状况、生活地域、老年群体这三个依次衔接的作用关系中，可以将影响我国当前老

---

[1] Glen H. Elder, Jr., "The Life Course as Developmental Theory", *Child Development*, 69 (1998), p. 4.

[2] [英] 理查德·沃特利：《犯罪心理学：犯罪为何会发生》，马皑、宋业臻译，中国法制出版社2019年版，第284~285页。

[3] [英] 理查德·沃特利：《犯罪心理学：犯罪为何会发生》，马皑、宋业臻译，中国法制出版社2019年版，第288页。

年性犯罪现象的主要因素归纳为三类矛盾关系。这三类矛盾关系包括：人口性别结构与老年婚姻；"老龄生活圈"与犯罪情境；生活老化与生活需要补偿。

（一）人口性别结构与老年婚姻

人口是对一定生活区域内一定数量的人的总称，人的某些特征在一定意义上也可用于人口构成状况的观察。作为人的两个基本生活变量，在年龄的范畴内，少儿人口与老年人口之比的变化会导致人口老龄化，而在性别的范畴内，男与女的两性之比的变化会导致人口性别结构的失衡。通常而论，除非突发某些自然或人为的具有一定规模的事件，某个区域在一定时期内的人口构成是相对稳定的，一些人口现象也相互联结。就我国当前来看，这种人口现象联结的表现之一，是伴行于人口老龄化的人口性别结构失衡。人口是社会作为组织体的基本要素，人口问题自然涉及社会生活的整体。关于我国的人口性别结构失衡，有观点指出，作为基础风险，以性别失衡为核心的人口安全问题可能将激化并放大其他社会问题。[1]犯罪是映射社会生活的一面镜子。由于发端于性的某种特征，至少在我国现行的刑事法律内，与其他侵犯人体的犯罪相比，强奸是比较能够在社会这个范畴内体现人口性别构成状况及其生活衍生的犯罪现象的。我国的老龄化社会发展不仅限于人口老龄化本身，在社会层面分析我国老年性犯罪现象的影响因素自然不能回避人口的性别结构。其中之一，即涉及出生人口性别比偏高导致的老年男性以婚姻释放性能量的可能性降低。

1. 出生人口性别比偏高中的男性人口婚配可能性的压缩

人口构成渗透着人类生息的规律，也孕育着人类生活的意义。其中，人口性别的构成状态，影响于男女结婚之难易，社会的风气，经济状态等，而一国人口中的男女非有平衡的最健全状态不可。[2]人口性别构成的平衡与否影响社会的发展状况。按已有研究，衡量人口构成性别平衡的有两个重要指数：一是新生儿性别比，其正常值为105~107（男）：100（女）；另一个是总人口性别比，正常值是100（男）：100（女），相对来讲，由于涉及整个社会

〔1〕刘慧君、李树茁等：《性别失衡的社会风险研究——基于社会转型背景》，社会科学文献出版社2014年版，第4页。

〔2〕［日］矢内原忠雄：《人口问题概论》，杨开渠译，上海社会科学院出版社2017年版，第4页。

的年龄结构、死亡结构以及跨国流动等因素，新生儿性别比是衡量某一社会性别是否平衡的最准确的指标。[1]那么，如果以新生儿性别比——出生人口性别比为参照，我国当前存在着出生人口性别比失衡的问题。如有研究指出，有确定可考的中国人口出生性别比在 20 世纪 80 年代中期之后持续失调[2]，按 1982 年、1990 年、2000 年的第三次、第四次、第五次人口普查的结果，我国在 1981 年、1989 年、1999 年的出生人口性别比分别为 108.47、111.92、116.86，2010 年第六次人口普查时高达 118.06，即每出生 100 个女婴相对应出生了 118.06 个男婴，如果以 0~4 岁年龄段人口的性别比来考察性别比失衡的状况，1995 年、1996 年、1997 年分别是 118.38、119.98、120.14，2000 年的第五次人口普查与 2010 年的第六次人口普查的结果分别为 120.17 和 119.13，即如果以 107 为最高警戒线的话，中国婴幼儿人口的性别比比正常值高出了许多。[3]假设出生人口在后期成长中的数量规模不会出现较大地波动，出生人口性别比偏高的结果之一，就是一定时期内的男性人口的数量多于同期群中的女性人口的数量，其较为直接的社会效应即表现在异性间的婚配状况之中。关于该话题，我国学术界在近来讨论的焦点是婚姻挤压。有研究曾指出，近年来，尽管我国人口的出生性别比呈下降趋势，由 2009 年的 119.45 下降到 2010 年的 117.94，再到 2011 年的 117.78，但仍超出国际警戒线即出生性别比 105±2 的范围，这会导致未来婚姻市场中女性或男性数量的相对不足，造成婚姻挤压现象；预测表明，2011—2030 年我国婚姻挤压度呈逐年上升的趋势，突出表现为男性婚姻挤压，且随着时间的推移，挤压度越高，其结果会导致一些男性处于终身不婚的状态。[4]还有研究根据我国 2010 年的人口普查资料和累计人口死亡数据分别估算后得出结论：我国自 1980 年出生人口性别比偏高累计的结果会导致到 2020 年婚龄人口性别比严重不平衡，过千万的 20~40 岁婚龄男性人口无法在这一婚龄女性中择偶。[5]

---

〔1〕 ［美］瓦莱丽·M. 赫德森、［英］安德莉亚·M. 邓波尔：《光棍危机：亚洲男性人口过剩的安全启示》，邱彰译，中央编译出版社 2016 年版，第 29~30 页。

〔2〕 有研究认为，我国出生人口性别比偏高问题始于 20 世纪 80 年代初期。参见王俊祥等：《中国出生人口性别比偏高问题研究》，河北大学出版社 2012 年版，第 41 页。

〔3〕 张翼：《中国的人口转变与未来人口政策的调整》，载《中国特色社会主义研究》2013 年第 3 期。

〔4〕 孙炜红、谭远发：《1989—2030 年中国人口婚姻挤压研究》，载《青年研究》2015 年第 5 期。

〔5〕 李雨潼、黄蕾：《基于出生队列的中国人口性别结构特征分析》，载《人口学刊》2017 年第 4 期。

　　婚姻是调整人与人之间社会生活关系的一种制度。通过适龄人口的结婚，在社会的角度可以实现人口的生产与再生产，在个体的角度可以实现异性之间性结合的规则化持续与生活福祉。然而，在社会生活的总体中，正常情况下的适龄人口的婚配是以存在数量相当的男女人口为前提的。例如，按照对婚姻市场理论的解读，适龄的未婚男女组成婚姻市场，也存在着供给与需求的关系，当婚姻市场上男女婚姻均衡时，陷入婚姻困境的可能性就小，反之，如果供需失衡，就一定会产生婚姻困境问题。[1]因此，出生人口性别比失衡不仅影响人口的正常代际更替，从而引发诸如人口老龄化之类的人口问题，而且，还可能在人与人之间滋生围绕着性问题的一些紧张的社会生活关系。

　　2. 老年男性未婚人口的增加及其在老龄化社会的持续

　　出生人口性别比偏高的直接结果之一是产生一定数量的未婚男性人口，而这部分人口在增龄中会逐渐变老。从我国近些年的统计资料看，仅以 60 岁及以上的老年人为例，可发现在其婚姻状况方面存在两种现象：一是男性未婚的多于女性未婚的；二是男性未婚的增多。例如，据笔者对 2015 年全国 1% 人口抽样调查和 2010 年全国第六次人口普查的数据进行的测算，在 60 岁及以上的未婚男性与未婚女性的"性别比"方面，2015 年与 2010 年相比，男性是女性的近 1.66 倍（见表 18）；在未婚人数的数量上，按 2015 年全国 1% 人口抽样调查中的样本量占总人口样本量的 1.55% 推算，在 2015 年，60 岁及以上人口中男性未婚的约为 3 075 225 人，女性未婚的约为 218 064 人，相对于 2010 年的人口普查，男性未婚的增加了约为 2 794 606 人，女性未婚的增加了约为 185 000 人，男性未婚的增加人数约为女性的 15.11 倍。如果以 2015 年作为年满 60 岁的人的时间节点往前推算，这些老年人口应该至少出生于 20 世纪 50 年代中期。那么，考虑我国的人口出生规模这个变量，笔者推论，由 2015 年全国 1% 人口抽样调查反映出来的老年人口中男性未婚的较女性突出这一特点，可能与我国在 20 世纪 50 年代中期的婴儿潮中出现的出生人口性别比偏高有关。当然，关于我国在 20 世纪 50 年代的出生人口性别比，有研究认为，可以将根据 1953 年的第一次人口普查数据计算得出的 0 岁、1 岁、2 岁、3 岁人口性别比近似地当作 1950—1953 年的出生人口性别比，分别为

---

　　〔1〕 彭大松：《村落里的单身汉》，社会科学文献出版社 2017 年版，第 24 页。

104.88、105.58、106.59、108.62，即除了 1953 年的出生人口性别比稍高外，其余年份的均在国际社会认可的 102~107 的正常值内[1]。此外，该研究还根据"1988 年 2‰全国人口生育节育抽样调查资料，计算出 20 世纪 50 年代我国出生人口性别比平均值为 105.92"，认为我国当时的出生人口性别比为正常值[2]。数字逻辑不代表生活逻辑，统计数值的测算方式不同，其统计结果亦有不同，甚至可能偏离真实情况。不过，如果忽略 1953 年我国的出生人口性别比偏高这个情形，对于到 2015 年年满 60 岁的老年人中男性未婚人口的增多，可能还有两种解释：一是我国在 1959—1961 年的人口死亡率的增加[3]与人口出生率的下降提高了后来人们的"年龄别婚配性别比"[4]，也即男性可选择的婚配女性可能减少了；二是未婚的老年男性可能在诸如生活地域这样的某种生活框架内形成了一定数量的聚积，进而导致全国未婚老年男性人口的增多。

表 18　中国 60 岁及以上的男性与女性老年人的婚姻状况

| 婚姻状况 | 人数与男女性别比 | 2010 年人口普查 | 2015 年全国 1%人口抽样调查 |
|---|---|---|---|
| 未　婚 | 人数（人） | 男：280 619；女：33 064 | 男：47 666；女：3 380 |
| | 性别比（女为 100） | 848.71 | 1410.24 |
| 有　偶 | 人数（人） | 男：6 839 768；女：5 619 257 | 男：1 368 353；女：1 181 481 |
| | 性别比（女为 100） | 121.72 | 115.82 |
| 离　婚 | 人数（人） | 男：84 200；女：53 877 | 男：18 646；女：15 173 |
| | 性别比（女为 100） | 156.28 | 122.89 |

---

〔1〕 王俊祥等：《中国出生人口性别比偏高问题研究》，河北大学出版社 2012 年版，第 32~33 页。

〔2〕 王俊祥等：《中国出生人口性别比偏高问题研究》，河北大学出版社 2012 年版，第 34 页。

〔3〕 美国学者彭尼·凯恩认为，根据 1964 年人口普查结果，少年中女性在饥荒期的死亡率过高，1964 年，出生于 1945—1953 年的女性减少了 10.8%，同期出生的男性仅减少 8.7%，出于难以估计在饥荒期女性过量死亡的比率，彭尼·凯恩以与饥荒期的情况较为接近的安徽人口普查数据推论，与全国的数字相比，安徽的人口性别比率一直非常高，尽管 20 世纪 50 年代全国的人口死亡率下降了，安徽省 1955—1960 年出生的女孩人数在 1964 年大幅度地减少，由于重男轻女的观念，那些 5 岁以下、已经断奶的女孩在饥荒期特别难以生存。参见〔美〕彭尼·凯恩：《中国的大饥荒（1959—1961）——对人口和社会的影响》，郑文鑫等译，中国社会科学出版社 1993 年版，第 121~122 页。按照彭尼·凯恩的研究，在 1959—1961 年的死亡人口中，相对于男性婴幼儿与少年，女性的死亡数量是较高的。

〔4〕 年龄别婚配性别比是指，不同年龄组的男性或女性人口与可供选择的异性人口之比。参见王俊祥等：《中国出生人口性别比偏高问题研究》，河北大学出版社 2012 年版，第 158 页。

| 婚姻状况 | 人数与男女性别比 | 2010 年人口普查 | 2015 年全国 1%人口抽样调查 |
|---|---|---|---|
| 丧　偶 | 人数（人） | 男：1 403 093；女：3 344 824 | 男：234 580；女：566 582 |
| | 性别比（女为 100） | 41.95 | 41.40 |

资料来源：2010 年人口普查中的人数来自《中国 2010 年人口普查资料》的表 8-3，参见中国国家统计局：《第六次人口普查数据》，载国家统计局网，http://www.stats.gov.cn/tjsj/pcsj/，最后访问日期：2016 年 1 月 7 日。2015 年全国 1%人口抽样调查中的人数来自《2015 年全国 1%人口抽样调查资料》（电子版）的表 9-5，参见国家统计局人口和就业统计司编：《2015 年全国 1%人口抽样调查资料》（电子版），中国统计出版社 2016 年版，表 9-5。需要指出的是，根据《2015 年全国 1%人口抽样调查主要数据公报》，2015 年抽取的样本量占全国总人口的 1.55%，在性别比的计算上，笔者经过测算，抽样样本的性别比与经过总样本的性别比相同，但抽样样本的人口数量不代表全部的人口数量，即在人数上不能与 2010 年的人口普查结果相比。

　　据世界银行发布的资料，2016 年，全世界的人口出生性别比（sex ratio at birth）[1]约为 1.07，我国人口的出生性别比约为 1.152，在 263 个国家和地区的男女出生性别比方面是最高的；从 1960 年到 2017 年，我国人口的出生性别比从 1988 年开始超过 1.1，并一直持续到 2017 年的 1.15，人口出生性别比超过 1.16 的年份在 2008 年到 2012 年之间（见图 21）。[2]出于一些因素，对育龄妇女来讲，现实生活中的人口出生可能不是严格意义上的一孩。为此，笔者引入了人口出生性别比与出生孩次的关系。结果表明，与 2010 年的人口普查结果相比，除了出生"第四孩"的情形外，2015 年的人口抽样调查的结果是，在"第一孩""第二孩""第三孩""第五孩及以上"这四种情形中，男女出生性别比虽均有不同程度的下降，但无论在 2010 年还是 2015 年，属于"第一孩"及以上的男女人口出生性别比均在 109 以上，且至少在"第一孩"到"第三孩"之间，男女出生性别比是逐渐上升的（见表 19）。基于前述我国研究者的结论、世界银行发布的数据以及我国 2010 年人口普查与 2015 年全国 1%人口抽样调查的数据，笔者认为，假如忽略出生男女人口的死亡这

---

[1]　此处性别比的计算方式为男性对一个女性所得出的比值。

[2]　关于出生性别比的相关数据，可参见 United Nations Population Division，"Sex Ratio at Birth（Male Births per Female Births）"，in United Nations Population Division，*World Population Prospects*：2017 *Revision*，https://data.worldbank.org/indicator/SP.POP.BRTH.MF? view＝chart，最后访问日期：2018 年 9 月 8 日。

个因素，至少从 20 世纪 80 年代中后期开始，我国的出生人口性别比偏高是较为突出的。或者也可以说，在未来较长一段时期内，随着人口预期寿命的增加，未婚男性老年人口可能具有较大规模的持续性。笔者在前述指出，按一些研究者的结论，21 世纪 20 年代中期是我国进入高度老龄化社会的时期，而根据我国 2010 年人口普查与 2015 年全国 1%人口抽样调查的结果，随着人口寿命的延长，未婚的老年人，尤其是男性未婚老年人在这个时期可能至少保持当前的规模。此外，如果再考虑我国于 20 世纪 80 年代出现的出生人口性别比偏高这一特点，则在我国进入高度老龄化社会的同期，男性人口婚配的可能性将进入高度压缩期。可以预测，21 世纪中期左右，男性老年人口中的未婚状况可能比当前还要严重。

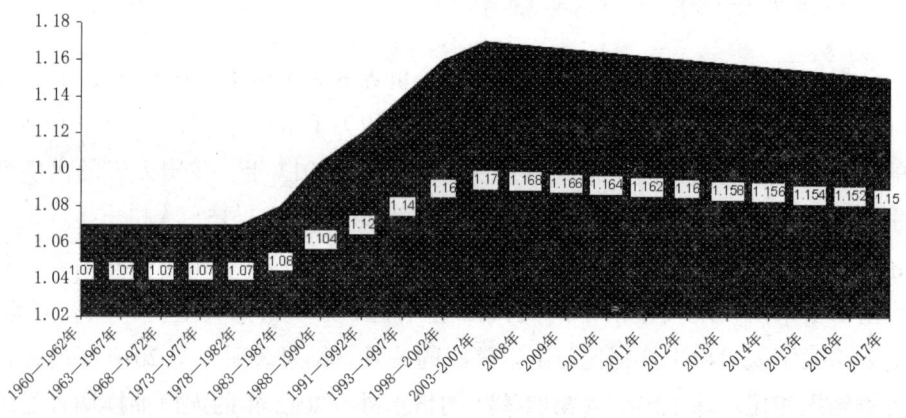

**图 21　1960—2017 年中国的出生人口性别比分布**

注：该图根据世界银行网站公布的资料绘制。

**表 19　2010 年与 2015 年中国男女人口出生的孩次与出生性别比分布（女为 100）**

| 出生孩次 | 2010 年人口普查<br>（2009. 11. 1—2010. 10. 31） | 2015 年全国 1%人口抽样调查<br>（2014. 11. 1—2015. 10. 31） |
| --- | --- | --- |
| 第一孩 | 113. 73 | 109. 78 |
| 第二孩 | 130. 29 | 113. 28 |
| 第三孩 | 161. 56 | 147. 47 |

续表

| 出生孩次 | 2010 年人口普查<br>（2009. 11. 1—2010. 10. 31） | 2015 年全国 1%人口抽样调查<br>（2014. 11. 1—2015. 10. 31） |
| --- | --- | --- |
| 第四孩 | 146. 50 | 160. 25 |
| 第五孩及以上 | 143. 65 | 132. 77 |

　　资料来源：2010 年人口普查中的人数来自《中国 2010 年人口普查资料》的表 6-1。参见中国国家统计局：《第六次人口普查数据》，载国家统计局网，http://www.stats.gov.cn/tjsj/pcsj/，最后访问日期：2016 年 1 月 7 日。2015 年全国 1%人口抽样调查中的人数来自《2015 年全国 1%人口抽样调查资料》（电子版）的表 9-5。参见国家统计局人口和就业统计司编：《2015 年全国 1%人口抽样调查资料》（电子版），中国统计出版社 2016 年版，表 8-1。

　　3. 老年男性未婚者积聚中的老年性犯罪的风险扩散

　　社会生活的整体性以其内在的结构为基础。作为可能影响社会生活的人口现象，对于人口性别比偏高导致男性婚姻的挤压——产生大群"光棍"会产生什么后果，国外学者曾言，中国及印度这两个世界上人口最多的国家需要在 21 世纪给全世界一个回答。[1]当然，国外学者将中国的"光棍"联结于可能影响全球的现象不免有些夸大的成分，但具体到我国自身，如《国家和人口发展规划（2016—2030 年）》在"问题和挑战"一节中指出的，出生人口性别比长期失衡积累的社会风险不容忽视。[2]

　　人类的发展表明，男女两性的性结合是社会发展的重要参与因素，无论在社会还是个体层面，两性的性结合及其生态都具有重要的生活意义，包括可能会阻遏犯罪。如按照"逐级年龄理论"（age-graded-theory）中的社会资本（social capital）的概念，婚姻可以创造社会资本，给人自信以及让人们对他产生信心，可以抑制犯罪。[3]在分析生命历程中的转折点对犯罪终止的影响时，罗伯特·J. 桑普森与约翰·H. 劳布举了婚姻状态这个例子。罗伯特·J. 桑普森与约翰·H. 劳布认为，对于同样的人来说，婚姻状态下的犯罪的倾向性

--------

　　〔1〕　［美］瓦莱丽·M. 赫德森、［英］安德莉亚·M. 邓波尔：《光棍危机：亚洲男性人口过剩的安全启示》，邱彰译，中央编译出版社 2016 年版，第 244 页。

　　〔2〕　国务院：《国务院关于印发国家和人口发展规划（2016—2030 年）的通知》，载中央人民政府网，http://www.gov.cn/zhengce/content/2017-01/25/content_5163309.htm，最后访问日期：2017 年 10 月 8 日。

　　〔3〕　侯崇文：《犯罪学：社会学探讨》，三民书局股份有限公司 2019 年版，第 343 页。

（*propersity*）低于非婚姻状态下的倾向性。[1]对于在婚姻状态下之所以能终止犯罪，罗伯特·J. 桑普森与约翰·H. 劳布列出了五个方面的因素：一是现在与过去"一刀两断"；二是在提供社会支持、成长与新社会网络方面，拥有了投资于新关系的机会；三是形成了直接与间接的监督以及监控行为的形式；四是在集中于家庭生活和较少地与同龄人一起打发时光方面，形成了结构化的日常生活；五是在身份转换和产生新的自我或脚本（script）方面，具备了提供机会的情境。[2]婚姻不是片刻的生活"闪现"，而是改变人的生活过程的一类特有的生活图式。亦恰是如此，看似微观、琐碎的婚姻制度却发挥着"以小见大"的社会调控功能。同时，也为性这个人类最基本的需求之一奠定了秩序化、生活化的准则，使人类在自然与文化的博弈中保持着生活发展的张力。尤其在中国的传统文化中，由婚姻负载的社会生活元素往往多元地渗透于一个人的生命历程之中，发挥着"生活圈"的塑造功能。毋庸置疑，任何文化规则都有可能被发展的社会生活所撬动。对于一段时期以来我国社会的婚姻观念变化，有报道曾指出，目前开始显现继 20 世纪 50 年代、20 世纪 70 年代末、20 世纪 90 年代以来的第四次单身潮，独居群体日益庞大。[3]应当说，就个体来讲，与谁结婚是个人生活方式养成与社会观念塑造相融合的自由选择过程，受个人生活体验与一些文化的影响，"离婚和保持单身都意味着一种无需禁欲的生活"[4]是当代的一些人试图表达生活自由的象征。然而，按《中华人民共和国民法典》婚姻家庭编的规定，"一夫一妻"的婚姻制度仍是异性间确立共同生活关系的社会规则，也即在社会生活的主流方面，婚姻是保持异性间持续的性交流的重要途径。反之，婚姻的缺失易使个体处在性压抑的状态，在另一个侧面会增大其寻找其他途径释放性能量的可能性。如有研究指出，有可能成为婚外情、婚外恋的"催生剂"，以及出现非法性交

---

[1] Robert J. Sampson & John H. Laub, "A Life-Course View of the Development of Crime", *The Annals of the American Academy of Political and Social Science*, 602（2005），p. 18.

[2] Robert J. Sampson & John H. Laub, "A Life-Course View of the Development of Crime", *The Annals of the American Academy of Political and Social Science*, 602（2005），p. 34.

[3] 央视网：《事关我国 2 亿人，中国第 4 次单身潮来了!》，载中国青年网，http://news. youth. cn/jsxw/201611/t20161114_8842241. htm，最后访问日期，2017 年 4 月 3 日。

[4] [美] 艾里克·克里南伯格：《单身社会》，沈开喜译，上海文艺出版社 2015 年版，第 19 页。

易以及性骚扰、性犯罪等非法行为。[1]

人在增龄中的"老"意味着生命历程的时间延续，进入老年期的未婚男性的性压抑的持续时间，以及以非婚途径寻找性需求满足的可能性都相对增加了。"个体就其本身而言不是目的，个体必须与世界进行有成果的接触，而要这么做，就必须放弃其分离性。"[2]在社会生活中，结婚的意义不单是异性间的结合，更在于对个体的生活基质能发挥稳定作用的家庭生活的建立。婚姻是个体联结于社会、适应社会生活的重要纽带。在减少个体对社会规则的违反方面，结婚成家的人相较于单身者可能具备更多的增强自我控制能力的资源，如产生于家庭成员之间的"情感联结"（emotional bond）。因为，通常看来，"他们害怕一旦以一些可能有害于那些最受关心的人的方式行事，就会失去来自这些人的情感"[3]。值得指出的是，在讲究夫妻之间相互忠诚的文化标准中，夫妻之间的"情感联结"或许最有助于已婚男性增强自觉抵制类似强奸这样的违背性道德的性犯罪行为的自我控制力。当然，对于长时间处于未婚状态的老年男性而言，事实上，难以、甚至无法形成来自夫妻与家庭的这种发自内在情感的自我控制力。在生命历程中，老年期是随着老年节点的到来和人的预期寿命变化而变化的一个阶段。所以，仅就性压抑的持续时间、以非婚途径满足性需求的可能性、自我控制能力这三个方面来讲，在具备一定性能力的前提下，老龄化社会中进入老年期的未婚男性实施性犯罪的潜在可能性不亚于身处青春期的青少年。据笔者的前述推论，在我国老龄化社会的持续中，出生人口性别比偏高可能导致数量较多的未婚男性陆续进入老年期。所以，尽管老年男性的未婚不完全等价于老年男性实施性犯罪，但作为一类社会现象，老年男性的婚姻状况却决定了老年性犯罪现象至少在其持续性与犯罪主体的数量上存在着风险扩散的可能。

（二）"老龄生活圈"与犯罪情境

犯罪离不开承载一定社会生活关系的犯罪主体与犯罪对象，犯罪主体与

---

[1]　贾志科：《出生性别比失衡的社会风险、影响与后果》，载《社会科学家》2012年第12期。

[2]　［英］罗素：《幸福婚姻与性》，陈小白译，华夏出版社2014年版，第92页。

[3]　Chester L. Britt, "Self-Control, Grup Solidarity, and Crime: An Integrated Control Theory", in Chester L. Britt & Michael R. Gottfredson (eds.), *Control Theories of Crime and Delinquency*, New York: Routledge, 2017, p. 165.

犯罪对象在犯罪中的联结又离不开层级交错的生活环境。这是在将生命历程研究引入犯罪问题领域时需要处理的一个特殊环节。例如，有研究者曾指出，"发展与生命历程犯罪学"的焦点是犯罪人的发展过程，但不能忽略影响犯罪实施的因素也是重要的，假定犯罪的出现来自人（具有一定犯罪潜在性的）与环境（包括机会与被害人）的互动是有道理的。[1]因而，在分析老年性犯罪的影响因素时，可将生活环境特征作为一个着眼点。就此而言，笔者认为，"老龄生活圈"的地域性固化中的犯罪情境影响着老年性犯罪现象。

1. 老年生活的收缩与老年生活的重塑

人与人之间的生活轨迹及其轮廓具有差异性。如果就人在联结社会的生活序列中对接受常规教育、寻求就业、扩展人际等这些基本生活元素的依附可能性与密度而言，除了意外因素或个别事例，从出生到终老，人的一生的生活轨迹及其轮廓大体呈现的是"橄榄形"。人的"老"的社会意义存在于"老"的生活之中。由于制度性、能力性或资源性等因素，类似就学、就业等一些带有人生阶段性特征的基本生活元素在人的老年期会逐渐脱离。进而，相对于以往的人生阶段，老年期在某种程度上可能象征着某些生活内容的收缩。若以就业这种大众化的基本生活元素在老年人中的附着情况为例，老年生活的收缩至少可从两个方面说明。一方面，"在业"已不是老年人的生活主流，且"在业"随老年人年龄的增加而减少。据中国老龄科学研究中心实施的"2010年中国城乡老年人口状况追踪调查"[2]的数据显示，在城镇老年人中，仍在岗位工作的只占0.5%，再就业（含返聘）的占7.2%，但随着年龄的增长，比例逐步下降，由60~64岁组的13.8%降至80岁及以上组的2.1%；农村地区有44.3%的老年人仍在干农活，老年人仍干农活的比例由60~64岁组的70.5%逐步降至80岁及以上的5.2%。[3]另据2015年的"第四次中国城乡老年人生活状况抽样调查"的数据显示，在城镇老年人中，60岁及以上的仍从事有收入的工作的老年人占9.7%，但随着年龄的增长，从事有收入的工

---

〔1〕 Matt DeLisi & Kevin M. Beaver (eds.), *Criminological Theory: A Life-Course Approach*, Burlington: Jones & Bartlett Learning, 2014, p. 235.

〔2〕 本次调查为2010年12月1日，我国60周岁及以上老年人的总体状况。

〔3〕《2010年中国城乡老年人口状况追踪调查主要数据报告》，载吴玉韶、郭平主编：《2010年中国城乡老年人口状况追踪调查数据分析》，中国社会出版社2014年版，第5~6页。

作的所占比重逐渐下降，由 60~64 岁的 18.6% 降至 80 岁及以上的 1.7%；在农村老年人中，60 岁及以上的仍从事有收入的工作的老年人占 10.6%，随着年龄的增长，从事有收入的工作的老年人所占比重同样逐渐下降，由 60~64 岁的 18.5% 降至 80 岁及以上的 1.9%。[1]另一方面，有就业意愿的在老年人中已不是主流，而且，就业的意愿随老年人年龄的增长趋于弱化。据 "2010 年中国城乡老年人口状况追踪调查" 的数据，在城市老年人中，无论是男性与女性的总体，或是男性或是女性，认为 "愿意" 从事有经济收入的工作的所占比重均远低于认为 "不愿意" 的所占比重（见图 22）；从 60 岁及以上的

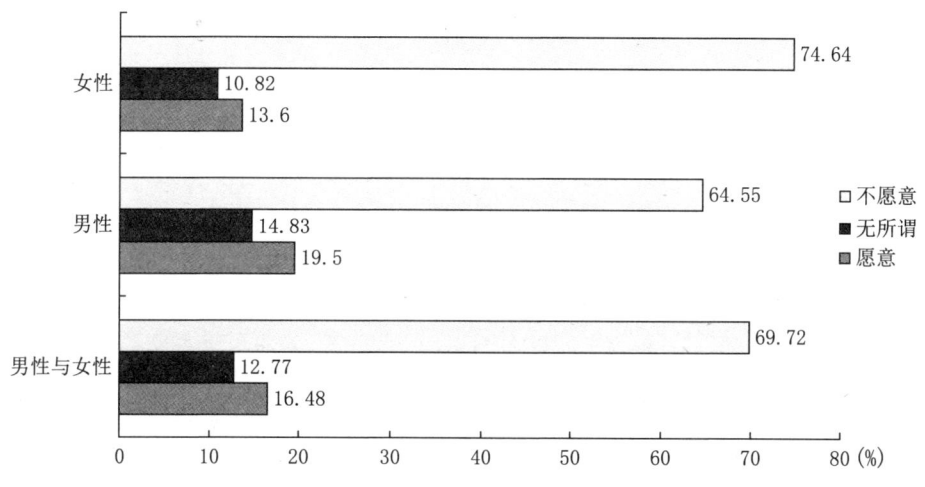

**图22　城市老年人是否愿意从事有经济收入的工作的状况**

数据来源：吴玉韶、郭平主编：《2010 年中国城乡老年人口状况追踪调查数据分析》，中国社会出版社 2014 年版，第 64 页，表 2-14。

不同年龄段来看，无论是男性与女性的总体，或是男性或是女性，均表现为认为 "愿意" 从事有经济收入的工作的所占比重随年龄的增加而减少，而认为 "不愿意" 的所占比重随年龄的增加而增加（见表 20）；在农村老年人中，无论是男性与女性的总体，或是男性或是女性，在调查当年没有从事林、牧、

---

〔1〕　全国老龄工作委员会办公室：《第四次中国城乡老年人生活状况抽样调查总数据集》，华龄出版社 2018 年版，第 259~260 页，表 5-5-1。

表20　分年龄、分性别城市老年人愿意从事有经济收入的工作的状况

单位:%

| 年龄段（岁） | 性　别 | 愿　意 | 无所谓 | 不愿意 |
|---|---|---|---|---|
| 60~64 | 男与女 | 28.50 | 18.47 | 52.03 |
| | 男 | 32.11 | 22.09 | 44.59 |
| | 女 | 24.87 | 14.82 | 59.52 |
| 65~69 | 男与女 | 17.04 | 12.18 | 69.40 |
| | 男 | 20.73 | 13.92 | 64.37 |
| | 女 | 13.43 | 10.47 | 74.34 |
| 70~74 | 男与女 | 11.00 | 12.51 | 75.60 |
| | 男 | 13.12 | 13.39 | 72.24 |
| | 女 | 8.97 | 11.68 | 78.83 |
| 75~79 | 男与女 | 4.87 | 6.80 | 87.84 |
| | 男 | 5.48 | 6.08 | 88.01 |
| | 女 | 4.31 | 7.47 | 87.68 |
| 80+ | 男与女 | 3.19 | 4.92 | 90.60 |
| | 男 | 4.69 | 6.67 | 86.88 |
| | 女 | 2.03 | 3.56 | 93.51 |

　　数据来源：吴玉韶、郭平主编：《2010年中国城乡老年人口状况追踪调查数据分析》，中国社会出版社2014年版，第64页，表2-14。

副、渔业的所占比重均远高于在调查当年从事林、牧、副、渔业的所占比重（见图23）；从60岁及以上的农村老年人的不同年龄段看，无论是男性与女性的总体，或是男性或是女性，均表现为在调查当年没有从事林、牧、副、渔业的所占比重随年龄增长而增加（见表21）；通过2015年的"第四次中国城乡老年人生活状况抽样调查"的数据也可发现，在农村老年人中，无论是男性与女性的总体，或是男性或是女性，截至调查时没有从事农、林、牧、副、渔等经济活动的所占比重均远高于从事农、林、牧、副、渔的所占比重（见图24）；在不同年龄段的老年人中，无论是男性与女性的总体，或是男性或是女性，均表现为截至调查时没有从事农、林、牧、副、渔等经济活动的所占比重随年龄增长而增加（见表22）。

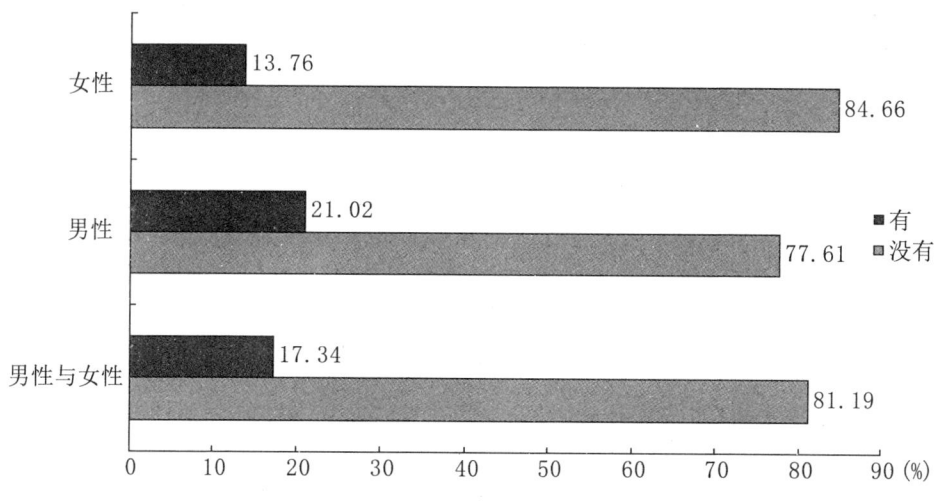

**图23　农村老年人在调查当年从事林、牧、副、渔业的情况**

数据来源：吴玉韶、郭平主编：《2010 年中国城乡老年人口状况追踪调查数据分析》，中国社会出版社 2014 年版，第 68 页，表 2-23。

**表21　分年龄、分性别的农村老年人在调查当年**

**有无从事林、牧、副、渔业的情况**

单位：%

| 年龄段（岁） | 性别 | 没有 | 有 |
|---|---|---|---|
| | 男与女 | 74.86 | 24.11 |
| 60～64 | 男 | 71.98 | 26.73 |
| | 女 | 77.90 | 21.33 |
| | 男与女 | 78.12 | 20.26 |
| 65～69 | 男 | 74.84 | 23.86 |
| | 女 | 81.56 | 16.47 |
| | 男与女 | 85.15 | 12.89 |
| 70～74 | 男 | 80.79 | 17.75 |
| | 女 | 89.57 | 7.95 |
| | 男与女 | 88.28 | 9.98 |
| 75～79 | 男 | 85.46 | 12.45 |
| | 女 | 90.76 | 7.81 |

续表

| 年龄段（岁） | 性　别 | 没　有 | 有 |
|---|---|---|---|
| | 男与女 | 90.51 | 8.15 |
| 80+ | 男 | 87.86 | 11.47 |
| | 女 | 92.30 | 5.91 |

数据来源：吴玉韶、郭平主编：《2010年中国城乡老年人口状况追踪调查数据分析》，中国社会出版社2014年版，第68页，表2-23。

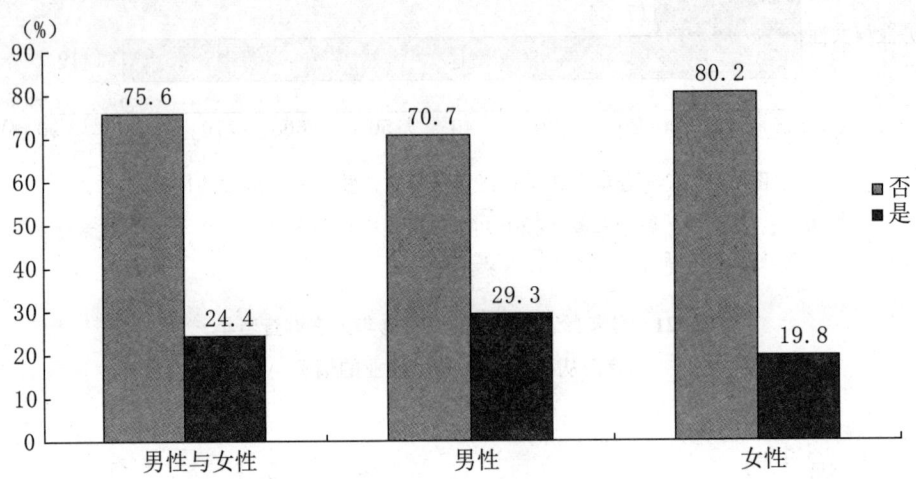

**图24　农村老年人截至调查时是否还从事农、林、牧、副、渔等经济活动的情况**

数据来源：全国老龄工作委员会办公室：《第四次中国城乡老年人生活状况抽样调查总数据集》，华龄出版社2018年版，第261页，表5-7。

**表22　分年龄、分性别的农村老年人截至调查时是否从事农、**
**林、牧、副、渔等经济活动**

单位：%

| 年龄段（岁） | 性　别 | 否 | 是 |
|---|---|---|---|
| | 男与女 | 64.6 | 35.4 |
| 60~64 | 男 | 60.1 | 39.9 |
| | 女 | 68.9 | 31.1 |

续表

| 年龄段（岁） | 性　别 | 否 | 是 |
|---|---|---|---|
| 65~69 | 男与女 | 70.6 | 29.4 |
| | 男 | 65.6 | 34.4 |
| | 女 | 75.6 | 24.4 |
| 70~74 | 男与女 | 78.6 | 21.4 |
| | 男 | 73.2 | 26.8 |
| | 女 | 83.7 | 16.3 |
| 75~79 | 男与女 | 87.2 | 12.8 |
| | 男 | 83.1 | 16.9 |
| | 女 | 90.9 | 9.1 |
| 80~84 | 男与女 | 94.1 | 5.9 |
| | 男 | 91.6 | 8.4 |
| | 女 | 96.0 | 4.0 |
| 85+ | 男与女 | 97.4 | 2.6 |
| | 男 | 96.7 | 3.3 |
| | 女 | 97.8 | 2.2 |

数据来源：全国老龄工作委员会办公室：《第四次中国城乡老年人生活状况抽样调查总数据集》，华龄出版社2018年版，第261页，表5-7。

人的生活之所以能通过经验事实得到解释，原因之一是人的生活是以事件的形式出现的，而事件在特定的时-空坐标内的意义具有相对静止性。社会生活的研究方法来自对社会生活的观察与提炼。作为人联结社会的一种途径，"生活圈"既可以被视为人的社会生活形态，也可被当作研究人的社会生活的方法。例如，在以"生活圈"的重组过程考察土地城镇化、人口城镇化与人的城镇化三者的调适关系时，杨山等研究者将生活圈分解为居住圈、就业圈和交际圈，其中，居住圈是生活圈的空间载体，在街区尺度上反映居住小区间的空间联系状态；就业圈是以居民点为中心的多数居民的就业空间范围；交际圈是居民在居住生活和经济活动基础上建立起来的一个交往空间范围。[1]当然，在杨山等人的研究中，"生活圈"这个概念含有较明显的地理空间特征，也正是基于该特征，"生活圈"才有可能成为研究某个地区城镇化的视角。然而，不可忽略的是，杨山等人使用的"生活圈"的概念在地理空间内融合了人与生活的因素，对"生活圈"的分解是以不同的生活特征为标准的。

"生活圈"的核心都是人的生活，区别只是在作为研究方法时，其主要着眼点或因构成"生活圈"的要素不同而不同。那么，如果以人的主要生活内容与生活主体为标准，笔者认为，作为人不可缺少的生活内容之一，在老年生活的收缩中，居住将成为步入老年期的人塑造"生活圈"的圆心的重要元素，居住方式、居住环境等会对老年生活产生重要影响。除非时刻处于流动状态，人的居住都以较为固定的空间地域为载体。《九月九日忆山东兄弟》是我国唐代诗人王维的一首以情寓景的诗。依笔者理解，假如联想到我国现行《老年人权益保障法》第12条对"老年节"的规定[2]，或许是巧合，或许是立法者的智慧，该诗阐发的"九九重阳"与"思亲念离"的核心思想在文学角度展现了"故土难离"与"叶落归根"的中国传统的老年生活文化。"思乡"是上了年岁的人的一种生活情感。在这种情感中，即使他乡再好也不愿客居异地的心理影响着老年者的居住地选择。据"2010年中国城乡老年人口状况追踪调查"的数据显示，在60岁及以上的老年人中，认为"愿意"搬到生活条件更好的本市以外的地方居住的占29.25%，认为"不愿意"的占56.07%，认为"说不好"的占14.43%，随着老年人的年龄增长，认为"愿意"搬到生活条件更好的本市以外的地方居住的所占逐渐降低（见图25）。以老年人选择居住地的意愿推论，老年者的居住生活具有较为明显的地域性固化的特征。如前述，居住是进入老龄期的人重新塑造"生活圈"的圆心的重要元素，而居住地域的固化可能导致"老龄生活圈"呈现地域性的固化。

---

〔1〕 杨山等：《快速城镇化背景下乡村居民生活圈的重组机制——以昆山群益社区为例》，载《地理研究》2019年第1期。

〔2〕 经2012年的修订，我国的《老年人权益保障法》增加了关于"老年节"的规定。

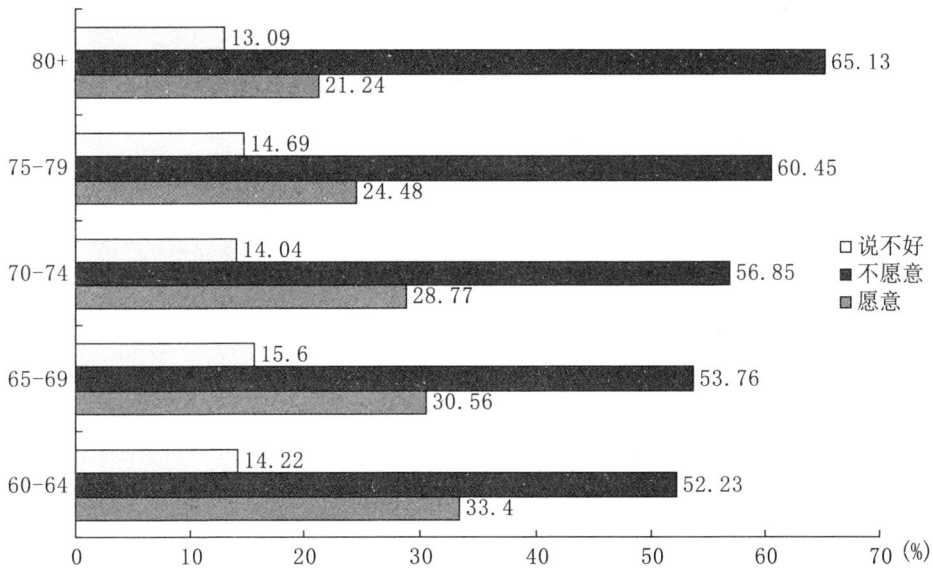

**图 25　不同年龄的老年人是否愿意搬到生活条件更好的本市以外居住的情形**

数据来源：吴玉韶、郭平主编：《2010 年中国城乡老年人口状况追踪调查数据分析》，中国社会出版社 2014 年版，第 160 页，表 4-10-1。

2. 老年期的生活转折与"老年环境依赖"

"老年忽视"是在日常生活中时常出现的现象。至于上了年岁的人因何易在生活中受到忽视，除了某种社会偏见，还涉及人们的认识视角的选择。具体讲，按人在不同年龄阶段应当展示的社会活跃度，如果可以依年龄由小到大将人的一生的生活轮廓视为蝌蚪形，老年期确实处于类似于图 8 那样的蝌蚪形的尾部，尤其在与青年期、中年期的对比中，其"枯萎"的状态似乎决定了老年期的生活无可圈点。然而，如果将视角聚焦到"蝌蚪"的尾部并将其放大，就会发现老年期的生活事实上亦有形态差异。例如，以就业状况为例，据"第四次中国城乡老年人生活状况抽样调查"的数据，在 60 岁及以上的老年人中，男性退休年龄平均为 58.71 岁，女性退休年龄平均则为 52.87 岁，男性高于女性 5.84 岁[1]；在城镇老年人中，男性退休的平均年龄为

---

〔1〕　全国老龄工作委员会办公室：《第四次中国城乡老年人生活状况抽样调查总数据集》，华龄出版社 2018 年版，第 250 页，表 5-2。

58.67 岁，女性退休的平均年龄为 52.70 岁，在农村老年人中，男性退休的平均年龄为 59.16 岁[1]，即农村女性的平均退休年龄明显大于城镇女性。再者，值得强调的是，对于衡量我国当前老年人的就业状态而言，并非都能适用"退休"这个标准。如按照"第四次中国城乡老年人生活状况抽样调查"，在 60 岁及以上的老年人中，属于不适用退休（从未有过正式工作）的占 62.4%[2]，在城镇老年人中，属于不适用退休（从未有正式工作）的占 42.4%，而在农村老年人中不适用退休（从未有正式工作）的多达 84.2%[3]。由于"人们总是群体生活"[4]，人的生活特点有其可复制性。然而，社会生活的客观性与人在生活中的主体地位决定了人的生活不可能呈现统一的模式。任何事物的总体在外部呈现的特征均含有其内在的局部及其之间的关系。因此，老年生活及其异质性有必要成为社会生活观察的视角选择，特别是在老龄化社会的语境下。

生命历程的视角让我们知道，不同的生活阶段标记着不同的发展需求和能力。[5]由此，我们既可将老年期的生活看作相对于以往生活阶段的收缩，也可将之视为相对于未来生活阶段的转折。人们的生活是通过一定的生活方式实现的，生活的重复又往往使人们对这些生活方式形成依赖，而一旦既有的生活发生变化，这种依赖关系就可能被打破，从而将人们推向生活方式的转折点。社会中的人具有支配和受制约于社会生活的二重性。就与生活方式塑造的关系而论，这种二重性可以表现为，人的观念与行为既有主体性又有客体性。对某种生活方式的依赖能表达人对某种生活的习惯性适应，生活方式的转折则意味着对这种习惯性适应的冲击，以及由此可能引发的人在一定时间内形成的观念系统与行为机制的变化。应当说，在生命历程的框架内，"转折点"理论似乎可以用来解释有关老年性犯罪现象中的各种生活事实。因

〔1〕 全国老龄工作委员会办公室：《第四次中国城乡老年人生活状况抽样调查总数据集》，华龄出版社 2018 年版，第 251 页，表 5-2-1。

〔2〕 全国老龄工作委员会办公室：《第四次中国城乡老年人生活状况抽样调查总数据集》，华龄出版社 2018 年版，第 248 页，表 5-1。

〔3〕 全国老龄工作委员会办公室：《第四次中国城乡老年人生活状况抽样调查总数据集》，华龄出版社 2018 年版，第 249~250 页，表 5-1-1。

〔4〕 ［美］马修·梅尔科：《文明的本质》，陈静译，中国社会科学出版社 2017 年版，第 80 页。

〔5〕 Carter Hay & Ryan Meldrum, *Self-Control and Crime over the Life Course*, Thousand Oaks: SAGE Publication, Inc., 2016, p.242.

为，老年期毕竟是人生历程发生重大转折的时期，其间产生的一些紧张关系总是可能与犯罪行为存在这样或那样的联结。例如，罗伯特·J. 桑普森与约翰·H. 劳布认为，嵌入于成年转换的社会纽带（social ties）可以用来解释无法由儿童期的习性说明的犯罪方面的变化。[1] 况且，人生"转折点"与社会现象之间的关系视角也有其日常生活的经验支撑。如我国在一段时期以来曾流行的"老人变坏抑或坏人变老"[2] 之类的话题。然而，基于人的现象不仅含有事实，还含有借助事实表达的生活意义，且生活中"总有某些信息是没有被了解的"[3]，再加之社会现象解释本来就是联结各种要素而予以倒推的可能性判断的过程，故涉及"转折点"这样一个带有生活方向的问题时，犯罪解释这个矢量应当以人的生活意义选择为参照进行经验事实的聚合。否则，可能使犯罪解释超越犯罪行为本身的意志性这个底线。罗伯特·J. 桑普森与约翰·H. 劳布在反思以转折点理论解释犯罪时也涉及了类似问题。例如，罗伯特·J. 桑普森与约翰·H. 劳布指出，从我们的角度看，后续的工作就是对有关选择（choice）或意志自由（agency）的认识与转折点中的结构性观念加以协调……同时研究它们，能够在整个成人生活历程的转折点匹配于目的性行动方面发现新方法，当然，其中含有稳定的个体差异。[4]

按照犯罪原因的"二元论"，犯罪是人与社会共同作用的结果。然而，随之而来的问题是：缘何法律给出的否定评价的直接承担者是人而非社会？若排除法律惩罚正当性依据之类的辩说，笔者认为，其理由涉及两个依次关联的方面：一方面是因为社会是由人联结起来的总体构成的——人即社会，社会的生活是人的具体生活的集合，社会的生活的某种公共性需求包含在人的

---

〔1〕　Robert J. Sampson & John H. Laub, "A Life-Course View of the Development of Crime", *The Annals of the American Academy of Political and Social Science*, 602（2005），p. 16.

〔2〕　所谓"老人变坏抑或坏人变老"是人们针对在老年人中出现的一些现象，对老年人所做的一种评判性的观点。类似的介绍可参见《老人变坏了还是坏人变老了?》，载人民网，http://society. people. com. cn/n/2013/1125/c136657-23650349. html，最后访问日期：2017 年 12 月 11 日。

〔3〕　[美] 威廉·詹姆士：《实用主义》，李步楼译，商务印书馆 2012 年版，第 92 页。

〔4〕　Robert J. Sampson & John H. Laub, "A Life-Course View of the Development of Crime", *The Annals of the American Academy of Political and Social Science*, 602（2005），p. 43.

具体生活之中，如为了形成秩序而设置规则[1]；另一方面是因为人拥有"在涉及进行选择和实施行为时不完全受超出自身控制的力量所决定的意志自由（agency）"[2]，换言之，尽管"'社会'这个术语在它所界定的范围内既包括人也包括他所栖居的这个世界"[3]，"这个世界"却可以通过人的意志加以创造。"人关于自我的意识以及关于他与他人、他与自然界之间关系的意识都是他作为一个社会存在物的意识，因为他考虑问题的方式就是他的一项社会功能。"[4]社会生活的主体是人，人与社会之间的生活关系可以通过人的犯罪行为表现，也可以通过人的非犯罪行为表现，而借助对人的犯罪行为的否定评价，既能够传达群体的人需要在公共的社会生活中共同遵循的价值取向，又能够传达社会中的"某种情况或某种机会将产生的风险"[5]所以，在抽象的社会范畴内，直接承担犯罪否定评价的只能是"实证"地承载着经验事实的人。与此相应，由于人的犯罪行为可以在经验事实层面聚集人与社会之间的生活关系，在分析影响犯罪的因素的过程中，就可通过聚焦于人的犯罪行为，并通过放大而再度拟化人与社会之间某些生活关系的组合（见图26）。

强奸是与人的日常生活最为密切的犯罪种类之一。在意志行为中，是否实施强奸在于行为人能否控制自身性能量释放的方式。此外，行为人实施强奸的可能性还与其是否具有以非强奸的方式满足性需求的可能性有关。性犯罪是人对性的自我认知与社会对性的规范的矛盾体现，其本质是性行为社会异化的实践。那么，若仅停留于事实的层面，在具备性能力的前提下，只要存在自我控制力和以非强奸的方式满足性需求的不足，行为人实施强奸的可能

---

[1] 法律是社会为形成秩序而创设的典型规则。关于社会成员为什么要遵从法律的理由，英国学者安东尼·达夫的观点认为，法律的规定有时将公民们确信的判断或确信为可得许可的行为宣告为公共的不正当，在这样的例子中，对于那些不同意法律观点的人，法律不是简单且纯粹地告诉他们，这些争论中的行为本身是不正当的，而是说法律所宣告的现在成了社群的权威观点，即使不同意法律的内容，作为社群的成员，依然负有接受法律权威的义务。参见［英］安东尼·达夫：《刑罚·沟通与社群》，王志远等译，中国政法大学出版社2018年版，第100页。

[2] Robert Agnew, *Toward a Unified Criminology: Integrating Assumptions about Crime, People, and Society*, New York: New York University Press, 2011, p. 62.

[3] ［美］伯特尔·奥尔曼：《马克思的异化理论》，王贵贤译，北京师范大学出版社2018年版，第141页。

[4] ［美］伯特尔·奥尔曼：《马克思的异化理论》，王贵贤译，北京师范大学出版社2018年版，第143页。

[5] ［英］安德鲁·阿什沃斯：《刑法的积极义务》，姜敏译，中国法制出版社2018年版，第40页。

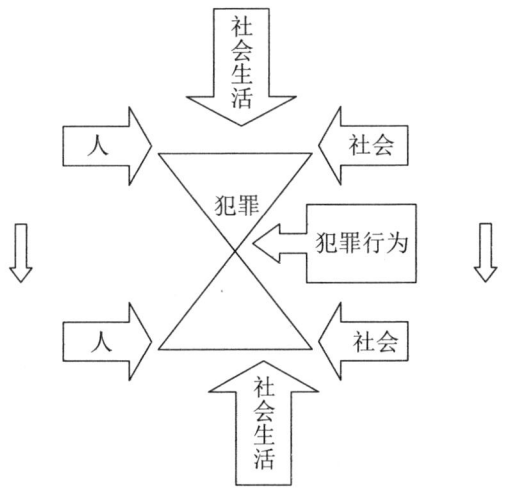

**图 26　犯罪原因"二元论"解释的操作转换示意图**

性无关其年龄。但是，问题的复杂之处在于，人是生活环境中的人，无论自我控制力或以非强奸的方式满足性需求的可能性，都不是完全由行为人决定的。人对释放性能量的控制力与方式选择不能脱离于人与生活环境的作用，但人的因素与生活环境的因素及其作用却是流动的。"设定的原因的效应具有条件性（conditional），表现为在某种程度上取决于其他因素。"[1] 在该角度，无论性能量释放的控制力或性能量释放的方式选择，在人与生活环境的作用中都有其一定的类似齿轮咬合那样的耦合效应。例如，我们在生活中可能会发现，不同的人对相同生活环境反映出来的生活镜像是不一样的。例如，同样是在参观裸体模特的画展，艺术写生者得到的可能是绘画技巧，性饥渴者会借此释放性压抑。若再延伸一步，谁又能保证艺术写生者与性饥渴者必须是两个人呢？人的某种思想观念与行为方式的定型究竟要耗费多大的时间量？对于该问题难以给出精确结论，且不同的人之间又有差异。不过，在生命历程的后期，由于时间的长期持续会形成更多的生活经验的积累、反思与沉淀的往复，与其他人生阶段相比，人在老年期的思想观念与行为方式的定型程度应当是比较高的，包括在性能量释放的控制及其方式的选择方面。当然，

---

〔1〕　Carter Hay，Ryan Meldrum，*Self-Control and Crime over the Life Course*，Thousand Oaks：SAGE Publication，Inc.，2016，p.181.

此处所讲的定型化程度比较高或包含与犯罪的联结度高的成分，或包含与犯罪的联结度低的成分。人的生活与生活中的人是在相互对象化中联结的。基于彼此的"镜像互照"，人与生活分别实现了"主体创造了自身的客体，然后主体根据它或通过它而认识或承认自身"[1]。由于人与生活的相互对象化存在于一定的生活环境。因而，生活环境的变化有可能成为影响人发生变化的重要条件。

生活环境是个层级概念，生活环境对人的影响亦会显示其层级性和与之相随的开放性。因此，言及生活环境对人的影响应注重语境的特定。如前述，老年生活的收缩使居住成为构成"老龄生活圈"的圆心的重要元素。当然，强调以居住为"老龄生活圈"的圆心的重要元素并不是说老年生活的主要特点就是单纯地住着，而是试图突出两层含义：一是指随着老年期的生活收缩，居住生活逐渐突出为老年生活的重要组成部分；二是指居住生活是人在老年期联结其他日常生活的重要媒介。不过，或许有观点对"老龄生活圈"的居住生活构造提出异议，认为现实生活中的一些步入老年期的人仍在就业，甚至老龄化社会的老年人口增多可能助推老年人口就业的增多，以此二者为前提，就业同样可以扩展"老龄生活圈"。关于我国老年人的在业情况，有研究曾指出，与2010年相比，2015年中国60岁及以上老年在业人口增加了584.4万人，五年间增长了10.9%[2]，但是，从2015年全国老年人口在业率的变化看，49岁以后，老年人口在业率出现明显的下降[3]。另外，该研究还提到了两种现象：一是从具体从事的行业看，中国老年在业人口从事的排名为第一位的行业是农、林、牧、副、渔业，比例达到86.2%[4]；二是高龄的老年就业人口主要分布在农村，从事农业生产劳动，农、林、牧、副、渔业对我国

〔1〕［美］卡罗尔·C. 古尔德：《马克思的社会本体论》，王虎学译，北京师范大学出版社2018年版，第20页。

〔2〕彭青云：《中国城乡老年人在业状况及其变化趋势》，载党俊武主编：《老龄蓝皮书：中国城乡老年人生活状况调查报告（2018）》，社会科学文献出版社2018年版，第193页。

〔3〕彭青云：《中国城乡老年人在业状况及其变化趋势》，载党俊武主编：《老龄蓝皮书：中国城乡老年人生活状况调查报告（2018）》，社会科学文献出版社2018年版，第196页。

〔4〕彭青云：《中国城乡老年人在业状况及其变化趋势》，载党俊武主编：《老龄蓝皮书：中国城乡老年人生活状况调查报告（2018）》，社会科学文献出版社2018年版，第209页。

老年人口的超强吸引能力，成为我国老年在业人口就业职位的一大主要特征[1]。我国是农业大国，农业生产的形式是多样的，有的依托于如企业那样的从业者集中的建制化的组织，有的则以个人或家庭的分散形式为单位。笔者认为，相对于前者的人际联结，作为就业的一种形式，后者在"老龄生活圈"拓展方面的功能是有限的。较明显的一点，就是参与劳作的劳动者常限于老年者本人或老年者与其家人，即这种就业形式对"老龄生活圈"的作用更多的是重复地深描而非多极地拓展。而且，按照一些农村的"家土不离"[2]的生产劳作的特点，后者反而更能说明"老龄生活圈"的居住生活构造这个特征。因为，"向泥土讨生活的人是不能老是移动的"[3]，不改变"面朝黄土背朝天"的生活方式，就意味着可能一辈子都不会离开居住的那个地方。此外，即使老年者的农业劳作依靠的是人际较为集中的企业或类似的组织，由于身体状况对就业持续的影响或年龄差异引发的人际隔阂，也难以使就业成为拓展"老龄生活圈"的稳定因素。人们的日常居住以一定的生活空间为载体。除非常住在类似儿童福利院或养老院等这样的机构，一般情况下，居住环境主要是由家庭以及家庭所在的村落或城镇居民区这两类依次套接的实体空间构成的。在产生经验事实的层面，人们的日常生活以及对日常生活的体验与感知主要来自与其接触频率较高和生活距离较近的生活空间。据此，对于以居住生活为主的老年者而言，家庭生活以及家庭所在的村落或居民区的生活会带来较大的影响。甚至说，在向老年生活的转折或过渡中，老年者会因为自感某些生活能力的渐失或对未来生活的预期，进而对这些与自身生活相关度较大的生活环境产生较为强烈的依赖感。

作为意志行为，一个人实施性犯罪的可能性取决于自我控制力和以非强奸的方式满足性需求的可能性。那么，如果将行为人实施性犯罪的可能性作为因变量，将行为人的自我控制力和以非强奸的方式满足性需求的可能性作为自变量，行为人的自我控制力与以非强奸的方式满足性需求的可能性在程度上的变化及其组合会导致其实施性犯罪的可能性产生相应的程度变化（见

---

[1]　彭青云：《中国城乡老年人在业状况及其变化趋势》，载党俊武主编：《老龄蓝皮书：中国城乡老年人生活状况调查报告（2018）》，社会科学文献出版社2018年版，第212页。

[2]　所谓"家土不离"是指用于劳作的土地就分布在居住的村落甚至住宅周围。

[3]　费孝通：《乡土中国》，人民出版社2008年版，第21页。

表23）。"生物当前这一瞬间的状态无法在其直接过去的那一瞬间中找到解释，有机体全部的过去都必须添加在那个当前瞬间里。"[1]在现实生活中，我们不能仅依靠过去的生活常识、实务经验或理论假设来断定哪些人或哪些生活环境存在犯罪易感因素。但是，人与生活环境的耦合关系却有可能形成适合于某种犯罪的犯罪情境。不同的老年者与其所在的居住生活环境以及二者的作用过程是不同的。因此，考虑"老龄生活圈"的居住生活构造及其可能存在的地域性固化，在不同老年者与其不同居住环境的作用中，以一定的生活地域为考察单位，就会呈现性犯罪的不同可能性的犯罪情境格差，从而导致在不同的生活地域出现较为明显的老年性犯罪现象的地域分布差异。按前述笔者对"强奸案件性犯罪数据"的统计，无论是在犯罪年龄老化的性犯罪人还是60岁及以上的性犯罪人中，犯罪前为农民的都占较大的比重。如果以农民多生活在农村加以推论，笔者对"强奸案件性犯罪数据"的统计表明，农村的老年性犯罪现象比较突出。此外，根据已有研究，农村地区确也存在一些易诱发老年性犯罪的耦合性生活关系。例如，在男性婚配方面，有研究曾认为，我国的男性婚姻挤压现象高度集中在偏远落后的农村地区，使得城乡、区域间的性别失衡态势更加复杂和严重。[2]有资料显示，2015年，我国农村男性老年人从未结婚的比例为4.3%，城市男性老年人从未结婚的比例只为1.6%。[3]显然，以常识来理解，若一直是单身，"长期的性压抑和对性爱的好奇会让一些单身汉产生异常的性心理和性行为"[4]，包括可能实施性犯罪。有研究根据2015年的"第四次中国城乡老年人生活状况抽样调查"指出，33.7%的城市女性老年人感到孤独，25.6%的城市男性老年人感到孤独，46.9%的农村女性老年人感到孤独，40.6%的农村男性老年人感到孤独。[5]这组数据表明，不仅农村老年人的孤独感高于城市老年人，农村男性老年人的

---

〔1〕［法］亨利·柏格森：《创造进化论》，高修娟译，北京时代华文书局2018年版，第22页。

〔2〕刘慧君、李树茁等：《性别失衡的社会风险研究——基于社会转型背景》，社会科学文献出版社2014年版，第2页。

〔3〕刘妮娜：《中国城乡老年人的基本情况及家庭关系》，载党俊武主编：《老龄蓝皮书：中国城乡老年人生活状况调查报告（2018）》，社会科学文献出版社2018年版，第68页，表7。

〔4〕彭大松：《村落里的单身汉》，社会科学文献出版社2017年版，第233页。

〔5〕冀云：《中国城乡老年人精神文化生活状况分析》，载党俊武主编：《老龄蓝皮书：中国城乡老年人生活状况调查报告（2018）》，社会科学文献出版社2018年版，第398页。

孤独感也远高于城市男性老年人。作为对自我生活状态的心理感受，孤独感的形成原因是多方面的，以"老龄生活圈"的居住生活构造予以解释，可以认为是以家庭生活为核心而产生的居住生活的环境排斥，尤其是与老年者生活关系最近的家庭生活的影响。在论述"群组凝聚"（group solidarity）与犯罪之间的关系时，切斯特·L. 布里特（Chester L. Britt）曾指出，如果每位家庭成员都会有助于家庭的总体利益，这样的家庭就被描述为拥有较高程度的凝聚力[1]……拥有较高程度凝聚力的家庭会拥有不大可能陷于非法行为的家庭成员，言外之意，试图遵守家庭规则和目标的人具有较高的自我控制力，其犯罪的可能性亦较低。[2]同样，对于具有较为固定的人际联结的其他群组来讲，也能够在一定程度上反映"群组凝聚"和行为人的自我控制力的关系。如按照切斯特·L. 布里特的观点，由于自我控制力低的人不太有可能为了维护一个群组而投入一定的时间与精力，那么，凝聚力低的群组就不大可能影响到与其联结人际的那些人，反之，拥有较高凝聚力的群组，必定是由具有较高自我控制力的人构成的。[3]我国台湾学者侯崇文在反驳英国犯罪学者戴维·P. 法林顿的"发展与生命历程理论"仅强调人类社会适应带来压力与紧张，却轻忽社区内涵本身对人类行为之影响的基础上认为，人类生活环境关系着行为发展，一个整合、有共同情感与凝聚力的社区将带来社会控制力，是生命历程是否出现迷乱与犯罪不能忽略的问题。[4]所以，如果老年生活存在"老龄环境依赖"，除了家庭生活，至少老年者居住的村落或居民区的凝聚力高低也影响老年者的自我控制力的养成。进一步讲，与城市相比，农村男性老年人的孤独感高表明，除家庭之外的农村老年居住生活环境存在着影响老年男性自我控制力塑造的因素。一言以蔽之，至少是在农村老年男性单身

〔1〕　Chester L. Britt, "Self-Control, Group Solidarity, and Crime：An Integrated Control Theory", in Chester L. Britt and Michael R. Gottfredson（eds.）, *Control Theories of Crime and Delinquency*, New York：Routledge, 2017, p. 170.

〔2〕　Chester L. Britt, "Self-Control, Group Solidarity, and Crime：An Integrated Control Theory", in Chester L. Britt and Michael R. Gottfredson（eds.）, *Control Theories of Crime and Delinquency*, New York：Routledge, 2017, p. 172.

〔3〕　Chester L. Britt, "Self-Control, Group Solidarity, and Crime：An Integrated Control Theory", in Chester L. Britt and Michael R. Gottfredson（eds.）, *Control Theories of Crime and Delinquency*, New York：Routledge, 2017, p. 173.

〔4〕　侯崇文：《犯罪学：社会学探讨》，三民书局股份有限公司2019年版，第339页。

的可能性大与农村男性老年者的孤独感高的耦合作用中，农村老年男性的性犯罪可能性要高于城市老年男性。

**表 23　行为人实施性犯罪的可能性变化及其生成要素的组合**

| 自我控制力的程度 | 以非强奸的方式满足性需求的可能性 | 实施性犯罪的可能性等级 |
|:---:|:---:|:---:|
| 大 | 大 | 小 |
| 大 | 小 | 中 |
| 小 | 小 | 大 |

犯罪事件发生于空间-时间中的特定场合[1]，由空间与时间组合而成的坐标反映着犯罪现象的产生和变化。然而，由于在空间-时间的坐标内存在着空间的特征是汇集、时间的特征是流动这样的张力效应，如果既试图在空间与时间的坐标中捕捉到犯罪问题，又试图使理论的抽象摆脱具体事实的细枝末节的干扰，在可以覆盖一定数量的犯罪现象的前提下，较为可取的研究视角是着眼于依托一定地理空间的生活地域。这不仅因为生活地域承载着生活时间的流动，还因为生活地域能够体现因为人们在经济、政治、文化等方面的共享所产生的某些较稳定的空间化生活特征。"行为通常还不如塑造了它们的情境那般稳定"[2]，当聚焦于日常生活分析强奸犯罪现象背后的某些作用关系时，生活地域自然成为一个现实的、重要的参与条件。自我控制力和释放性能量的方式选择这两个变量在老年者与生活环境的作用中生成的耦合关系是不同的，加上"适合的被害人"这个因素，不同的生活地域出现的老年性犯罪现象的汇集程度也不同。当然，究竟哪些生活地域易出现老年性犯罪的耦合性犯罪情境，还需要进一步探讨，但以潜在的犯罪主体、老年生活以及潜在的被害人等这些因素判断，老年人口的数量及其集中程度、区域生活状况对居民的观念与行为的影响、老年生活的状况、精神病患者或体能势弱者等这些生活弱势群体的生活状况等，都可能在不同角度影响着老年性犯罪

---

〔1〕　Tim Hope, "The Social Epidemiology of Crime Victimzation: The Paradox of Prevention", in Sandra Walklate, *Handbook of Victims and Victimology*, New York: Routledge, 2018, p. 59.

〔2〕　［美］乔恩·埃尔斯特:《解释社会行为:社会科学的机制视角》，刘骥等译，重庆大学出版社2019年版，第177页。

现象的变化。

（三）生活老化与生活需要补偿

与青年期、中年期相比，老年期的"生活圈"是收缩的。但是，放大后的"老龄生活圈"却能展现老年期特有的、甚至是我们尚未充分予以关注的生活历程与生活意义。所以，在促进老龄化社会的老年生活发展的过程中，有必要将老年生活历程作为分析老年性犯罪影响因素的一个方面。从这个角度讲，不同群体生活老化中的需要满足与替代性补偿之间的紧张程度影响着老年性犯罪。

1. 成人期生活的年龄层级效应

从出生到生命的终结，每个人一生的生活图画都展示了影响人们生命历程的两个重要因素：生活环境与人们对生活的自我选择。同样，生活环境与对生活的自我选择的差异又导致了人们的生活轨迹、生活轮廓以及生活模式的不尽相同。那么，在以生命历程这一概括性的概念解释某些生活事件、并试图得出某种普遍性的结论时，可能就会忽略人与人之间的某些个性差异。人的生活不是孤立于社会之外的。作为社会的成员，个体的生活含有因社会文化而形成的社会性，由人们的生活片段衔接起来的生活历程当然也包含这种社会性。对此，借用费孝通先生所说的，就是每个人的"当前"不但包括他个人的"过去"的投影，而且是整个民族的"过去"的投影。[1]所以，由社会性中包含着以文化为代表的社会共同经验[2]来看，通过生命历程可以为分析人们的某些生活事件提供可能。

"社会秩序需要是人不可或缺的基本社会需要"[3]，社会生活的持续是人与社会之间关系的秩序化过程。从社会层面讲，这个秩序化的过程需要社会对人的活动加以组织，在人的年龄这个标准方面表现为，"社会根据年龄赋予人们不同的角色"的年龄分级[4]；从个体层面讲，这个秩序化的过程需要人

---

[1]　费孝通：《乡土中国》，人民出版社2008年版，第19页。

[2]　按照费孝通的观点，文化是依赖象征体系和个人的记忆而维持着的社会共同经验。参见费孝通：《乡土中国》，人民出版社2008年版，第19页。

[3]　高峰：《社会秩序论——马克思主义社会哲学视域下的秩序问题探讨》，人民出版社2016年版，第167页。

[4]　转引自［美］哈瑞·穆迪、詹妮弗·萨瑟：《老龄化》，陈玉洪、李筱媛译，江苏人民出版社2018年版，第5页。

的自我调适，通过人的年龄这个标准表现为，以人的社会化为内容的年龄分化（age differentiation）[1]。按照年龄分层理论（age stratification），一个人在年龄结构中的位置会影响他的行为和态度。[2]言外之意，在人与社会的相互融入中，随着年龄的变化，"年龄分级"与"年龄分化"这两个变量可能导致生命历程存在如此现象：不同年龄导致不同生活的年龄层级效应。通俗地说，就是什么年龄的人就该做什么样的事。以笔者的观察与体验，这种所谓的年龄层级效应已经不同程度地内化为当前人们的一些思维方式。比如，一个年近而立之年的人若一直单身，就可能被父母"催婚"；一个年届退休年龄的人若还在努力工作，可能被指不会享受生活。个体生活的社会性调整是社会生活的基本特征之一。在这种社会性调整中，每个人对年龄的生活意义都有自己的诠释标准。然而，当建构与年龄相关的概括性的观念时，所要解决的问题恰是这些不同诠释标准之间的冲突。"方法是关于现实何以被理解的理论"[3]，作为以年龄来界定人的社会生活参与的现象，理解生命历程的年龄层级效应可把握两点：一是年龄的含义所指及其语境，比如，言必称年龄之年龄是指年龄节点还是年龄阶段或只是模糊的生活时间概念，以及相应的适用条件是什么；二是作为对上述第一点的延伸，引发年龄层级效应的实质因素不是人的年龄，而是借助年龄这个标签所表达的人的生活过程与社会对之予以构造的关系。否则，我们可能难以将类似我国近年出现的结婚率持续下降[4]这样的关乎年龄的社会现象联结到其他社会问题。如我国学者在谈到当今日本女性的晚婚、不婚时曾指出，现代日本女性的晚婚、不婚是当今日本社会出现"少子化"现象的重要原因之一，而"少子化"问题造成日本人口年龄结构倒置、年轻劳动力不足等现象，继而引发一系列社会问题。[5]人的

---

〔1〕 ［美］哈瑞·穆迪、詹妮弗·萨瑟：《老龄化》，陈玉洪、李筱媛译，江苏人民出版社 2018 年版，第 5 页。

〔2〕 ［美］哈瑞·穆迪、詹妮弗·萨瑟：《老龄化》，陈玉洪、李筱媛译，江苏人民出版社 2018 年版，第 5 页。

〔3〕 ［美］诺曼·莱文：《马克思主义与恩格斯主义中的黑格尔》，臧峰宇译，北京师范大学出版社 2018 年版，第 218 页。

〔4〕 有报道指出："根据我国国家统计局和民政部的数据……2013 年全国结婚率为 9.9‰，2014 年降低为 9.6‰，2015 年为 9‰，2016 年降到 8.3‰，2017 年再降到 7.7‰，2018 年中国结婚率只有 7.2‰，创下 2013 年以来的新低。参见成都晚报：《全国结婚率出现"五连降"，晚婚、不婚已成趋势？》，载 https://baijiahao.baidu. com/s? id = 1629665960355104103&wfr = spider&for = pc，最后访问日期：2019 年 5 月 2 日。

〔5〕 胡澎主编：《平成日本社会问题解析》，社会科学文献出版社 2019 年版，第 246 页。

生命历程与社会生活的持续是相互支撑的，生命历程中的年龄层级效应与社会生活构造的某些特征具有关联性。因此，即使社会生活本身出现了颠覆年龄标签的现象，如"男大当婚、女大当嫁"这样的文化的松动，同样也能循着社会生活构造这条线索找到生命历程的一些过程性变化。

"人几乎总是在希望着什么，这是贯穿他整个一生的特点[1]，需要或需求是人的生存与发展的动力。按照马克思的观点，需要与物质生产活动之间具有内在关联；需要具有层次性；需要自身在社会主体的生存和发展中不断拓展。[2]简言之，需要是人在创造性活动的基础上创设的人与社会之间双向沟通的过程。一方面，为满足需要，个体的人要把自己变为社会的人，通过创造社会生活，从中联结人与人的关系以及由此带来的满足需要的可能性；另一方面，伴随需要的满足与满足需要的条件的创设，社会生活又为人创造了新的需要刺激源。由此，如果将个体人的生命历程视为需要的满足过程，在社会的角度则显示了一种具有对称性的构造机制：社会基于个体的自我需要满足的必要性而赋予个体以权利；社会基于个体的他者需要满足的条件性而赋予个体以义务。

人的成长贯穿着人的需要。随着人的年龄增加与生活场景的变化，需要的产生与满足推动着个体的生活重心在自我与他者、权利与义务之间转换。从已有的生活特点来看，人在童年期的生活主要表现为自我需要满足及其能力获取的外在支撑；由于需要的扩展与能力的积累，成人期的生活逐渐转变为自我需要满足及其能力获取的自我支撑，加之需要的满足与满足需要的条件的相互作用带来的生活空间的扩张及其必要性维持，成人期的自我需要满足与他者需要满足的彼此渗透，由此决定了人们要承担一定的生活代价——附着于年龄变化的生活时间的支出，而对于人们的个人生活重心来讲，也在这种生活时间的支出中显现着需要满足的必要性与条件性的转换。所以，人们在平常可能有所体会：进入成人期是生活忙碌的开始，成人期是最忙的生

---

〔1〕 ［美］A. H. 马斯洛：《动机与人格》，许金声、程朝翔译，华夏出版社1987年版，第29页。

〔2〕 高峰在引述马克思关于生活、需要、生产满足需要的资料，以及新的需要的产生观点时认为，马克思的洞见不仅指出了需要与物质生产活动的内在关联，而且蕴含着需要具有层次性以及需要自身在社会主体的生存和发展中不断拓展的内容。参见高峰：《社会秩序论——马克思主义社会哲学视域下的秩序问题探讨》，人民出版社2016年版，第166页。

活阶段。从中国国家统计局开展的两次全国居民利用时间的调查来看，也表明了这一点。2008 年，中国国家统计局开展了第一次我国居民时间利用的调查。基于此次调查的资料，笔者截取了不分工作日与休息日的"五岁分组综合分类活动平均时间"的部分数据。这些调查数据表明，如图 27 所示，在"有酬活动"这一类活动中，居民所用平均时间从 20 岁开始明显增加，并在 44 岁以前的各年龄段表现为随年龄的增加而增加，从 45 岁开始减少，并在其后的各年龄段表现为随年龄增加而减少；在"无酬活动"这一类活动中，居民所用平均时间从 20 岁开始增加，在 34 岁以前的各年龄段保持增加态势，从 35 岁开始减少，但在 50 岁和 65 岁这两个年龄节点分别又出现了再次增加与再次减少；在"个人活动"这一类活动中，居民所用平均时间以 15~19 岁的为最多，从 20 岁开始减少，而从 45 岁开始又出现了增加的趋势，直至所用平均时间仅次于 15~19 岁的 70~74 岁这个年龄组（见图 27）。[1]"有酬活动""无酬活动""个人活动"代表着人们的不同社会生活类型[2]，人在不同年龄或不同年龄的人在这些不同社会生活类型方面的时间投入量则代表着个人生活重心的移动及其大体分布。总体讲，如图 27，20~45 岁这段时间属于人们的经济活动集中和"个人活动"趋少的阶段，20~60 岁之间有两个"无酬活动"所用平均时间增加的阶段。也就是说，以 2008 年的调查看，60 岁大概是一个人能宽松地拥有个人活动时间的开始，此前直至 20 岁多属于多种社会生活叠加、个人生活重心多元的阶段。2018 年，中国国家统计局开展了第二次全国居民时间利用调查。由于公布的资料所限，笔者根据中国国家统计局发布的《2018 年全国时间利用调查公报》，将其中涉及年龄分组与居民所用时间的相关数据集中绘制为表格（见表 24）。[3]由表 24 可发现，一方面，25~39 岁是居民在经济活动方面投入时间较多的年龄段，且在这个年龄段内

---

〔1〕 中国国家统计局：《2008 年时间利用调查资料汇编》（电子版）的表 2-10，第 84~90 页，载 http://www. stats. gov. cn/ztjc/ztsj/2008sjly/#，最后访问日期：2019 年 3 月 10 日。

〔2〕 关于此三种活动类型的具体内容可参见中国国家统计局：《2008 年时间利用调查资料汇编》（电子版）的表 2-10，第 84~90 页，载 http://www. stats. gov. cn/ztjc/ztsj/2008sjly/#，最后访问日期：2019 年 3 月 10 日。

〔3〕 表中的数据根据《2018 年全国时间利用调查公报》整理。参见中国国家统计局：《2018 年全国时间利用调查公报》，载 http://www. stats. gov. cn/tjsj/zxfb/201901/t20190125_1646796. html，最后访问日期：2019 年 2 月 11 日。

的居民的时间投入较多的还包括照料孩子生活；另一方面，65～74 岁这个年龄段的居民在家务活动方面的投入时间最长，个人自由支配活动时间最长的出现在 75 岁及其之后（见表 24）。概言之，以 2018 年调查看，一个人大概到 74 岁才能宽松地享有"个人活动"的时间，此前直至 25 岁属于多种社会生活叠加、个人生活重心多元的阶段。

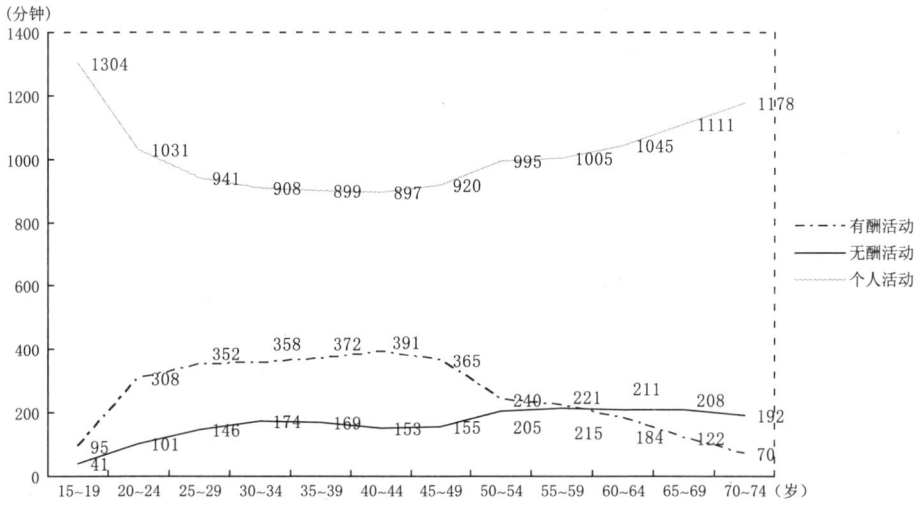

**图 27　不同年龄组的居民在不同活动中一天平均所用时间分布（2008 年调查）**

数据来源：中国国家统计局发布的《2008 年时间利用调查资料汇编》（电子版）。

**表 24　不同年龄组的居民在不同活动中一天平均**

**所用时间分布情况汇总（2018 年调查）**

| 活动类型 | 一天中平均所用时间 |
| --- | --- |
| 个人生理必须<br>活动时间 | 5 岁组距分组：20～24 岁女性个人卫生护理平均时间最长，为 58 分钟 |
| | 5 岁组距分组：15～19 岁居民用餐或其他饮食活动的平均时间最短，为 1 小时 35 分钟 |
| 有酬劳动时间 | 5 岁组距分组：25～29 岁男性就业工作活动的参与者平均时间最长，为 8 小时 6 分钟 |
| | 5 岁组距分组：35～39 岁男性家庭生产经营活动的参与者平均时间最长，为 7 小时 26 分钟 |

续表

| 活动类型 | 一天中平均所用时间 |
| --- | --- |
| 无酬劳动时间 | 10岁组距分组：65~74岁居民的家务劳动平均时间最长，为2小时10分钟 |
| | 10岁组距分组：25~34岁居民陪伴照料孩子生活的平均时间最长，为1小时16分钟 |
| | 10岁组距分组：65~74岁居民参加公益活动平均时间最长，为4分钟 |
| | 10岁组距分组：85岁以上居民看病就医的平均时间最长，为8分钟 |
| 个人自由支配活动时间 | 10岁组距分组：75~84岁居民健身锻炼的平均时间最长，为64分钟；25~34岁的平均时间最短，为14分钟 |
| | 10岁组距分组：75~84岁居民看电视的平均时间最长，为3小时16分钟；15~24岁居民的时间最短，为42分钟 |
| 学习培训时间 | 5岁组距分组：15~19岁居民学习培训的平均时间最长，为8小时2分钟，其次是20~24岁居民，为1小时38分钟 |

数据来源：中国国家统计局发布的《2018年全国时间利用调查公报》。

英国学者大卫·班布里基（David Bainbridge）曾指出，人类的一生都是在投资——成人把大量资源投入发育中的儿童的头脑——"亲本投资"，并为此需要给孩子提供食物和各种信息的集合体——文化。[1]诚然，如果把食物与信息这两个抽象的术语分解到现实生活中，可能就是各种"忙不完"的生活琐事的替代语。在个体的角度，人们可能更多地如大卫·班布里基所说的，"亲本投资"联结于以家庭为单位的家庭生活，但在社会的角度，"亲本投资"则隐含着社会生活持续的一个要素：人与人之间的"代际生活传递"。而且，仅就家庭生活来说，成人期的"代际生活传递"不仅表现在父母与孩子之间，还可能表现在与父母之间，即与"育儿"相并列的"养老"，而"一边对少"和"一边对老"的"代际生活传递"就成为成人期生活的重要特征。因此，在社会生活中，成人期是忙碌的开始。

---

[1] ［英］大卫·班布里基：《中年的意义》，周沛郁译，北京联合出版有限公司2018年版，第44~48页。

　　生活时间的支出方向代表着人们的生活投入方向，生活时间支出所表达的生活投入演绎着人们的生命过程。在需要满足的必要性与条件性相对称的角度，我们可以将人们的生命历程理解为在自我与他者、权利与义务之间的变换过程。在该过程中，人们的生活重心不断变化，并在时间的移动中显示着生活的层级化。年龄是人们衡量自身生命历程的最常识化的标准之一，年龄自然也易成为人们观察生活过程的关注点。但是，事实表明，推动人们的生活出现层级效应的不是年龄，而是由人自己创造的生活。例如，如果将前述提到的中国国家统计局在2008年和2018年开展的两次居民利用时间的调查相比可发现：一方面，居民在一天内投入经济活动的时间延长了，如图27所示，在2008年的调查中，40～44岁的居民在有酬活动方面投入的时间最多，大体为6.52个小时（391分钟），在2018年的调查中，25～39岁的居民在有酬劳动方面投入时间是相对较多的，但也在7个小时以上（见表24），而且，以此为基础还可引出另一推论，即与2008年的调查相比，2018年的调查表明，居民在经济活动方面投入较多时间的年龄段向前移动了大致4～5岁，出现了所谓"年轻化"；另一方面，如图27所示，2008年的调查表明，在"无酬活动"方面投入时间较多的是55～64岁这个年龄段的居民，投入时间约为211分钟到215分钟（3.5个小时左右），而在2018年的调查中，只是在家务劳动方面就投入2小时10分钟的却出现在了65～74岁这个年龄段（见表24），即居民在从事家务活动、照顾家人或从事社区服务方面投入较多时间的年龄段向后移了大约10岁，出现了所谓"老龄化"。笔者认为，在2008年与2018年的纵向对比中，由上述两个方面可得出两个结论：一是个体生活重心中的个人自由支配活动的时间缩短了，从调查来看也是如此，据中国国家统计局发布的《2008年时间利用调查资料汇编》，个人在一天内用于"个人活动"的平均时间为966分钟[1]，而据中国国家统计局发布的《2018年全国时间利用调查公报》，个人自由支配活动平均用时3小时56分钟[2]，与前者相比少了大约12个小时；二是成人期个人生活重心多元的年龄节点向后延伸

---

〔1〕　中国国家统计局：《2008年时间利用调查资料汇编》（电子版）的表2-1，第39页，载http://www.stats.gov.cn/ztjc/ztsj/2008sjly/#，最后访问日期：2019年3月10日。

〔2〕　中国国家统计局：《2018年全国时间利用调查公报》，载http://www.stats.gov.cn/tjsj/zxfb/201901/t20190125_1646796.html，最后访问日期：2019年2月11日。

了，对于通常意义上所称的老年人而言，即使到老了，或许还充当着某种生活的劳动力角色。年龄是人们的生活标签，而这个标签的生活意义并非单纯由人们自己决定，"幼年期、青春期、成熟期和老年期，这些只是头脑的观点，是我们从外部想象出来的一个连续的发展过程中可能的停顿点"[1]，或者说是人们对已有社会生活习惯的延续。在社会的发展中，社会生活的变化不断调整着年龄的生活含义。就如同在当今难以对老年的概念给出一个精确的描述一样，关于生命历程的年龄塑造也不能轻易给出终局性的结论，尤其在人口老龄化这一新的社会生活形态下。然而，作为构成生命历程的两个要素，年龄增长与个人生活重心变化之间的关系却潜藏着另一个涉及人们自身的问题：自我需要的满足及其紧张。

2. 成人生活中的需要匮乏与替代性补偿的老龄化

与动物的需要产生于自然对象范围的扩展相比，人的需要产生于生产的发展[2]，加之需要"只能从它的对象内容表现出来"[3]，在"活动→需要→活动这样一种循环的图式"[4]中，需要沟通着能动性的人与变化的生活的关系，并以此推动着人的生活进程。由活动表现出来的生活既有外在形式也有内在意义。作为生活的主体，"我们对人的自然倾向了解越多，就越容易告诉他怎样才好"[5]，探究人的生活意义是人类完整地认识自我的一部分，由于需要充当着人与生活相沟通的媒介，便也成为人们认识以人为主体的相关现象的一个切入点。可以说，通过注重人的内在，需要这个视角在方法论上能够弥补纯粹基于现象的外在经验特征而解释现象的经验主义的缺陷。然而，任何方法都不能将"形式的优美和精确与内容的中肯和丰富对立起来"[6]。作为社会生活的反映，人的需要所涉及的内容并非像"饿了就吃""冷了就

---

〔1〕 [法] 亨利·柏格森：《创造进化论》，高修娟译，北京时代华文书局2018年版，第320页。

〔2〕 [苏联] 阿·尼·列昂捷夫：《活动 意识 个性》，李沂等译，上海译文出版社1980年版，第141页。

〔3〕 [苏联] 阿·尼·列昂捷夫：《活动 意识 个性》，李沂等译，上海译文出版社1980年版，第143页。

〔4〕 [苏联] 阿·尼·列昂捷夫：《活动 意识 个性》，李沂等译，上海译文出版社1980年版，第142页。

〔5〕 [美] 亚伯拉罕·马斯洛：《需要与成长：存在心理学探索》（第3版），张晓玲、刘勇军译，重庆出版集团、重庆出版社2018年版，第5页。

〔6〕 [美] 亚伯拉罕·马斯洛：《动机与人格》（第3版），许金声等译，中国人民大学出版社2013年版，第204页。

穿""渴了就喝"这样的生活常识那样简单。即使借助相关的需要理论，我们对一些问题的认识仍可能面临适当性问题。例如，单就个体的人来讲，需要"通常不能直接看到"[1]，而且，个人是一个一体化的、有组织的整体……在有效的理论中，不存在诸如肚子、嘴或生殖器的需要，而只有这个人的需要[2]。那么，仅凭借某些现象的外在经验特征就断定某个或某些人的需要是什么可能不切实际。因为，假使可以忽略掉单纯的想象，其中至少涉及两点：一是同样的行为可能涉及不同的需要，如异性之间的性行为可能出于情爱，也可能出于物质利益，或者为二者的混合；二是作为"我们不能再追究的目标或者需要"[3]的根本需要可能是被隐藏起来的。例如，奥地利犯罪心理学学者汉斯·格罗斯（Hans Gross）曾阐述过这样的观点：无数案件中隐藏起来的来源是性，由于羞耻感，这种性的隐藏在女性中更常见，至于使性隐藏起来的形式，则包括虚伪的虔诚、倦怠、自负，等等。[4]当然，假如只看到虚伪的虔诚、倦怠或自负，我们可能难以找到隐藏于某些犯罪背后的性这个根本的需要。

　　现实是变化的，由于我们总想以自己的认识来设定现实的变化，故我们看到的往往是自己的认识而不是变化的现实。与此相关，笔者在已有的一些性犯罪研究中发现了这样一种现象，即在分析犯罪原因时，其中一个方面是将性犯罪归结为"性欲的需要→性犯罪→性欲的满足"，某些对老年人性犯罪的原因分析亦不例外。关于需要的满足，苏联学者阿·尼·列昂捷夫曾指出，需要最初只是表现为活动的条件、前提，只要主体一开始活动，它就立刻发生转化，活动越发展，它的这种前提就越充分地转变为它的结果。[5]"人们需要食物、饮料、住所、性交、睡眠和氧气"[6]，按照马斯洛的需求层次论，

　　〔1〕　〔美〕亚伯拉罕·马斯洛：《动机与人格》（第3版），许金声等译，中国人民大学出版社2013年版，第5页。

　　〔2〕　〔美〕亚伯拉罕·马斯洛：《动机与人格》（第3版），许金声等译，中国人民大学出版社2013年版，第3页。

　　〔3〕　〔美〕亚伯拉罕·马斯洛：《动机与人格》（第3版），许金声等译，中国人民大学出版社2013年版，第5页。

　　〔4〕　〔奥〕汉斯·格罗斯：《犯罪心理学：法官、法律执业者与学生手册》，夏洁、普贝琪译，江苏凤凰文艺出版社2019年版，第270~279页。

　　〔5〕　〔苏联〕阿·尼·列昂捷夫：《活动 意识 个性》，李沂等译，上海译文出版社1980年版，第140页。

　　〔6〕　〔美〕马斯洛：《马斯洛人本哲学》，成明编译，九州出版社2003年版，第46页。

性是人的基本生理需要之一。而且，"如果所有的需要都没得到满足，并且机体因此受生理需要的主宰，那么，其他需要可能变得似乎全然消失，或者退居幕后"〔1〕。简言之，在某些特定条件下，我们说涉及性欲表达〔2〕的犯罪就是为满足性这种基本的生理需求似乎具有合理性。不过，阿·尼·列昂捷夫还指出，与动物不同，人还有一些特有的需要，它们不是由生理，而是由社会决定的。〔3〕也就是说，如果将犯罪视为满足需要的一种手段，作为生理需要的性与关乎性的犯罪之间不是线性关系。因为，在人这个主体中，需要具有关联性、层级性以及贯穿此二者的社会性。需要是内隐的，至于人们在需要和满足需要的行为的关系上所"看到"的，应是在需要和反映需要的对象之间存在的、引发活动的那个动机。〔4〕基于此，笔者认为，对于"性欲的需要→性犯罪→性欲的满足"这样的关于性犯罪的原因解释，不排除可能把犯罪动机直接视为行为人试图借助犯罪而满足的那个需要。或者说，只是以犯罪动机为中间变量建立了一个有待验证或阐释的假设。值得指出的是，由于"任何看来是由生理需要促动的行为都可能有多种动机"〔5〕，以性犯罪的动机来作为犯罪人以实施性犯罪而满足的那个需要极有可能导致认识上的误区。

事物的多面与变化是人类的认识能力面临的挑战。关于该问题的解决，法国学者亨利·柏格森（Henri Bergson）曾提到过这样的思维方式，即为了克服意识不能持续地观察到几乎同时发生的事情这样一个弊端，我们就从绵延中抽出那些使我们感兴趣的瞬间，抽出我们绵延的进程中收集到的瞬

---

〔1〕 ［美］亚伯拉罕·马斯洛：《动机与人格》（第 3 版），许金声等译，中国人民大学出版社 2013 年版，第 16 页。

〔2〕 由于人们对性、性欲以及性欲表达的理解不同，除了类似强奸这样一些非常容易识别的行为以外，究竟哪些行为属于性欲表达，实际上并不是个十分明确的概念。

〔3〕 ［苏联］阿·尼·列昂捷夫：《活动 意识 个性》，李沂等译，上海译文出版社 1980 年版，第 143 页。

〔4〕 在心理学中，需要和动机是两个不同含义的概念。按照苏联学者阿·尼·列昂捷夫的观点，需要在初次得到满足之前，"不知道"自己的对象，只是由于对象被发现，需要才获得自己的对象性，而所感受的（想象出来的，思想上的）对象则获得了它激励和导引活动的机能，变成了动机。参见 ［苏联］阿·尼·列昂捷夫：《活动 意识 个性》，李沂等译，上海译文出版社 1980 年版，第 140 页。

〔5〕 ［美］亚伯拉罕·马斯洛：《动机与人格》（第 3 版），许金声等译，中国人民大学出版社 2013 年版，第 31 页。

间。[1]研究社会现象的难点是在模仿摄影机中摆脱摄影机。应当承认，着眼事物的局部和静止可以满足人类认识未知的欲望，但这绝不是说能代替事物在本来的动态与整体中所具有的真实。需要的满足是人们延续、拓展生活的前提，每个人也都试图满足自己的需要，寻找犯罪与行为人的何种需要有关，可以被认为是解释犯罪的一条路径。但是，个体的需要不仅具有隐形性，其产生与满足也以个体生活的实际状况以及个体生活的持续为条件，加之实施犯罪只是个体的生活片段，在通过需要这个视角解释犯罪时，除了借助犯罪动机回溯犯罪与个体的哪些需要有关之外，还可以考察个体的生活如何影响个体的需要与需要的满足，以及这些影响与犯罪之间可能存在怎样的关系。

　　人的需要及其满足来自生活。按照既有理论，人的需要有低级与高级的层次之分。相应地，在生活过程中，需要的满足似乎给人一种类似"爬楼梯"的直觉——由低向高而渐次发展。不过，亚伯拉罕·马斯洛指出，需要的层次集团不完全像我们可能已描述的那样刻板[2]，对于我们社会中的大多数正常人来说，其全部基本需要部分地得到了满足，同时又都在某种程度上未得到满足[3]。言外之意，人的低级与高级的不同层次的需要及其满足并非线性地依次逐级递进的，在某个特定的生活阶段，有些人可能只有低级需要且一直处于低级需要之中，有些人可能属于低级需要与高级需要并存。生活中人的需要的产生与满足是个连续的过程。至于表达这个过程的，则为生活时间的持续。由此，若着眼于人的生活时间与需要的满足的关系，我们不能简单地得出生活时间持续与人的需要的逐级满足成正比的结论。从个体的人来讲，生活时间持续的量化标签可以认为是年龄的增加。对此，要予以提及的是，假如可以认为人的需要由低向高的发展包含着人的心智成熟的过程，我们同样不能依据孔子说的"五十而知天命，六十而耳顺，七十而从心所欲，不逾矩"[4]而在一般意义上得出人的年龄愈大，人的心智愈加完善的结论。再进

〔1〕[法] 亨利·柏格森：《创造进化论》，高修娟译，北京时代华文书局 2018 年版，第 279 页。

〔2〕[美] 亚伯拉罕·马斯洛：《动机与人格》（第 3 版），许金声等译，中国人民大学出版社 2013 年版，第 28 页。

〔3〕[美] 亚伯拉罕·马斯洛：《动机与人格》（第 3 版），许金声等译，中国人民大学出版社 2013 年版，第 30~31 页。

〔4〕《论语·为政》，参见李志敏主编：《四书五经》（卷一），京华出版社 2010 年版，第 43 页。

一步推之，如果将心智状况视为个体自我控制力的要素，人的年龄变老与人的自我控制力变强之间亦无必然联系。

个体的需要和满足与个体的犯罪之间的关系存在于个体的生活中。个体之间的生活不同，个体的需要与满足及其和犯罪之间的关系也有差异。因而，单纯地在个体这个维度寻求需要的内容与犯罪之间的关系，并以此推导社会层面的一般化结论是欠缺合理性的。个体的需要产生与满足以人与人之间的关系为纽带。作为人与人之间的关系相维系的一般规则，个体的自我需要满足与个体的他者需要满足互为条件，而该情形可能导致一种结果：个体的自我需要满足的紧张。人与人之间的关系在日常生活中有各种类型，有的较为松散和随意，有的却因为各种因素而属于不可脱离的。换言之，在某些条件下，个体的自我需要满足的紧张可能在生活时间的持续中处于不可剥离的状态，加之自我需要的满足离不开个体的自身能力与外部生活环境的支撑。那么，基于实施犯罪是个体满足自我需要的一种方式，对于在老年期实施性犯罪，可以认为是个体在生活过程中的需要匮乏与替代性补偿的老龄化发生作用的结果。对此，主要可从以下两个方面阐释。

第一，成人期自我需要满足的欠缺及其在年龄老化中的累积。自我需要的满足是个体生存与发展的前提。在该角度，个体的人是自利的。但是，个体的人的自利并非无限地延伸，正如美国学者伯特尔·奥尔曼（Bertell Ollman）所讲的，即使当个体自行其是的时候，也不能摆脱对社会的依赖。[1] 人的社会性决定了个体自我需要的产生与满足是以其现实生活为限的，而此种情形又导致个体在需要的产生与满足方面应面对一个前置性的条件：个体的生活中是否存在能够对其自我需要的产生与满足做出回应的可能性。如前述，从出生到终老，人在成人期是最忙碌的。以笔者的观点，这种忙碌的核心是个体在生活中负载了多元且不可剥离的他者需要，比如围绕自身就业或家庭生活成员的。那么，为了使社会生活得以维系，人的自利与人的他利的互补就成为社会生活应当遵循的基本规则。不仅如此，就某些特定的人与人之间的关系而言，人的自利与他利的互补性除了反映在道德、法律等社会规

---

[1] ［美］伯特尔·奥尔曼：《马克思的异化理论》，王贵贤译，北京师范大学出版社 2018 年版，第 143 页。

则中[1]之外，还渗透着人类特有的、可超越社会生活规则化的情感元素。在生活自由的意义上，人对自利拥有选择的空间，也即与某种自利相对的某种他利是可以放弃的。但是，除了人们无法把握自利与他利的均衡，在正常情况下，对于承载着社会规则与情感这样双重约束的某些人与人的关系，典型的如家庭生活关系，虽然可以放弃自利，而至于他利则不尽然。否则，个体的人不仅会受到道德、法律等多重外在的责难，且还会受到来自人类情感的自我谴责。此外，应补充的是，个体为了自利而满足他利与个体自利的满足并非在所有情况下都同步实现，而基于满足自利的预期，个体往往要先行满足他利。例如，我国有研究者认为，我国老年人倾向于把自己积蓄的钱留给儿女，而很少把这部分钱当作自己的养老费用，认为自己把所有的财富花在培养子女身上，自己的养老由儿女负责。[2]显然，就如同此类观点所讲的，在我国老年人的养育儿女与赡养自己之间，存在着先给予他利以及在此之后获得自利的成分。不过，抛开对此类观点的评价，笔者认为，具体到成人期的忙碌，我们不妨将其视为对个体的自我需要的产生及其满足的挤压。诚然，个体的自我需要的产生与满足离不开他者需要的产生与满足，个体的需要亦无止境。然而，在有限的生活时间、有限的生活能力以及有限的生活环境的相互作用下，个体的自我需要在成人期受到压抑至少具备较大的现实性。由此，除了围绕吃、穿、住、行等这些维系人的生存而必备的物质需要，个体在成人期的其他自我需要的满足可能处在匮乏的状态。笔者认为，按照亚伯拉罕·马斯洛的需要层次论，该状况不仅可能造成个体的某些基本生理需要在满足上的欠缺，同时，也可能致使类似爱、自我归属、秩序、自我实现等精神需要难以满足甚至难以出现。成人期的生活具有个体差异。就其一般性而言，作为社会生活的基本构成要素，夫妻之间的家庭生活是成人期生活的重要组成。那么，若着眼夫妻之间的家庭生活，笔者的上述推论在一定程度上是存在的。例如，有研究根据内蒙古大学开展的 2017 年中国时间利用调查

---

　　〔1〕　在道德方面，如我国的传统道德提倡的"尊老爱幼"；在法律方面，如《中华人民共和国民法总则》（已失效）第 26 条规定，父母对未成年人子女有抚养、教育和保护的义务，成年子女对父母有赡养、扶助和保护的义务。再如《中华人民共和国婚姻法》（已失效）第 15 条规定，夫妻双方都有参加生产、工作、学习和社会活动的自由，一方不得对他方加以限制或干涉。此外，已于 2021 年 1 月 1 日实施的《中华人民共和国民法典》的第 26 条和第 1057 条也有与上述相同或类似的规定。

　　〔2〕　宣兆凯总执笔：《中国社会价值观现状及演变趋势》，人民出版社 2011 年版，第 191 页。

的数据指出，中国式夫妻或家庭更多的是一个生产单位，除生理需求外，经济活动和家庭生产占据了大部分之间，娱乐休闲又以看电视和休息为主，夫妻之间的互动性比较差，而且夫妻单独相处时得到的快乐低于夫妻二人与他人共处时得到的快乐，故中国婚姻关系的现状是经济功能甚于精神伴侣，生活平淡不精彩。[1]人的需要是相互嵌入的。由于这种相互嵌入，精神需要的难以满足或产生不只左右个体的成长特点，还会使个体的生理需要处于缺乏个体自身的文化调整的"失控"状态。

生活忙碌的标志是生活时间的不断消失。按照前述指出的中国国家统计局开展的两次我国居民时间利用的调查，在 2008 年的调查中，20 岁至 60 岁是人们多种社会生活叠加与个人生活重心多元相对明显的生活时间区间；在 2018 年的调查中，25 岁至 74 岁是人们多种社会生活叠加与个人生活重心多元相对明显的生活时间区间。笔者认为，该现象既表明成人期的忙碌有其生活阶段性，又表明伴随成人期的忙碌而出现的结果之一是人的年龄老化。那么，个体在成人期出现的需要匮乏也可能在这种年龄的老化中形成累积。

第二，个体需要匮乏的补偿与个体的生活老化。"人类是精神的动物"[2]，借助文化塑造人性的完美是人类特有的追求自我发展的标志，加之人既是社会生活的主体也是社会生活的客体，即便我们能够在有机体的角度对人的某些生物性需求加以明确，也应在考察人的某些行为或涉及人的某些现象时引入生活的文化过程。否则，意味着将人还原为不包含文化元素的动物。就犯罪来讲，无论在个体行为还是社会现象哪个层面，带来的损害都是其呈现于人们头脑中的一种观念。"社会危害性是犯罪所具有的一种社会属性，这种属性是犯罪得以被识别的前提。"[3]除了刑法理论，有害性同样是犯罪学研究认识犯罪的重要着眼点。例如，美国学者罗伯特·阿格纽（Robert Agnew）基于"整体定义"（integrated definition）的视角指出，可责的有害性（blame-

---

〔1〕 杜凤莲等：《时间都去哪儿了？中国时间利用调查研究报告》，中国社会科学出版社 2018 年版，第 262 页。

〔2〕 冯亚东：《理性主义与刑法模式：犯罪概念研究》，中国政法大学出版社 2019 年版，第 105 页。

〔3〕 冯亚东：《理性主义与刑法模式：犯罪概念研究》，中国政法大学出版社 2019 年版，第 128 页。

worthy harms)[1]共存于所有社会与所有时代。[2]犯罪源于具有整体特征的社会生活。因而，在犯罪现象的研究中，"核心特点的辨别是至关重要的，因为其为犯罪学家们提供解释和控制犯罪的搜寻方向，便于他们在犯罪的解释和控制方面创造更好的思想"[3]。在现代法治社会，法律的意义应是为社会的良性可持续发展提供可遵循的明确规则。具体到刑法，"无论是依靠自己的政策还是和其他政策相结合，均是必要且有效的预防不法行为的手段"[4]。预防犯罪是刑法的属性。那么，如果以刑法的预防性为视角，犯罪这个概念不仅反映具有价值判断特点的否定性社会评价，还贯穿着可衔接于促进社会发展的文化实践。同样，作为服务于预防犯罪的犯罪解释，即使再强调以经验事实为基础，也需将犯罪解释的意义——促进社会发展设置为理论假定的初始点。

　　社会发展的目标是多元的，在社会的创造者——人的发展角度，若借鉴亚伯拉罕·马斯洛的需要理论，可将社会发展的目标简要概括为："所谓良好的社会或健康社会，就是通过满足其成员的所有基本需要来促使他们最高目的出现的社会。"[5]在社会角度，以个体在满足自我需要的过程中应当遵循的权利和义务相称规则为参照，可以认为，犯罪是由人实施的以侵害他者需要而满足自我需要的行为。相应地，犯罪人侵害的他者需要与其自身的需要匮乏之间似乎给人一种相均衡的直觉。就刑法文本来看，这种认识似乎合理，因为表达罪刑关系的刑事法律规范描述的就是犯罪行为与所侵害的权利的关系。然而，若着眼于刑法文本之外的现实生活，上述认识多少有些片面。因为，一方面，刑法予以保护的利益只是立法者本着促进社会发展的预期，凭

---

　　〔1〕　依笔者理解，罗伯特·阿格纽所说的"可责的有害性"是以人们对犯罪予以评价的价值标准为前提的，也即所谓"观念中的犯罪"。事实上，这种含有建构主义元素的认识视角在某种程度上与我国学者冯亚东的观点有其一致性。如冯亚东指出，社会危害性并非人类行为中天然的属性，它只是人们基于自己的利益和感受对行为做出的负价值的评价。参见冯亚东：《理性主义与刑法模式：犯罪概念研究》，中国政法大学出版社2019年版，第125页。

　　〔2〕　Robert Agnew, *Toward a Unified Criminology: Integrating Assumptions about Crime, People, and Society*, New York: New York University Press, 2011, p.40.

　　〔3〕　Robert Agnew, *Toward a Unified Criminology: Integrating Assumptions about Crime, People, and Society*, New York: New York University Press, 2011, p.40.

　　〔4〕　[英]安德鲁·阿什沃斯：《刑法的积极义务》，姜敏译，中国法制出版社2018年版，第40页。

　　〔5〕　[美]亚伯拉罕·马斯洛：《动机与人格》（第3版），许金声等译，中国人民大学出版社2013年版，第34页。

借立法技术对现实社会生活的梳理、浓缩、抽象与转化；另一方面，犯罪主体在生活中时时刻刻与自身以外的所有人（包括集体与国家）发生千丝万缕的联系，进而形成错综复杂的社会关系[1]，行为人通过犯罪获取的利益可能带有集合了多种需要的综合性。因此，在犯罪解释方面，以刑事法律的文本倒推犯罪人实施犯罪是因为哪些需要出现了匮乏，却是不尽合理的。当然，还要予以补充的是，在经验研究中，犯罪解释面对的犯罪事实是经过司法程序过滤的，而司法是"对犯罪前提进行成体系的、概念化的加工和安排"[2]，则以这些犯罪事实为研究样本究竟在多大的程度上能反映立法的原意可能还有一定的不确定性[3]。

文化的渗入使得人的需要变得光怪陆离，对人的需要与关乎人的现象之间关系的文化解读也可能丰富多彩。然而，基本需要的满足在人发展中的前置性却可为考察某些社会现象提供下列以彼此嵌入为特征的基本线索：一是人的基本需要中存在匮乏性需要[4]；二是匮乏性需要为全人类所共有，匮乏性需要应当得到很好的满足，然后真正的个性才能得以充分发展[5]；三是动力或需要奋力朝向自我消除，其唯一的奋斗目标是走向中止，摆脱自身，进入不再需要的状态[6]。简言之，假如匮乏性需要在人们的生活中存在满足的障碍，一方面，人们突破障碍以满足匮乏性需要的强度与可能性都是较大的；

---

〔1〕 冯亚东：《理性主义与刑法模式：犯罪概念研究》，中国政法大学出版社 2019 年版，第 229 页。

〔2〕 ［德］克劳斯·罗克辛：《刑事政策与刑法体系》（第 2 版），蔡桂生译，中国人民大学出版社 2011 年版，第 4 页。

〔3〕 在犯罪需要经过司法裁量的意义上，科学角度的犯罪学研究所追求和提倡的"实证"不过是研究方法处在进化阶段的产物，实质上，无论什么样的"实证"都无法获取真实的犯罪现象与犯罪解释，至于所提出的犯罪预防或犯罪控制的理论策略，至多限于有待实践验证的理论层面。

〔4〕 按照亚伯拉罕·马斯洛的观点，匮乏性需要的本质是有机体的亏损，为了健康是必需填满的，且这种填满必需由其他人从外部填充，而非由主体自己填充。参见 ［美］亚伯拉罕·马斯洛：《需要与成长：存在心理学探索》（第 3 版），张晓玲、刘勇军译，重庆出版集团、重庆出版社 2018 年版，第 27 页。依笔者的理解，亚伯拉罕·马斯洛所说的匮乏性需要应当属于人作为有机体而必备的生理需要，因为如亚伯拉罕·马斯洛指出的，并非所有的生理需要都是像性、排泄、睡觉和休息这样的匮乏性需要。参见 ［美］亚伯拉罕·马斯洛：《需要与成长：存在心理学探索》（第 3 版），张晓玲、刘勇军译，重庆出版集团、重庆出版社 2018 年版，第 32 页。概言之，笔者认为，在人的健康发展角度，可将亚伯拉罕·马斯洛所讲的匮乏性需要归结为四个特征，即生物性、必需性、依赖性以及影响人生历程的基础性。

〔5〕 ［美］亚伯拉罕·马斯洛：《需要与成长：存在心理学探索》（第 3 版），张晓玲、刘勇军译，重庆出版集团、重庆出版社 2018 年版，第 39 页。

〔6〕 ［美］亚伯拉罕·马斯洛：《需要与成长：存在心理学探索》（第 3 版），张晓玲、刘勇军译，重庆出版集团、重庆出版社 2018 年版，第 35 页。

另一方面，匮乏性需要长期得不到满足会导致人们的个性发展残缺，从而影响到对认识与行为的自我调节。如前述，人们在成人期的忙碌不仅挤压了个体的自我需要及其满足，同时也会在个体的年龄老化中形成需要的匮乏及其累积。在生活过程中，人的"生活圈"是变化的，人在成人期的忙碌状态也不是一条直线。例如，根据中国国家统计局开展的两次对我国居民时间利用的调查，在2008年，60岁约是一个人宽松地拥有个人活动时间的开始；在2018年，人们在75岁之后开始拥有个人活动的时间。不难发现，人们在成人期的忙碌是有节点的，而根据我国《老年人权益保障法》的界定，这个节点的年龄标签就是成为老年人。个人活动时间的增多意味着忙碌的"卸载"与生活自主性的增强。但是，根据我国已有的调查表明，成人期的人们拥有较为充分的个人活动时间可能是人们变老的同义语。所以，笔者认为，假如将自我需要的满足依赖于需要主体的自我选择作为前提，随着支配生活时间的自由度增大和与之同步的年龄老化程度的提高，为匮乏的自我需要寻求补偿的机会可能成为身处老年期的个体的重要生活特点。年龄的延展标注着人作为生物机体和社会生活主体的双重历程，由人的年龄老化引发的后果往往也呈现于由人的生物性以及社会生活所衍生的诸多方面。其中，包括个体的生活能力减弱与个体的"生活圈"缩小。个体自我需要的满足取决于其自身的生活能力与生活环境，尤其是匮乏性需要的满足更有赖于个体与其生活环境的交流过程。由此推论，对于年龄老化程度较高的个体而言，在匮乏的自我需要的补偿与由其生活能力和生活环境提供的可能性之间存在着紧张关系，具体到犯罪，则可视为个体为消除这种紧张关系而采取的一种方式。

性隐于人又散于人，故性的意义所指带有人的主观建构色彩。就行为的驱动角度来看，人们通常意识到的是性欲，而性欲在生活中的若现若离自然激发了人类认识自身行为的欲望。如英国学者罗杰·斯克鲁顿（Roger Scruton）所讲的，那些认识到人类行为具有独特特征的人可能会试图在欲望的种种表象中寻找人类性欲的根本现象。[1]不过，一个随之而来的，与笔者在前述的引用相近的问题是：人不吃饭会饿死，人不释放性欲会怎样呢？在社会层面，可能没有谁能够就这个问题给出明确答案。因为，人的生活不可能单纯地由

---

〔1〕〔英〕罗杰·斯克鲁顿：《性欲：哲学研究》，朱云译，南京大学出版社2016年版，第19页。

满足性欲构成。人的性欲与表现于外的人的性行为之间的关系是隐形的，在某些文化观念的抑制下，这种隐形更为突出。所以，研究性问题的前提是找到可以经验化的事实参照物。关于性欲与性行为，亚伯拉罕·马斯洛在人的需要的角度曾指出，性行为与有意识的性欲所暗含的无意识的目的可能是极为复杂的……在意识里，所有这些人的性欲可能有着相同的内容，而且他们可能都会错误地认为自己追求的仅仅是性满足……但是，我们现在知道这并不正确……我们也懂得，认真对待性欲和性行为从根本上所代表的东西、而不是该人在意识中认为它们所代表的东西，对于理解这些人是有益的。[1]建立理论或观念无法回避在其之上的假定。着眼人的发展，美国学者亚伯拉罕·马斯洛完善了人本主义的需要理论。然而，人本主义并非强调对人的物化和人独立于社会之外，而是强调在人的社会性的基础上发展人性。因此，笔者理解，即使亚伯拉罕·马斯洛认为性属于人的匮乏性需要[2]，在人的意识的复杂作用中，也应在社会生活的层面引领人们认识性欲与性行为的产生及其社会意义。反之，社会生活以及激发性欲产生的社会生活元素也应作为考察性行为的出发点。行文至此，可能有观点会得出这样的结论：除了获取维系生命的物质，性的需要也有可能因人们的生活忙碌而被抑制在自我需要之列；当个体支配自身生活的自由度增大时，性这种匮乏性的需要就变为优势需要，并进而增强了其本身对行为的驱动程度，象征个人生活自由的老年期自然成为释放性能量的一个高发期，包括性犯罪的实施。但是，在既有理论内，上述结论至少面对两点质疑。一方面，匮乏性需要的满足通常是短暂的、有顶点的，常见的模式是，始于一种鼓动、激励的状态，进而引起针对目标的动机行为，且在欲望和兴奋的作用下稳步上升，最终在成功和完成的刹那达到顶峰，而后从欲望、兴奋和快乐的曲线高峰处急剧下落到没有紧张、缺少动机的平稳状态。[3]也就是说，对于性这种可以短暂满足的匮乏性需要，一个成年人为什么会一直压抑到几十年之后才会释放。退一步讲，即使是压抑了

---

〔1〕 出于篇幅的考虑，笔者引用的是亚伯拉罕·马斯洛阐述的性欲与性行为之间关系的部分观点。关于较为详细的论述，可参见［美］亚伯拉罕·马斯洛：《动机与人格》（第3版），许金声等译，中国人民大学出版社2013年版，第6页。

〔2〕 笔者关于亚伯拉罕·马斯洛主张性是人的匮乏性需要的引文，可以参见前文注释。

〔3〕 ［美］亚伯拉罕·马斯洛：《需要与成长：存在心理学探索》（第3版），张晓玲、刘勇军译，重庆出版集团、重庆出版社2018年版，第38页。

几十年再释放性欲有必然性，就必须以侵犯他人为途径获取满足吗？另一方面，完全健康的、正常的、幸运的人是没有性、饥饿、安全、爱、自尊或特权的需要的，只有在意外出现的具有短暂威胁时，它们才会出现。[1]换言之，在我们认可性需要的出现有其必然性的同时，还应认可性这种低级需要缺失于某些高级需要的调节与控制。进一步讲，如果我们接受性犯罪就是基于性需要的观点，我们同样也要接受这样的结论：犯罪人的某些高级需要没有得到满足或其需要结构有残缺。

人具有生物体的特质，但人的性需要并非呼之即来；社会生活对性需要的唤起，以及个体对这种唤起的自我调整是决定性需要能否成为驱动人的行为的优势需要的关键要素。综合上述两点质疑，笔者认为，个体在成人期压抑的不是性需要，而是附随于能够唤起性需要的一些社会生活元素，如情爱、婚姻、异性的相互吸引与尊重、夫妻间的恩爱等，以及在人的生理需要的基础上逐步产生的安全、爱、自尊以及自我实现等作为人需要自我完善和发展的其他基本需要。在老年人实施的性犯罪中同样也存在类似的例子。例如，"中国青年网"转载的一则资料报道了这样一个案例：蚌埠市五河县农村78岁的张某，因儿女都在外打工，经常遭受妻子的打骂，忍无可忍又苦于年龄大了不能自食其力，于是想把自己弄进监狱，便在2011年9月的一个下午，对独自一人在家的智障妇女乔某进行非礼，后被五河县法院判处强奸（未遂）。[2]再如，"中国青年网"在2017年转载的一则报道登载了这样一则案例：64岁的崔某在安徽某地探访儿子期间，在附近看到一名智力有障碍的少女，便将其骗至无人处强奸，崔某在落网后叙述说，自己感受不到亲情温暖，太孤单才会心生歹念。[3]个体的自我需要的满足依赖自身的生活能力与生活环境。但作为支配生活的内在动力，生活的延续反过来又使个体的自我需要满足依赖一定的生活时间，即使是要想在简单的性交中获得快感也是如此。如荷兰学者耶尔多·德伦特（Jelto Drenth）指出，性高潮不是自动来的，如

---

〔1〕　［美］亚伯拉罕·马斯洛：《动机与人格》（第3版），许金声等译，中国人民大学出版社2013年版，第33页。

〔2〕　《78岁老人玩强奸只为坐牢》，载中国青年网，http://www. youth. cn/wrzn/xtm/201112/t20111213_1808746. htm，最后访问日期：2019年8月10日。

〔3〕　朱丹、臧晓松：《六旬空巢老人多次强奸智障少女　被抓后哭诉自己一生孤苦》，载中国青年网，http://news. youth. cn/sh/201706/t20170613_10055462. htm，最后访问日期：2019年8月10日。

果一个男人或一个女人希望有令人欢快和满意的性生活的话，他们必须弄懂自己如何才能掌握性反应循环中的这个阶段。[1]所以，即使成年人在步入老年的时候拥有了更多个人活动的时间，则在补偿自我需要，甚至是进行替代性的补偿方面也是以一定的时间为代价。况且，有些被压抑的自我需要无法通过替代性的补偿获得，例如，年轻时代具有的能够使异性钟情的外貌、体型、社交，在较为封闭的生活环境中交友受限，因为经济生活水平低而难以娶亲，以及所居住区域的文化生活不发达带来的高级需要的难以产生等。因此，面对年龄老化的不可逆与补偿匮乏的需要的矛盾，对于补偿匮乏的需要的渴望度较高和心理耐挫力较弱的老年个体来讲，就有可能更容易受到外在环境因素的激发，进而采取性侵害这种无需犯罪技能而又可以获得需要补偿的极端方式。

人的意义是创造生活，生活能力的减弱和"生活圈"的缩小在某种程度上意味着人的生活趋于老化，而人的生活老化又会促动人的生活能力的减弱与"生活圈"的缩小。规则是人类在社会生活中产生的一种自我需要。作为对人与人之间的生活关系予以规则化的结果，人类自己构造了犯罪这个规则化的概念。然而，由于人类在创造生活的同时也被生活所创造，规则中的犯罪概念对现实生活的捕捉暴露了人们的现实生活状况与人们实施犯罪之间存在的某些内在关系。犯罪源于社会生活，社会生活创造犯罪，在生活老化与生活能力和"生活圈"的相互作用下，囿于其中的人们实施犯罪的可能性以及犯罪的类别也发生变化。人的生活自由是人的自我需要满足的重要条件，而"在真正的自由选择下，成熟的或更健康的人不仅重视真、善、美，而且也重视退行、生存和自我平衡的价值"[2]。人的生命历程既是一条直线也是一个圆，作为生命历程中的一个特殊生活阶段，"老"既接近人生的终点也接近人生的起点，人的内在需要层级由此会出现一个在低级与高级之间进行彼此整合、衔接并追求完整的循环过程，那些表面上看起来只突出生理特征的性也参与着这个过程。个体的生活状况与生活能力有其内在的结构性与累积性，加之生活环境在一定时间内的相对稳定，由生活状况、生活能力与生活

---

〔1〕[荷兰]耶尔多·德伦特：《世界的渊源——女人性器官的真相与神话》，施辉业译，花城出版社2006年版，第53页。

〔2〕[美]亚伯拉罕·马斯洛：《需要与成长：存在心理学探索》（第3版），张晓玲、刘勇军译，重庆出版集团、重庆出版社2018年版，第184页。

环境共同造成的需要的匮乏都有可能在上了年纪的人群中逐渐显现出来，甚至会暴露在长期的生活被压抑、被否定的一些"对内在核心或自我的承认和表述"[1]之中，从而，维持生活需要的平衡以及对自我实现的弥补，使人的年龄老化与人对生活需要的补偿之间存在多重的紧张关系，进而易导致行为动机与行为控制的紧张，实施性犯罪则是这种紧张无法得到控制的一种结果。生活状况、生活能力、生活环境具有人与人之间的差异。那么，在生活的老化中，满足需要的紧张程度形成了群体差异，从而导致性犯罪现象也会呈现群体差异，如据笔者前述的统计分析，在我国近些年来老年人的性犯罪群体中，犯罪前为农民以及文化程度低的较多。

## 三、小结

在犯罪现象研究中，如果说犯罪现象的描述是事实基础，犯罪现象的解释[2]则是理论核心。基于产生犯罪现象的社会生活的整体性以及人与社会的统一性，在批判地认识以德国学者冯·李斯特为代表所主张的犯罪原因"二元论"的基础上，笔者认为，解释犯罪现象应着眼于对人与社会进行整体构造的社会生活。为此，在对我国当前的老年性犯罪现象的解释中，笔者引入了国外的生命历程理论研究的相关框架，并从社会状况、生活地域、老年群体这三个不同角度分析了可能影响我国老年性犯罪现象变化的主要因素群。英国学者安东尼·吉登斯（Anthony Giddens）曾指出，像社会生活的所有其他方面一样，维护一种"本体论安全"框架是普通行动者的一种持续的达成，在互动模式的生成中，共有知识需要保持互动"不出问题"，本体安全才能常规性地建立起牢固的基础，当常规基础从根本上被扰乱时，并且随之而来的

---

〔1〕　[美] 亚伯拉罕·马斯洛：《需要与成长：存在心理学探索》（第3版），张晓玲、刘勇军译，重庆出版集团、重庆出版社2018年版，第212页。

〔2〕　在已有的犯罪学研究习惯中，分析、推导犯罪现象产生的机制、规律或影响因素多被称为犯罪原因分析。这种现象在我国的犯罪学研究中尤甚。在犯罪学研究的发展史中，一些西方国家也曾基于"病因学"的说法而持有犯罪原因分析的研究模式，但一段时间以来，尤其在英语国家的犯罪学研究文献中，有一种类似于犯罪原因分析的称谓，即"犯罪解释"（解释一词的英文为 explanation）。笔者理解，以"犯罪解释"作称谓的犯罪学研究的哲理支撑来自科学角度的现象解释，即"是什么"和"为什么"。需要指出的是，虽然基于因果关系的犯罪原因分析也可被视为解释犯罪现象的产生与变化的科学研究模式，但科学本身的发展却打破了传统的线性因果认识格局，如主张复杂性的混沌研究。所以，笔者在本文中使用"犯罪解释"一词，以替代习惯意义上的犯罪原因分析。

行动者习惯的建构能力不能再吻合于他们行动的动机成分时，"危机情境"就出现了，从而影响到了人们认可的"存在性安全"，而这个"存在性安全"是由维护自我及他人的认知秩序世界和维护需要的秩序化的"有效"管理构成的。[1]简单讲，当安东尼·吉登斯所说的"存在性安全"受到威胁时，人们有可能为了维护自身生活需要的平衡而采取极端行为，包括实施以违反社会公共秩序为特征的犯罪。

犯罪是社会与人相互作用的产物，分析犯罪现象及其变化也需要着眼于社会与人的互动关系。然而，如何看待社会与人的互动关系对犯罪的影响，并从中寻找适合于研究主题的研究视角或操作性的方法却是当前犯罪学研究在发展中面临的难题。笔者基于国外关于生命历程研究的框架，提出了解释老年性犯罪现象影响因素的"沙漏滴沙"模式。按照这种研究模式，影响犯罪现象的因素最终都是对人们身边的实际生活状况的折射，并通过人们对犯罪的选择而赋予其犯罪性。那么，对于老年性犯罪现象而言，老年期也就成为聚焦犯罪影响因素的主要生活阶段，而老年期的生活特点也应成为认识老年性犯罪影响因素的最终着眼点。由此，笔者的主要研究结论是，在维持生活需要的平衡以及对自我实现的弥补这个前提下，如果在老年期的生活转折中存在着个体对生活需要补偿的多重紧张关系，特别是个体在生活老化中的基本需要缺陷与自我发展补偿的能力不足，则易导致个体的行为动机与行为控制的紧张，性犯罪的实施可以看作这种紧张无法得到年老者个体以及社会加以调整的结果。

---

〔1〕 〔英〕安东尼·吉登斯：《社会学方法的新规则——一种对解释社会学的建设性批判》，田佑中、刘江涛译，社会科学文献出版社 2003 年版，第 220~221 页。

第四章

# 老年性犯罪的预防

预防是犯罪治理的最佳策略，犯罪现象研究的最终落脚点是预防犯罪。犯罪现象的产生与变化源于社会生活的综合作用，"犯罪人在他们生活的诸多方面都倾向于具有反社会性这个事实，意味着在成功地减少犯罪方面的任何举措或许在减少犯罪方面都拥有广泛的收效"[1]。在这个意义上，我们可以将预防犯罪的过程视为对社会生活的调整过程。从我国近些年的情况看，如果以法院裁量的案件为参照，在性犯罪人的总体中，老年人群体所占的比重并不十分突出。但是，在犯罪的特征与犯罪的影响因素方面，老年性犯罪却呈现了某些特殊性，有的则反映了我国在老龄化社会的未来发展中可能潜藏的一些结构性的问题。因此，对老年性犯罪的预防不只涉及老年性犯罪在某一时期数量的或多或少，还涉及我国老龄化社会发展的某些战略布局，特别是如何更好地体现人与社会的双重发展这个现阶段的社会发展主题。

## 一、预防老年性犯罪的理论框架

预防犯罪的实践活动应具备一定的理论依据。在现实生活中，老年性犯罪是变化的。这些变化既反映社会生活的动态，也反映老年群体的内在差异。因此，为了适应社会生活的发展和老年群体的各种实际情况，预防老年性犯罪的实践活动应由相应的预防犯罪理论提供指导。当然，这也决定了预防老

---

〔1〕 Matt DeLisi & Kevin M. Beaver, *Criminological Theory: A Life-Course Approach*, Burlington: Jones & Bartlett Learning, 2014, p. 246.

年性犯罪的理论应注重以事实为依据的循证（evidence-based），从而突出自身的实践性。老年性犯罪是我国当前犯罪现象总体中的一部分，对老年性犯罪的预防不可能脱离我国整个的预防犯罪体系。那么，预防老年性犯罪的理论就应在遵循预防犯罪的一般特点的基础上体现一定的特殊性。所以，作为一种探讨，建立预防老年性犯罪的理论可着眼于由三个层面构成的框架。这三个层面包括：预防犯罪的一般性理解；预防老年性犯罪的犯罪原因依据；预防老年性犯罪的基本方法。

（一）预防犯罪的一般性理解

有关预防犯罪的一般性理解是建立预防犯罪理论、制定预防犯罪策略的基础。在我国当前的犯罪与预防犯罪研究中，对预防犯罪的一般性理解主要反映在两个方面。其中，一个方面体现在对预防犯罪的概念界定中，另一个方面体现在对预防犯罪的认识方式中。

1. 概念界定中的预防犯罪

概念中的预防犯罪是研究者对预防犯罪这种社会现象的抽象与概括。预防犯罪是一个实践性的主题。从这个角度对预防犯罪的概念性理解不仅来自理论界，还来自实务界。因而，有关预防犯罪的概念可能包含着不同角度和不同内容。例如，在《犯罪学通论》一书中，康树华认为，犯罪预防就是根据对犯罪原因的科学分析，采取有针对性的措施，割断或者削弱犯罪与其原因之间的因果关系的行为体系。[1]按照《预防犯罪导论》一书的观点，预防犯罪是根据犯罪原因和规律，探索犯罪诱发与制约因素的互动关系，调动社会各方面的力量，制定并实施恰当的对策，防止和减少犯罪的社会系统工程。[2]20世纪90年代，中国当代犯罪学界推出了《犯罪学大辞书》。在《犯罪学大辞书》中，犯罪预防是指为消除犯罪原因和条件，防止和减少犯罪发生而采取的社会性和专门性综合防治措施。[3]作为国家哲学社会科学"九五"规划重点科研项目，《中国预防犯罪通鉴》是一部较为系统地在理论与实务角度研究预防犯罪问题的著作。在该书中，预防犯罪的定义是，国家和社会针对一定社会历史时期犯罪的状况、特点、原因和条件，调动社会

---

〔1〕 康树华主编：《犯罪学通论》，北京大学出版社1992年版，第591页。

〔2〕 张滋生、汤啸天：《预防犯罪导论》，群众出版社1994年版，第2页。

〔3〕 康树华、王岱、冯树梁主编：《犯罪学大辞书》，甘肃人民出版社1995年版，第296页。

各种积极因素和可能调动的力量，采取政治的、经济的、文化的、教育的、行政的和法律的等综合手段，以遏制、减少乃至最终消除犯罪的社会防范活动。[1]

伴随预防犯罪实践与预防犯罪理论研究的扩展，在概念与概念之间进行比较成为学界分析什么是预防犯罪的一种方式。例如，张远煌基于对预防犯罪的广义与狭义的划分与比较指出，在犯罪发生之前采取的、旨在减少犯罪诱因和限制犯罪条件措施的狭义预防更符合犯罪预防的本意。[2]通过对犯罪学研究中的预防性措施或活动的特征分析，张远煌认为，严格意义上的犯罪预防是指，以消除或限制诱发犯罪的环境因素或实施犯罪的机会为目的的各种措施和活动的总称。[3]再如，通过列举我国部分学者对预防犯罪的界定，冯树梁在《中国犯罪学话语体系初探》一书中认为，这些学者界定预防犯罪的共性是，必须减少、防止、遏制、控制犯罪发生的机遇、条件和原因。[4]按照冯树梁的观点，犯罪预防包含着防患于未然、防患于将然、防患于已然三个层次。[5]进一步讲，冯树梁所说的犯罪预防的核心是防止犯罪，只是根据犯罪发生的形态，将防止的对象划分为未发生的犯罪、可能发生的犯罪以及已经发生的犯罪。在我国，除了大陆学者，预防犯罪的概念也是台湾学者所涉猎的范围。例如，在列举国外以及我国台湾地区的一些学者的观点的基础上，蔡德辉与杨士隆认为，犯罪预防指预防、控制、排除、减少犯罪行为发生及降低犯罪恐惧之较具组织性的措施。[6]在《犯罪学与犯罪预防》一书中，许福生在综合一些已有定义的基础上指出：犯罪预防系指设计那些可预防、控制、排除及降低实际发生犯罪数量与犯罪恐惧感的所有活动；这些活动不仅可着重于个人情况的改善，而且涵盖其社会与物理环境的整顿，并可在犯罪发生之事前、事中及事后进行，以达到不想犯罪、不必犯罪、不敢犯罪、不能犯罪及不再犯罪之"五不"预防策略。[7]

---

〔1〕　魏平雄等总主编：《中国预防犯罪通鉴》（上卷），人民法院出版社1998年版，第5页。
〔2〕　张远煌：《犯罪学原理》（第2版），法律出版社2008年版，第435～443页。
〔3〕　张远煌：《犯罪学原理》（第2版），法律出版社2008年版，第444页。
〔4〕　冯树梁：《中国犯罪学话语体系初探》，法律出版社2016年版，第274～278页。
〔5〕　冯树梁：《中国犯罪学话语体系初探》，法律出版社2016年版，第278页。
〔6〕　蔡德辉、杨士隆：《犯罪学》（增订7版），五南图书出版股份有限公司2017年版，第347页。
〔7〕　许福生：《犯罪学与犯罪预防》，元照出版有限公司2016年版，第22页。

概念的界定渗透着研究者的语境。在不同的语境中，"犯罪预防对于不同的人来说有着不同的含义"[1]。从已有的部分研究来看，笔者认为，在定义预防犯罪的概念方面，研究者们的共同点是把防止犯罪作为认可预防犯罪的核心，而较为明显的差异之处是对预防对象的界分程度，即就预防犯罪中的犯罪而言，是否引入了犯罪发生前与犯罪发生后的参照标准。相对于"希望能够将实践中和倡议中的所有预防犯罪措施都囊括在自己提议的体系之内"[2]的界定方式，笔者认为，以张远煌为代表所主张的预防犯罪的概念较为明确。因为预防犯罪的预防本身"排除了犯罪发生之后的各种干预或处置措施"[3]。这种界定方式与一些西方犯罪学研究者的观点较为相似。例如，布兰登·C.韦尔什（Brandon C. Welsh）与戴维·P.法林顿认为，犯罪预防指的是在违法犯罪活动还没有发生前所采取的措施，犯罪预防发生于刑事司法体系之外，与侧重刑事司法体系的犯罪控制有明显的区别，是独立于刑事司法体系的、用以减少犯罪的替代性途径，主要包括发展性预防、社区预防和情境预防。[4]

预防犯罪的对象是犯罪，认识预防犯罪无法超越对犯罪的认识。作为一类社会现象，人们对犯罪的认识涉及人们的认识视角。例如，美国学者理查德·昆尼（Richard Quinney）在回答各个时代的人们怎样和为什么制造新"犯罪浪潮"时指出，在某种程度上，这个问题的答案能够在通过建构一种现实而获得某些东西的兴趣中发现，这种建构的现实包括被激发起来的犯罪恐惧与犯罪焦虑。[5]由于在人们的视野中呈现的犯罪现象与人们的视角有关，具体到在应对犯罪的措施方面，也会得出不同的结论。法国学者迪尔凯姆就曾认为，如果犯罪是一种社会疾病，那么刑罚就是医治这种疾病的良药，如果

---

〔1〕 ［美］布兰登·C.韦尔什、［英］戴维·P.法林顿：《犯罪预防与公共政策》，冯威译，载［美］布兰登·C.韦尔什、［英］戴维·P.法林顿：《牛津犯罪预防指南》，秦英等译，中国人民公安大学出版社2015年版，第1页。

〔2〕 郭建安：《预防犯罪：中外理念之差异》，载《河北科技大学人民警察学院学报》2001年第1期。

〔3〕 张远煌：《犯罪学原理》（第2版），法律出版社2008年版，第444页。

〔4〕 ［美］布兰登·C.韦尔什、［英］戴维·P.法林顿：《犯罪预防与公共政策》，冯威译，载［美］布兰登·C.韦尔什、［英］戴维·P.法林顿：《牛津犯罪预防指南》，秦英等译，中国人民公安大学出版社2015年版，第1~2页。

〔5〕 Richard Quinney, *The Social Reality of Crime*, New Brunswick: Transaction Publishers, 2001, p. 304.

说犯罪不是一种社会疾病，刑罚也就不能以医治这种疾病为目的了。[1]再如，赫尔曼·施文丁格（Herman Schwendinger）和朱莉亚·施文丁格（Julia Schwendinger）从"批判犯罪学"（Critical Criminology）的角度指出，社会条件本身必须成为社会政策的目标，要被控制的不是个体或松散的原子个人的集合体，在这个背景下，作为社会制度标签的犯罪不是控制原子个人或预防原子行为的依据，而是调整或消除被视为整体的社会关系、社会制度的属性或社会制度的依据。[2]人们对犯罪现象的认识涉及视角的选择，因而预防犯罪本身事实上包含了人们的某些主观因素，特别是对预防犯罪价值取向的理解。例如，按照笔者在前述提到的我国台湾学者的观点，预防犯罪不仅包括减少犯罪发生的数量，还包括降低社会公众的犯罪恐惧感。

犯罪与预防犯罪都存在于社会生活之中。在正常情况下，犯罪现象仅是社会生活的一部分。按照预防本身所具有的防止犯罪的含义，预防犯罪与犯罪之间应具有对称性。言外之意，预防犯罪也不是社会生活的全部内容。然而，影响犯罪的因素是枝枝杈杈地在社会生活中相联结的。而且，如果我们看不到它们与犯罪之间的关系，这些影响犯罪的因素可能与正常生活无异。因此，虽然预防犯罪不是社会生活的全部，但对预防犯罪的理解却不能局限于与犯罪之间的对称性，而是应着眼于整个社会生活。否则，可能出现的一个消极后果就是，由于预防犯罪的实施而干扰了社会生活的正常运行。预防犯罪的最终意义是通过阻止犯罪来促进社会发展。那么，如果以社会发展为视角，可以认为，预防犯罪是社会这个组织体通过防止犯罪而重新调整社会生活的体现。具体讲，一方面，预防犯罪是社会生活的一部分，无论怎样预防犯罪，都应以社会的发展为指向，将预防犯罪融入社会发展是预防犯罪始终坚持的主线；另一方面，预防犯罪的对象不是已然的犯罪本身，而是社会生活的犯罪性与非犯罪性的关系，通过"辨识增加犯罪行为可能性的行为模式、关系与境况"[3]，进而减少社会生活产生犯罪的可能性；再者，预防犯

---

〔1〕 笔者引用的这句话是对迪尔凯姆原话的综合整理，具体可参见 ［法］E. 迪尔凯姆：《社会学方法的准则》，狄玉明译，商务印书馆1995年版，第90页。

〔2〕 Herman and Julia Schwendinger, "Defenders of Order or Guardians of Human Rights?", in Ian Taylor, et al. (eds.), *Critical Criminology*, Abingdon: Routledge, 2012, p. 136.

〔3〕 Aida Y. Hass, Chris Moloney & William J. Chambliss, *Criminology: Connection Theory, Research and Practice*, 2nd ed., New York: Routledge, 2017, p. 726.

罪的主体是代表社会这个组织体的国家，只有国家才有能力把握预防犯罪与社会发展之间的相互关系。

2. 认识方式中的预防犯罪

预防犯罪具有较强的操作性，对预防犯罪的一般性认识也受预防犯罪的操作性的影响。"三段论"[1]是我国理论界一直以来秉承的一种犯罪现象研究模式。这种研究模式的研究格局在一定意义上反映了理论界对预防犯罪操作性的某些认识。例如，在"三段论"这种研究模式中，伴随犯罪现象与犯罪原因分析之后高频率出现的一个研究术语是犯罪对策，而预防犯罪这个术语是较少出现的。也就是说，在"三段论"的研究模式中，由于犯罪对策可能被误认为更具有实用操作意义或更易得到操作性的理解，从而也就模糊了对预防犯罪的理论辨析，或者说人为地把预防犯罪包含在了外延更大的犯罪对策之中。应当说，在"三段论"的研究模式中，犯罪对策在应对犯罪的操作性上可能更具针对性。而且，预防犯罪本来也属于犯罪的应对之策。但是，由于犯罪对策是一个宽泛的概念，也就造成预防犯罪的含义在"三段论"这种研究模式中难以得到较为明确地界定。再如，与犯罪研究的"三段论"模式相对，有观点认为，犯罪对策在传统意义上包含了"打"和"防"两个方面，在性质和功能上与犯罪治理属同种属概念，但犯罪对策侧重的是直接明了的对应策略，没有明确的理论基础，它依附于原因理论，缺乏独立性，而犯罪治理有较为坚实的理论基础，与当前我国所强调的社会治理战略相契合。[2]顺便需要说明的是，在我国当代犯罪学界，犯罪现象研究的"三段论"模式是一个争论性的话题。例如，有观点曾指出，我国目前的教科书或专著，大都局限在"犯罪现象""犯罪原因"和"犯罪预防"这三段论的框架之中，这显然是不够的，需要突破、拓展和加深。[3]应当说，在批判性地认识"三段论"研究模式这个角度，主张以犯罪治理这个术语代替犯罪对策在一定程度上修正了犯罪现象研究"三段论"模式的理论缺陷，并在操作性的角度凸

---

〔1〕 所谓"三段论"，是指由"犯罪现象""犯罪原因""犯罪对策（犯罪预防或犯罪控制）"三个模块依次组合而成的表达研究成果内容的模式。

〔2〕 岳平：《我国犯罪预防理论有效性的检视与发展进程》，载《上海大学学报（社会科学版）》2014年第6期。

〔3〕 张建荣：《犯罪学若干问题初探》，载《学术交流》1997年第4期。

显了犯罪治理在社会治理这个层面的应然价值。然而，与犯罪对策这个术语一样，犯罪治理这个术语也是宽泛的，预防犯罪的含义在其中也不明确。

在社会生活中，犯罪与犯罪对策是一个不可分割的整体。也就是说，犯罪和犯罪对策都是在彼此的相互对抗中发展变化的，犯罪影响着犯罪对策，犯罪对策参与犯罪的形成过程。因此，一方面，为了体现犯罪对策本身的针对性，犯罪对策的提出需要以对犯罪现象与犯罪原因的认识为基础；另一方面，为了体现犯罪对策与社会治理的融合，犯罪对策的提出需要着眼于社会发展的特点。此外，为了体现犯罪对策对社会发展的促进，犯罪对策的提出需要注重如何应对未来犯罪的超前性。一言以蔽之，无论是在我国学术界所触及的犯罪对策的层面还是在犯罪治理的层面，事实上都面临如何理解"有罪即防"的犯罪预防。

（二）预防老年性犯罪的犯罪原因依据

犯罪原因是开展犯罪预防的重要依据，研究老年性犯罪的预防当然要基于对老年性犯罪的犯罪原因阐释。作为一类犯罪现象，老年性犯罪是由不同的具体性犯罪行为构成的。在实际生活中，影响这些具体性犯罪行为的因素可能并非整齐划一。因而，在组织实施预防老年性犯罪的过程中，对于哪些方面可以纳入预防对象，以及又如何转化这些预防对象中的犯罪性，就需要有关于老年性犯罪原因的理论解释做参照。从我国当前的研究来看，有关老年性犯罪原因的研究大多采取的是犯罪因素的列举式，而较少从整合相关因素的理论概括的角度解释老年性犯罪的原因。应当说，列举犯罪因素这样的犯罪原因研究方式可以较为直观地展示有哪些因素可能参与了犯罪现象产生与变化的过程，但可能造成的一个结果是，所提出的犯罪对策是对应于不同类别的犯罪影响因素的，而不是立足于一套较为完整的理论假设。相应地，由于缺乏较为统一的理论依据，针对某一类犯罪现象的各种犯罪对策之间也难以形成有机整体，甚至在一些犯罪对策之间出现了彼此的相互包含或相互排斥。犯罪现象产生于日常生活，影响老年性犯罪的因素是散落在日常生活中的，其中有的在表面上看起来与老年人是否实施性犯罪没有直接关系，比如年龄的大小或人际交往的情况。在某种意义上，我们认为的犯罪影响因素往往是根据所获取的犯罪事实和所设定的认识框架推导出来的。也就是说，所获取的犯罪事实与所设定的认识框架不同，所认识到的犯罪影响因素和所得出的犯罪原因的解释也会不同。根据笔者的前述分析表明，在实际生活中，生活老化中的基本需要缺陷与自我发展补偿能力不足之间的紧张性及其调整不足是影响老年个体实施性犯罪的重要原因，至于该原因，则是由三重作用关系导致的。

1. 老年性犯罪原因中的三重作用关系

（1）人的基本需要与人的生活压力之间的作用关系。人的基本需要与人的生活压力之间的作用关系是反映老年性犯罪原因的第一重作用关系。基本需要是人们在生存与发展中产生的生活欲求。按照亚伯拉罕·马斯洛的分析，笔者将人的基本需要归纳为四个特征。这四个特征包括：一是基本需要是人作为人具有的"有机体的亏损"[1]，是在满足之后会"产生有益的、良好的、健康的、自我实现的效应"[2]的生活本能；二是基本需要的满足具有必要性，"为了健康必须填满"[3]，否则会产生"有意识或无意识的渴望或欲望，以及缺失感和匮乏感"[4]；三是基本需要必须"由其他人从外部填充，而非由主体自己填充"[5]；四是基本需要与更加独立、更不易受牵制的个体的自我实现是有区别的[6]。笔者认为，根据亚伯拉罕·马斯洛的观点，可以把人在成长历程中的需要分为两大层级，即基本需要和自我实现的需要。其中，基本需要是必需的，基本需要的满足具有对外在环境的依赖性，作为自我需要实现的前提，生理需要、安全需要、归属和爱的需要、自尊的需要都属于基本需要的范畴[7]，而对于自我实现的需要，可以视为人在达到一定的成长阶段后，能够依赖自身即可获得满足的需要。

---

〔1〕［美］亚伯拉罕·马斯洛：《需要与成长：存在心理学探索》（第3版），张晓玲、刘勇军译，重庆出版集团、重庆出版社2018年版，第27页。

〔2〕［美］亚伯拉罕·马斯洛：《动机与人格》（第3版），许金声等译，中国人民大学出版社2013年版，第56页。

〔3〕［美］亚伯拉罕·马斯洛：《需要与成长：存在心理学探索》（第3版），张晓玲、刘勇军译，重庆出版集团、重庆出版社2018年版，第27页。

〔4〕［美］亚伯拉罕·马斯洛：《需要与成长：存在心理学探索》（第3版），张晓玲、刘勇军译，重庆出版集团、重庆出版社2018年版，第26页。

〔5〕［美］亚伯拉罕·马斯洛：《需要与成长：存在心理学探索》（第3版），张晓玲、刘勇军译，重庆出版集团、重庆出版社2018年版，第27页。

〔6〕［美］亚伯拉罕·马斯洛：《需要与成长：存在心理学探索》（第3版），张晓玲、刘勇军译，重庆出版集团、重庆出版社2018年版，第40页。

〔7〕关于亚伯拉罕·马斯洛对基本需要的划分和认识，可参见［美］亚伯拉罕·马斯洛：《动机与人格》（第3版），许金声等译，中国人民大学出版社2013年版，第15~25页。

基本需要是人们在生活中不可缺少和必须要满足的。然而，基本需要的满足在社会生活中却面临着一个难以克服的矛盾，就是人的自我需要的满足以他者需要的满足为条件。在这个矛盾中，基本需要满足的外在依赖性决定了基本需要的满足更要依附于对他者需要的满足。生活过程是人们满足自我需要的载体。如果生活的忙碌降低或排除了自我需要满足的可能性，不仅基本需要这个层级的需要满足会受影响，基本需要与基本需要之间还会出现在满足方面的相互挤压，从而造成基本需要这个层级的结构失衡。例如，在维持生存的物质需要压力过大的情况下，就有可能压缩其他的生理或精神需要。对此，如国外学者指出的，"忙于谋生的人既没有时间又没有财力来举办雪利酒派对或是记录民间史诗"[1]。

（2）人的自我发展补偿与补偿能力不足的作用关系。人的自我发展补偿与补偿能力不足的作用关系是反映老年性犯罪原因的第二重作用关系。人的自我发展是不断地满足自我需要的过程。在自我需要的满足以满足他者需要为条件的矛盾中，一旦有可能，人们就会为自我需要的满足创造机会，进而对匮乏性的基本需要或自我实现的需要加以补偿。然而，人们的需要满足离不开自身能力与生活环境这两个决定性的因素。如果需要的满足与人们的自身能力和生活环境之间产生距离，就会出现自我发展在需要补偿方面的能力不足。基本需要的满足既是人们维系生活的条件，也是人们走向自我发展的通道。假如在基本需要的满足方面产生补偿能力的不足，有可能导致这样两个结果：一方面，人们进行自我调节，通过其他基本需要的满足代替匮乏的基本需要的满足，借助这种方式寻求基本需要的结构平衡，而能够实现这个过程的前提是，人们的其他基本需要是能够予以满足的；另一方面，人们降低需求的目标，以降低后需要的满足作为对以往需要的替代。

（3）人的生活老化与生活能力和生活环境之间的作用关系。人的生活老化与生活能力和生活环境之间的作用关系是反映老年性犯罪原因的第三重作用关系。人"老"的含义是多方面的。除了疾病与意外因素，可以将生活以及生活能力是否产生了退行性变化——老化视为在年龄之外衡量一个人是否变老的参照标准。老年人不仅是身体机能衰退的代表，也是生活与生活能力

---

〔1〕　［英］特里·伊格尔顿：《论文化》，张舒语译，中信出版社 2018 年版，第 45 页。

老化的代表。因此，即使上了年纪的人因生活的老化——退出部分社会生活而拥有更多的个人自由生活，进而产生获取需要满足的高峰期，在他们的需要满足与生活能力的老化之间也会产生满足需要与生活能力不足的矛盾。在人们满足自身需要的过程中，除了自身能力，生活环境是另一个决定性的因素。那么，对于老年人来说，满足自我需要的生活能力的有限使来自生活环境的支撑在需要的满足上产生了重要意义。老年人的生活老化特征是随着"老龄生活圈"的变化而变化的。在这种变化中，所出现的一个共性的特征是，生活环境主要表现为以居住生活为中心而展开，家庭和所在的居住区域是构成老年人生活环境的两个重要方面。因此，在老年人的自身能力有限的条件下，如果家庭以及所在居住区域难以满足年老者的需求，尤其是基本需求，年老者实施代偿行为的可能性就会增强，而围绕生活在家庭或居住区域中的人，特别是接触频率较高的人都有可能成为寻求代偿的对象。

2. 老年性犯罪原因中的性犯罪风险聚合

老年性犯罪原因的最终形成是个系统运行的激发过程，这个激发过程与老年生活含有的性犯罪风险有关。人是个有机体，性是人这个有机体的组成部分。对于生理机能健全的成年人来说，性欲的唤起与性欲的满足是人体基于性欲这种匮乏性需要的必然反映。需要的产生与满足是人体系统的一个反馈过程，当人们"感到欲望、希望、渴望、愿望缺乏时，便会产生动机"[1]，从而采取他们认为可以满足需要的行为。性犯罪是以满足性欲为动机的，这种动机类型在强奸犯罪中表现得尤为明显。那么，在"需要→动机→行为"这种认知模式中，我们有时很容易把以性欲的满足为动机的性犯罪视为犯罪人是在满足性欲这种生理需要。可以说，这种对性犯罪的认识方式在日常生活中是较为常见的。然而，一个有意识的欲望或一个有动机的行为可能起到渠道的作用[2]，在人具有结构性的需要层级中，表面上出于满足性欲的动机行为可能不只是出于性欲，也许还可能是为了获取生活资料或自尊等。例如，有观点曾这样指出，除了减轻性张力（sexual tension）或满足性欲（sexual

---

〔1〕［美］亚伯拉罕·马斯洛：《需要与成长：存在心理学探索》（第3版），张晓玲、刘勇军译，重庆出版集团、重庆出版社2018年版，第27页。

〔2〕［美］亚伯拉罕·马斯洛：《动机与人格》（第3版），许金声等译，中国人民大学出版社2013年版，第6页。

desire)，性行为（sexual activity）可以服务于许多功能。[1]生物性与社会性的统一是人的属性，而生物性与社会性的统一决定了人的生理需要不可能在人的需要结构中脱离人的社会性而存在。同样，在我们通过人们的行为推测人们的内在需要时，也不能将某些生理需要单独地挑选出来。基本需要的满足是人们维系生活与获得自我发展的重要条件。假如可以把犯罪的实施看作是犯罪人为了满足自我需要，预防犯罪的开展就应当首先要准确地找到这些需要是什么，然后再予以合理地引导、调整或满足。人这个进化的有机体拥有真切地显现于一定文化背景中的精神属性的群集。[2]因此，笔者认为，由于存在着犯罪动机这个中介，在认识作为一种需要的性欲与性犯罪之间的关系时，不能简单地采取"性欲→性犯罪"这样一个线性的认识方式。这一点对于认识老年性犯罪极其重要，因为与其他年龄段的成年人相比，老年群体的社会化经历是最长的。也就是说，如果单纯把性欲作为老年群体通过性犯罪来满足的需要，就意味着可能回避了老年群体的生命历程这个凸显人的社会性的变量，同时也造成难以发现老年性犯罪与其他年龄群体的性犯罪的某些内在差异。作为一个系统，老年性犯罪的原因不是各种因素的拼接，而是借助某种机制联结相关因素的有机整体。而且，只有将老年性犯罪的原因作为有机整体，对老年性犯罪的预防才能在与其他各种预防犯罪资源的衔接中保持自身的特殊性。所以，笔者认为，在认识老年性犯罪原因形成的过程中，除了聚焦于个体的人的某些因素之外，老年生活这个视角是不能忽略的。在一定意义上，可以认为，是含有性犯罪原因风险的某种老年生活激发了老年性犯罪原因这个系统。

老年生活是人的生命历程的一个阶段，这个阶段是由老年人以往的生活过程与老年期的生活特点共同塑造的。在人的一生中，"生命历程紧紧地联结着特定年龄（阶段）的社会角色，年龄规则影响着这些角色的进退"[3]。伴随老年期的到来，人们的生活发生的一个明显改变是生活模式的转换。通过

---

[1] Donald A. Bloch, "Sex Crimes and Criminals", *American Journal of Nursing*, 53 (1953), p. 440.

[2] Tony Ward, "The Explanation of Sexual Offending: From Single Factor Theories to Integrative Pluralism", *Journal of Sexual Aggression*, 20 (2014), p. 133.

[3] Leslie A. Morgan & Suzanne R. Kunkel, *Aging, Society, and the Life Course*, New York: Springer Publishing Company, 2011, p. 82.

笔者对老年性犯罪原因的三重作用关系的分析，不难发现，在老年期的生活转换中，至少存在三类可能引发老年人为补偿匮乏性需要而实施代偿行为的因素。这三类因素包括：有待满足的基本需要的积聚；以个人生活选择为特征的生活自由度的扩大；匮乏性需要的补偿与补偿能力有限之间的矛盾。代偿行为的实施表明的是行为人试图满足某种匮乏性需要的强烈欲望。那么，在缺乏对老年生活的适应以及补偿匮乏性需要的强烈欲望的双重作用下，老年人为补偿匮乏性需要所实施的代偿行为就有可能与社会规则的限制产生冲突。由此，或可推论，在犯罪人的理性选择这个角度，老年人以侵犯他人身体的性交方式满足性欲的行为同时含有这样三种情况：一是性欲或依附于表达性欲的生活内容难以借助其他方式得到释放；二是其他与生活密切相关的基本需要严重匮乏，无法对满足性欲这种动机发挥调节作用；三是由实施性犯罪所满足的需要比由实施性犯罪造成的需要缺陷更为重要。性行为是客观描述一个人与谁或与何物实施性活动。[1]然而，我们在考察人的性行为时，却不能只看性行为的事实。由于人们有意志的行为都含有一定的生活意义，人们所实施的性行为至少隐含着行为人对性的生活意义及其表达方式的个人认同，也就是含有人们自身对性的生活化而形成的"性情结"。那么，如果对应上述提及的老年人实施强奸可能同时含有的三种情况，对于老年人实施性犯罪，可以认为是由三类生活风险共同导致的。这三类生活风险包括：一是老年人的"性情结"滞塞，如长时间缺乏情爱或异性间的亲昵，或者存在由婚恋失利造成的难以恢复的心理创伤等；二是"性情结"失调，如长时间的生活寂寞，或个人生活情感无所依恋，或者个人生活的精神枯燥等；三是以个人生活为重心，主要表现为，以注重他人与社会评价为特征的规则化的生活方式在生活需求中退居其次了。基于上述导致老年性犯罪的三类生活风险，可以进一步将老年性犯罪的原因简单概括为，在以个人生活为重心的老年生活方式中，基本需要的结构性缺陷使老年人将偏差的"性情结"作为补偿生活需要的主导策略。当然，需要指出的是，关于性犯罪的参与因素，已有的一些研究提到了某些生理性的缺损，例如，"性犯罪整合理论"（integrated theory of sexual offending）认为，脑功能或脑结构出现缺损的神经心理学的因

---

〔1〕 ［英］B. 卡尔：《人类性幻想》，耿文秀等译，华东师范大学出版社 2016 年版，第 45 页。

子是性犯罪发生的三个因子之一。[1]以通常的情况看，与其他成年人群体相比，疾病多发或并发以及器质性病变是老年群体较为典型的特征。那么，某些带有老年生理特征的因素也有可能影响老年人实施性犯罪，已有的研究也指出了类似问题。例如，有研究从精神病学的角度指出，老年精神疾病性犯罪与脑部退化性疾病有关，在有性冲动时，皮层下活动控制能力差也是导致性犯罪的一种因素。[2]此外，刘白驹也指出，部分器质性精神障碍患者，如麻痹性痴呆、老年性痴呆患者，可有性欲亢进或性欲复燃的表现，在此基础上，由于智能衰退、道德意识下降，可能出现强奸行为，而这些患者多为年迈之人，行动力差，所以很少袭击成年女性，而多以幼女为侵害对象。[3]在日常生活中，性是隐形程度较高、扩散性较强的生活元素。所以，对于性犯罪的研究，人们最容易去捕捉的往往是感知度较高的一些特殊方面。身体机能的衰退是老年人的特征，从身体机能衰退的角度认识老年性犯罪的影响因素具有针对性。不过，笔者认为，除了事实中的性行为本身，不可忽略的是，性犯罪中性行为的本质是侵犯他人。以此为视角，在探究老年性犯罪原因的过程中，更应需要挖掘的是哪些生活因素导致老年群体通过实施性犯罪而中断了正常的老年生活。

（三）预防老年性犯罪的基本方法

将抽象的理论转化为指导实践的方法，是预防老年性犯罪的理论研究与预防老年性犯罪的实践相衔接的重要环节。预防犯罪的过程是对现实社会生活的调整过程。在这个过程中，基于预防取向与预防规划，预防犯罪既需要对各种预防环节与预防资源进行统一协调，还需要结合实际情况灵活地确定预防内容与预防方式。笔者的分析表明，我们不能将我国当前的老年性犯罪视为单纯的犯罪现象，而应看作老龄化社会发展中的某些潜在问题的反映。随着我国老龄化社会的发展和老年群体的不断扩大，老年生活的多样性与由此引发的问题可能愈发明显。这种情形决定了对老年性犯罪的预防不是暂时的。因此，为了适应预防犯罪本身的特点、老年性犯罪的动态以及预防老年性犯罪的持续，就有必要使理论概括走向带有指导意义的、能产生具体的操

---

〔1〕许福生：《犯罪学与犯罪预防》，元照出版有限公司2016年版，第444页。
〔2〕王诗元等：《老年精神疾病与犯罪（附62例临床分析）》，载《中国老年学杂志》1996年第3期。
〔3〕刘白驹：《性犯罪：精神病理与控制》（增订版·上），社会科学文献出版社2017年版，第281页。

作方法这个层级。而且，提供理论上的操作方法也有利于为预防效果评估提供方向性的检验依据。在应然层面，预防老年性犯罪的方法应当是一套较为完整的理论工具体系。限于占有的资料和理论研究的合理程度，笔者仅依据对老年性犯罪原因的理解，侧重于在预防内容和预防方式这两个能够贯穿整个预防过程的基本方面加以探讨。

1. 预防内容

预防内容是预防犯罪的指向性的构成要素，它所标明的是预防犯罪活动的明确。在社会规则的范畴内，犯罪现象的出现是行为人与社会生活之间的关系发生异化的表现。预防犯罪的过程就是通过改变人们与社会生活之间的某些作用关系，进而中断存在于某些社会生活之中的引发犯罪的可能性。在这个意义上，由于人既能创造社会生活又能为社会生活所塑造，那么，预防犯罪中的预防内容事实上是对人们可能包含犯罪性的生活而言的。犯罪的实施体现的是犯罪人的一种社会生活，而需要的产生及其满足是人们维系与拓展社会生活的内在动力。根据这个假定，在前述考察老年性犯罪原因的过程中，一方面，笔者以个体为中心，采取"剥洋葱"的方式，分析了性犯罪的实施可能与人们的哪些内在需要有关；另一方面，笔者以个体的生活为中心，以生活因子的犯罪吸附为切入点，分析了性犯罪的实施可能与老年群体的哪些生活有关。总体上讲，在人们与社会生活的作用关系中，老年性犯罪现象的产生主要涉及依次相连的四个方面。这四个方面包括：一是人们在进入老年期之前的基本需要缺陷积淀到了老年期；二是人们在老年期补偿基本需要的能力不足；三是老年生活出现了"性情结"滞塞与失调；四是以个人生活为重心的生活特点在老年生活中的凸显。针对上述四个方面，笔者认为，按照作用于老年性犯罪的先后顺序，可以将人们含有老年性犯罪的犯罪性的生活分为四类，这四类生活包括：基本需要满足呈现缺陷的老年期之前的成人生活；基本需要满足严重不足的老年生活；"性情结"存在障碍的成人生活；"老龄生活圈"较为封闭的老年生活。那么，在一定意义上，预防老年性犯罪中的预防内容也可以围绕这四类生活展开。

（1）基本需要满足呈现缺陷的老年期之前的成人生活。需要的产生和满足与人们的生活特点有关。通常情况下，进入老年期之前的成人期是人们扩展生活的高峰阶段。在这个阶段，人们不仅会产生各种需要，还希望在每一重基本需要的满足上达到自我发展的完美境界。但是，如果人们在成人期存在生活压力大或生活紧张的情况，往往会忽略或压制那些得不到满足却暂时不影响正常生活的基本需要，如身体的健康、生活观念的调整、婚姻的幸福、家庭的和谐，等等。人们的生活伴随人们的年龄增长而循序渐进，人们的基本需要满足也是如此。所以，如果成人期的某些基本需要得不到持续地满足，就会积累到老年期，从而为老年期的人们满足基本需要制造潜在的压力。

（2）基本需要满足严重不足的老年生活。基本需要的产生附随于生活情境。在人们的生活特点发生变化的过程中，基本需要的产生会发生变化，但基本需要本身不会消失。老年期的基本需要是人们进入老年期之前未完全满足的基本需要与在老年期新出现的基本需要的叠加。这种情形不仅使老年期有待满足的基本需要的内容增多，也更加强烈地刺激着老年期的人们满足基本需要的欲望。基本需要的满足具有必要性和外在依赖性。如果人们在老年期的基本需要持续地难以满足，就会造成老年生活出现基本需要的严重不足，从而导致一些老年人为寻求基本需要的满足而采取自认合理的行为。

（3）"性情结"存在障碍的成人生活。人的性欲是通过附着生活元素的"性情结"的形式表现的，"性情结"存在限制性欲释放的障碍是影响老年人以性犯罪的方式满足基本需要的重要因素。进入成人期以后，社会生活逐渐开始接受人们对性欲的满足，并将性欲的满足作为成人生活的一部分，典型的例子就是允许异性之间公开且合理地谈婚论嫁。"人类的性欲的载体是身体的多种器官，而不仅集中于生殖器官"[1]，那么，人类性欲的满足方式也可能多种多样。例如，按照李银河的介绍，普拉莫曾将人类的性宣泄途径概括为30种。[2]潘绥铭等则指出，男性与不同性质的性伴侣过性生活的时候，会采用不同的性行为方式。[3]此外，随着人们生活的延续与"生活圈"的扩大，承载性欲的"性情结"会不断添加各种生活元素，甚至融于某些普通生活场景。例如，法国学者让·鲍德里亚（Jean Baudrillard）在描述女时装模特时就曾指出，身体，尤其是女性的身体，特别是时装模特这种绝对范式的身体，

---

[1]　李银河编：《性学入门》，上海社会科学院出版社2014年版，第31页。
[2]　李银河编：《性学入门》，上海社会科学院出版社2014年版，第55页。
[3]　潘绥铭、黄盈盈：《性之变：21世纪中国人的性生活》，中国人民大学出版社2013年版，第340页。

构成了与其他功用性无性物品同质的、作为广告载体的物品。[1]对于老年人的性欲满足问题，有观点曾主张，就老年人而言，要扩展对性的定义，性不仅仅是性交，其他类型的性活动倒可能更令人满意，如爱抚、拥抱、性信息等。[2]与此类似，有研究还指出，老年人中的性是广义的，包括将触摸、握手、拥抱（embracing）、搂抱（hugging）、接吻作为性体验而非只是性交。[3]简言之，包括老年期在内的成人期的"性情结"是复杂的。由此，在成人期的"性情结"出现限制性欲满足的障碍性因素方面，也可能多种多样，包括进入到老年期之后。不过，如果从成人期较为稳定的与"性情结"有关的生活来看，无配偶或伴侣，以及在配偶或伴侣间长期缺乏令人满意的性交流，可能是一部分老年性犯罪者的主要"性情结"障碍，尤其是性驱动较强，以及犯罪意图易受外在条件激发的那些老年性犯罪者。

（4）"老龄生活圈"较为封闭的老年生活。社会生活具有规则化的特点，人们对规则化的社会生活的体验取决于人们参与社会生活的广度与深度。由部分社会生活的退出带来的"生活圈"的缩小是老年生活的主要特点。由于老年期的"老龄生活圈"的缩小，老年人对规则化的社会生活的体验也逐渐缩小到以家庭和自身为中心。社会生活是不断发展的，而相对于社会生活的发展，老年人对规则化的社会生活的体验却可能仍局限于以往的生活经历。也就是说，存在于老年生活中的一种"天然"缺陷是，老年生活与发展中的规则化的社会生活相脱节。"老龄生活圈"的缩小具有人与人之间的差异性。对于一些"生活圈"本来就大的人们来说，即使"老龄生活圈"缩小了，也不完全意味着对社会生活规则的体验与认识就明显减弱了。反之，对于那些"生活圈"本来就不大的人们而言，"老龄生活圈"的缩小意味着与规则化的社会生活之间的距离更大了。上述两种情形的差异典型地反映在城市老年群体与农村老年群体之中。所以，在"老龄生活圈"的普遍缩小中，我们还应认识到存在着"老龄生活圈"趋于较为封闭这种情形。这种情形在日常生活

---

〔1〕 ［法］让·鲍德里亚：《消费社会》，刘成富、全志钢译，南京大学出版社2014年版，第126页。

〔2〕 Jerrold S. Greenberg 等：《人类性学》（第3版），胡佩诚主译，人民卫生出版社2010年版，第395页。

〔3〕 Susan Mary Benbow and Derek Beeston, "Sexuality, Aging, and Dementia", *International Psychogeriatrics*, 24 (2012), p. 1027.

中的主要表现是，老年人注重以个人生活为重心，疏离于对某些生活规则的认同。相应地，当出现某些生活需求的冲突时，一些老年人可能习惯地回避对某些生活规则的权衡，而只是倾向于选择能够满足自身需求的行为方式。在这个意义上，老年人实施违背道德规则与法律规则的性犯罪就是突出的例子。

2. 预防方式

预防方式是预防犯罪的规则性的构成要素，它所标明的是预防犯罪活动的有序。老年人不是老年生活阶段的老年人，而是生命历程中的老年人，生活过程的延续是考察老年人问题的主线。老年性犯罪是老年人与生活环境共同作用于老年生活的产物，而预防老年性犯罪就是追寻覆盖在老年生活中的某些生活风险。关于在多重风险因素的出现与生活时间延续这个角度的犯罪预防，国外研究者曾提出过"发展路径"（developmental pathways）这个模式。这个模式的主要意思是说，生活经历不只在人们周围的生活环境这个层面发生改变，还在个体这个层面发生改变，通过分析这些改变的过程，预防策略与项目要着眼于在生活中出现的各种关键转换点中存在的多重风险因素。[1]"发展路径"这个模式的立足点是犯罪的文化性与结构性根源对个体风险的作用。[2]进一步讲，按照"发展路径"的模式，宏观的、深层的社会因素对犯罪的影响是通过人们的具体生活表现的，个体的人的生活最终承载着犯罪的社会因素与个体因素的作用关系，而这种关系中的犯罪性隐藏于个体的人的生活变化所带来的风险中，预防犯罪的重点就是人们在生活转换中是否可能存在风险以及可能存在何种风险。在人们的生活中，生活转换的时间阶段、形式、内容、后果有所不同。如果以人的整个生命历程为角度，以生活转换对人们生活的影响度大小为标准，可以认为，进入老年期是一个重要的生活转换阶段。笔者的前述分析表明，老年性犯罪的形成是人们在成人期的一系列生活过程的相互衔接与相互作用。在时间阶段的划分上，这些生活过程既涉及老年期之前的成人生活，也涉及老年期之后的老年生活。经过这两类生

---

〔1〕 Aida Y. Hass, Chris Moloney & William J. Chambliss, *Criminology: Connection Theory, Rresearch and Practice*, 2nd ed., New York: Routledge, 2017, p. 728.

〔2〕 Aida Y. Hass, Chris Moloney & William J. Chambliss, *Criminology: Connection Theory, Rresearch and Practice*, 2nd ed., New York: Routledge, 2017, p. 729.

活的碰撞，性犯罪的风险最终由具有某些特点的老年生活汇聚起来。应当指出的是，在特定条件下，这些风险最终导致了老年性犯罪，而如果某些特定条件发生变化，这些风险还可能导致其他的反社会形式。简单讲，预防老年性犯罪不只是单纯地防止人们在老年期实施与性欲有关的犯罪。生活中的人们大多都会经历由年轻到年老的过程。在老龄化社会，人的持续增龄与生活的持续变化决定了预防老年性犯罪不可能只针对当下的老年人，还应包括未来的老年人。因此，笔者认为，在预防老年性犯罪的过程中，可以借鉴"发展路径"的模式，注重生命历程与老年期的生活转换对老年生活的影响，根据不同生活历程中存在的影响老年性犯罪的风险，在生活历程中的风险预防与风险预防渐进的基础上，采取三级预防的方式。具体讲，主要包括以下方面：

（1）调节生活紧张度与生活文化危机。调节生活紧张度与生活文化危机是预防老年性犯罪的基础预防层级。生活紧张是人们应对生活压力的体现。在成人期，如果生活紧张度较高，人们满足自我需要和追求自我发展的可能性就会受限。人的成长是基本需要的不断产生与满足，以及低级需要向高级需要的渐进过程。成人期，尤其是其中的青年期与中年期，是人实现全面发展的重要阶段。如果青年期与中年期出现了基本需要满足的断裂，不仅不能保持机体的生活平衡和激发自我发展的动力，还会使这种基本需要满足的断裂延续到老年期，从而增加了人们在老年期适应生活的风险。表面上看，老年性犯罪仅仅与老年人的性行为异常有关。实质上，一些老年人之所以实施性犯罪，不仅因为缺乏满足性欲的正当途径，还因为这些老年人的生活存在着自我发展的障碍，尤其在人生阶段临近终端所需要的精神生活方面。例如，有研究指出，我国老年人的心理健康状况并不理想，有相当部分群体已经出现了心理健康问题，更多的群体有心理健康隐患。[1]由于存在精神生活的断层、失落、无助、孤独、寂寞等这些在老年生活中易出现的消极精神状态难以得到内在的自我调节，从而使性欲这种退行性需要具备了转变为优势需要的心理空间。宽松的生活环境与生活压力的适度是保证人们身心健康和追求高品质精神生活的重要条件。所以，在预防老年性犯罪的过程中，注重成人

---

[1] 郭菲、黄峥、陈祉妍：《国民心理健康状况调查》，载傅小兰、张侃主编：《心理健康蓝皮书：中国国民心理健康发展报告（2017—2018）》，社会科学文献出版社2019年版，第23页。

期的生活紧张度调节应作为贯穿日常生活的重要环节。而且，从我国老龄化社会的未来发展来看，注重成人期的生活紧张度调节具有一定的现实性。例如，有研究指出，2008—2017 年，中国成年人的时间利用模式发生的较大变化，总劳动（有酬劳动＋无酬劳动）的时间每天减少了 0.47 个小时，学习培训的时间每天增加了 0.23 个小时，休闲社交的时间每天增加了 0.18 个小时，这与居民收入增加后更追求生活品质有关。[1]也就是说，注重全面提高生活质量和拥有自我发展的时间，已经成为我国当前居民的一种较为普遍的需求。

生活文化是人们塑造生活所不可缺少的方向性与动力性的生活元素。性既有生物属性又具有文化属性。在社会生活中，人们对性的文化演绎导致了性的无处不在、无所不包、无所不有。对此，正如法国学者米歇尔·博宗（Michel Bozon）在描述性经历时指出的，它们是被人类习得、系统化并进入人类意识的，像叙述一样被建构、加工。[2]如笔者在前面指出的，附着生活元素的"性情结"是人们表达性欲的重要途径。因此，本着性欲表达的社会文化色彩，在防止"性情结"出现障碍的过程中，可着眼于相关生活文化危机的干预。通过这些干预，使人们增强对"性情结"障碍的自我调节能力。按照人们的生命历程演进与不同生活文化危机出现的可能性，笔者认为，生活文化危机干预可侧重以下四项内容：

第一，加强对社会成员的性健康教育。按照世界卫生组织（WHO）的定义，性健康是相关于性（sexuality）的身体、情感、心理与社会福祉的状态，而不只是没有疾病、机能障碍或虚弱，性健康需要的不只是能够拥有愉快、安全的性体验（sexual experience）以及免于强制、歧视与暴力，还包括在处理性与性关系方面的积极与令人尊敬的方式。[3]按照笔者的理解，世界卫生组织关于性健康的定义可包括四层含义：一是生理角度的性机能完整；二是性表达既是生理需求也是精神需求；三是性的自我拥有且不受外在侵犯；四是注重性表达在人与人之间的规则性与彼此的人格尊重。性是伴随着人的一

---

〔1〕 杜凤莲等：《时间都去哪儿了？中国时间利用调查研究报告》，中国社会学科出版社 2018 年版，第30 页。

〔2〕 ［法］米歇尔·博宗：《性社会学》，侯应花、杨冬译，天津人民出版社 2010 年版，第 111 页。

〔3〕 World Health Organization，"Developing Sexual Health Programmes：A Framework for Action"，https://www.who.int/reproductivehealth/publications/sexual_health/rhr_hrp_10_22/en/，最后访问日期：2019 年 12 月 23日。

生而无可消除的，正确地认识性与生活的关系以及倡导性健康是保证人们身心健康的重要组成部分。通过对社会成员开展不同层次、不同内容的性健康教育，可以使人们养成正确的性观念，合理认识性的生活含义与对性的自我尊重，在不同生活领域提高性健康意识和维护性健康的能力。

第二，引导成年异性的交友观与婚恋观。异性交友与异性婚恋是人们进入成人期之后不可缺少的生活内容。当然，交友与婚恋属于个人的私人生活范畴。如何交友和婚恋对每个成人来说是自由的。然而，由于性是人们在异性交友与异性婚恋中无法回避的隐形主题，如果在交友与婚恋中出现对性问题的认识或处理方式不当，就会影响人们的"性情结"，甚至使"性情结"在早期的交友与婚恋生活中出现障碍，从而导致人们对性问题产生不合理的认识，或者形成一些不适合异性之间正常交往的性行为方式。例如，受当前的一些偏激和过于开放的性文化的影响，强调自我满足和身体感受、忽视性与生活之间的合理关系成为一些成人所追求的生活目标。据《2017 年中国人婚恋观调查报告》显示，90% 以上的人都能接受婚前性行为，而接受交往一个月内发生性关系的超过了 1/4。[1] 与无度地释放性行为相伴的，是把对性的认识与性欲满足降低到了生理层面。对于老年性犯罪来讲，虽然性犯罪是在老年期出现的，但影响性犯罪的因素可能隐藏在老年人以往的生活中，包括在异性交友和异性婚恋经历方面形成的观念、行为甚至造成的心理创伤。性的意义存在于人与人的生活关系中，并通过人与人的关系由私有之物变为公共生活调整的对象。因此，在日常生活中，应通过文化引导，在成人中形成理、性并重的交友观和情、爱并重的婚恋观，使成人树立性表达的生活规则意识与礼仪意识，减少过分强调性快感与自我享受的庸俗的性观念对交友和婚恋生活的冲击，提高异性交友的理性程度和婚恋生活的质量。

第三，注重生育政策调整中的生育文化建设。生育决定着人口出生性别比，而人口出生性别比的状况影响成人的婚姻状况，进而可能诱发性犯罪的深层次社会问题。2013 年 11 月 15 日，十八届三中全会提出"启动实施一方是独生子女的夫妇可生育两个孩子的政策，逐步调整完善生育政策，促进人

---

〔1〕《2017 中国人婚恋观调查报告》，载 http://zj.qq.com/cross/20170829/80Ipm4y2.html，最后访问日期：2017 年 11 月 28 日。

口长期均衡发展"。[1]2015 年 10 月 28 日，中国共产党十八大五中全会宣告，中国生育制度进行改革，在全国范围内放开二孩限制，每对夫妇可以生育两个孩子。[2]就我国当前面临的人口老龄化与人口出生性别比失衡而言，生育政策的调整有利于促进人口结构合理、缓解老龄化和出生人口性别比失衡。然而，由于受一些传统文化的影响，为了养老、养家和传宗接代，男孩子仍然是一些家庭在生育方面的首选。人口生育所产生的社会问题是结构性的。如果生育的男孩子过多，就会造成出生人口性别比走高，从而导致男女婚配比失衡。那么，这意味着一部分男性可能变为终生难以成婚的"光棍"。在当前的社会规则内，婚姻是人们进行性表达的重要合法途径。如果出现大量"光棍"，性饥渴会成为一部分成年男性的严重生活缺陷。这种生活缺陷不仅滋生婚外情或婚外性行为，严重的可能诱发性犯罪。所以，在我国调整生育政策的过程中，既要注重人口出生的数量与质量，还要通过宣传和完善相应的社会保障措施，积极推动生育文化建设，减少和消除人们在生育中对婴儿的性别歧视观念，切实使生育政策的调整既能缓解人口老龄化，也能缓解出生人口性别比的持续偏高。

第四，塑造积极、健康的家事文化。家庭生活既是社会生活的基本单位，也是生活矛盾最为集中的生活类型。在老年生活中，由于"老龄生活圈"的特点，家庭生活具有极其重要的地位。可以说，老年人对生活的认同、对自我发展的捕捉，以及对生活障碍的消除，都会通过家庭生活集中地展示出来。老年期是人的生命历程中追求自我发展的一个新阶段。老年人的生活空间狭窄决定了老年人对家庭生活的需求度提高了。如果家庭生活出现裂痕，对老年生活的冲击是较大的。因此，在预防老年性犯罪的过程中，应将塑造积极、健康的家事文化作为提高老年人生活归属感的重要方式。通过家事文化的塑造，在文明、和谐的家庭生活中转化老年人的生活情感症结以及对老年生活的不适，使家庭生活真正成为老年人走向社会的助推器。

（2）转化老年生活转换期的生活风险。转化老年生活转换期的生活风险

---

〔1〕 张伟：《基于理性选择理论角度的二胎生育意愿和生育行为分析》，载《理论观察》2016 年第 3 期。

〔2〕 吴莹等：《谁来决定"生儿子"？——社会转型中制度与文化对女性生育决策的影响》，载《社会学研究》2016 年第 3 期。

是预防老年性犯罪的临界预防层级。进入老年期是人生的重大转折。由于可能出现生活转换中的不适，进入老年期是人们的生活产生风险的生活阶段。在这些风险中，较为突出的是自我发展的瓶颈凸显。对处于临近老年期和进入老年期时间不久的人群来说，自我发展的瓶颈更为明显。人们的自我发展目标是不同的，由此引发的生活风险类别也不同。对于基本需要满足存在缺陷的群体来讲，寻求自我发展反而会促使这些人以满足某些较低层级的基本需要作为代偿行为，包括对他人实施性侵犯。因此，转化老年生活转换期的生活风险可以视为老年性犯罪的临界预防。具体到该层级的预防，主要可包括以下三个方面：

第一，查找和确定生活缺陷群体与生活风险群体。在向老年生活的转换中，与老年性犯罪有关的生活风险主要来自某些基本需要满足的欠缺和"性情结"障碍。基本需要的满足欠缺和"性情结"障碍是较为宽泛的概念，而且，基本需要与"性情结"往往是隐藏于人们内心的。为此，在转化老年生活转换期生活风险的过程中，可着眼于生活状况判断与日常行为判断这两个方面。通过生活状况判断与日常行为判断，一方面，了解老年生活临界人群的生活缺陷状况及其产生的原因，对存在不同类别生活缺陷的老年群体进行分类与风险评估，同时，满足可能影响未来老年生活的基本生活需求；另一方面，了解婚姻生活不和谐者、单身未婚者、丧偶者、生活不检点者以及有性侵犯历史者的生活状况，帮助婚姻生活不和谐者改善婚姻生活质量，通过生活帮扶与心理疏导，使单身者与丧偶者确立积极的生活态度和找到适合的婚姻伴侣，对生活不检点者和有性侵犯历史的人，应当加强日常生活疏导和重点管理，改善他们的不良生活方式。

第二，推广健康老年生活理念。老年期的到来对于一个人的生活影响是较大的，不仅包括物质生活和精神生活，还包括生活方式。应当说，老年性犯罪的出现与这些变化都有不同程度的关系。例如，由于物质生活压力大，一些人步入老年生活后也未成婚；由于精神生活空虚，一些人往往把低级趣味的满足作为老年生活的主调；由于原有生活方式对老年生活的冲击，在生活的反差中，一些人适应不了老年生活的单调与枯燥，把在生活之中寻找异性刺激作为日常生活的消遣，甚至是重要的休闲方式。所以，对于即将进入和已进入老年期的人，应当注重老年生活方式的自然衔接，推广健康老年生活理念，帮助他们合理地认识老年生活的特点和完成老年生活的转换，将身体健康程度、精神生活质量与老年生活适应作为对这些人群的主要关注点。对此，特别需要指出的是，在推广健康老年生活理念的过程中，我国目前在老年性健康的关注方面仍需进一步完善。例如，世界卫生组织在 2015 年发布的《中国老龄化与健康国家评估报告》（*China Country Assessment Report on Ageing and Health*）中，并没有像世界卫生组织发布的《关于老龄化与健康的全球报告》那样在老年人的健康特征中涉及老年人的性[1]，《"健康中国 2030"规划纲要》《"十三五"卫生与健康规划》《"十三五"健康老龄化规划》《"十三五"全国计划生育事业发展规划》等这几个重要的涉及老年健康或卫生健康的政策文件也未明确提及老年性健康。而且，在《"健康中国 2030"规划纲要》的"塑造自主自律的健康行为"这一章，所规定的开展性道德、性健康和性安全宣传教育和干预的重点人群是青少年、育龄妇女及流动人群，没有明确提到老年群体。[2]

　　第三，老年生活转换风险期的界定。老年生活转换期的界定是合理发挥老年性犯罪临界预防的前提。界定老年生活转换风险期的参照标准是老年生活的起始。由于老年生活的起始往往附随于人们对老年的认识，结合已有的研究，笔者认为，对老年生活的界定大体可以分为三个方面。一方面，是以老年人的年龄界定老年生活的开始。例如，按照我国《老年人权益保障法》的规定，60 岁的人属于老年人，那么，年满 60 岁的人的生活可以认为是老年生活的开始。另一方面，是以人口老龄化为背景界定老年生活的开始。例如，按照国际上出现的将"期望余寿"15 年作为老年定义的标准，平均预期寿命减去 15 年就是老年期的开始[3]，那么，根据中国国家统计局发布的数据，我国居民预期寿命在 2018 年为 77 岁[4]，当前老年生活的起始应当是 62 岁。再

---

〔1〕　相关内容可参见 World Health Organization, "China Country Assessment Report on Ageing and Health", https://www.who.int/ageing/publications/china-country-assessment/en/，最后访问日期：2017 年 1 月 3 日。

〔2〕　相关内容可参见《"健康中国 2030"规划纲要》的第五章的第四节，载中央人民政府网，http://www.gov.cn/zhengce/2016-10/25/content_5124174.htm，最后访问日期：2017 年 11 月 8 日。

〔3〕　卢敏、彭希哲：《基于期望余寿理论的老年定义新思考与中国人口态势重新测算》，载《人口学刊》2018 年第 4 期。

〔4〕　《沧桑巨变七十载 民族复兴铸辉煌——新中国成立 70 周年经济社会发展成就系列报告之一》，载中央人民政府网，http://www.gov.cn/xinwen/2019-07/01/content_5404949.htm，最后访问日期：2019 年 10 月 1 日。

者，是以老年人口的身体健康变化为背景，以老年人口自理能力的时序变化为标准界定老年生活的开始。按照这一标准，有研究认为，我国的"后世代的老年人要比前世代的老年人'更健康'、'更年轻'"[1]。也就是说，我国当前的老年生活起始点可能是在60岁以后。老年是个模糊的概念，老年生活同样是个模糊的概念。尤其随着老龄化社会的发展，人们对老年以及老年生活的认识在不断变化。人的年老不只是年龄概念，还是生活的概念。因为，无论在身体老化还是生活老化方面，不同的群体是不同的。例如，在农村，一位不到50多岁的男性可能就当了"爷爷"，在家庭生活中的角色就进入了老人行列，而对于鳏寡孤独的老年人来讲，由于孤独与寂寞，他们在精神生活上可能过早地就衰老了。老年性犯罪是人们在老年期实施的性犯罪。随着人们对老年期的认识变化，对于哪些人的犯罪属于老年性犯罪可能也是变化的。然而，无论怎样界定老年期与老年生活的起始，预防老年性犯罪的本质都是防止老年期的人实施性犯罪。因此，在老年生活转换风险期的界定上，应当将起始的时间节点移到老年期到来之前的生活阶段。当然，在界定老年生活转换风险期时，需要注重不同生活群体的差别对待原则，以身体健康程度、社会生活参与程度和社会生活适应能力进行综合评价。

（3）性犯罪的老年期再犯预防。性犯罪的老年期再犯预防是预防老年性犯罪的再犯预防层级。在这个层级的预防中，预防的对象主要是已实施性犯罪的犯罪人。老年性犯罪的再犯预防的目的包括两个方面，其中一个方面是防止一些人进入老年期后实施性犯罪；另一个方面是防止一些老年人再度实施性犯罪。相对于以普通公众为对象的性犯罪预防，性犯罪的再犯预防主要涉及两个阶段，即犯罪人接受刑罚处罚期间的再犯预防及其在刑满释放后的再犯预防。关于这两个方面，已有研究均有探讨。例如，有观点指出，刑罚执行期间的再犯预防以罪犯矫正为主要内容，就犯罪原因进行有针对性的矫正和恢复，结合矫正效果进行再犯危险性预判，决定是否变更刑罚；刑罚执行之外的预防注重积极的姿态，预防措施包括信息登记与公告、强制治疗、化学阉割、电子定位等。[2]

---

〔1〕 卢敏等：《老年人口生活自理能力变迁与老年定义重新思考》，载《南方人口》2018年第1期。
〔2〕 柳安然：《冲突与平衡：性侵害犯罪再犯预防机制研究》，载《犯罪与改造研究》2018年第7期。

性犯罪的再犯预防是个较为复杂的研究领域，由于老年性犯罪的再犯预防也是其中的一部分，笔者想要强调的是，对于因性犯罪接受刑罚处罚的老年人的性犯罪再犯预防来讲，应考虑老年人的身体状况、认识能力以及刑满释放后的晚年生活境况，注重预防再犯方式中的晚年生活引导。在刑罚执行期间，对于身处老年期的性犯罪者，可侧重情感疏导与生活关怀，尽量将矫正措施中的管理元素、教育元素和技术元素与唤起老年人对生活的留恋和生活的勇气结合起来，消除老年人的道德阴影和对正常生活的规避心理，使老年人合理地认识性在生活中的含义以及晚年生活的人生价值。例如，特里萨·A. 加农（Theresa A. Gannon）与托尼·华德（Tony Ward）曾提到一种类似生活史识别或自传体（autobiography）的方法。在这种方法中，由当事人准备一套生活史，其中包含来自儿童期、青春期、成人早期、中年期以及老年期的体验，并鼓励当事人在性行为与教育、就业、休闲与健康的关系中识别成功与问题，通过当事人建立自信心，从而形成积极的自我判断，参与积极和健康的活动，从而让当事人自行表达悔罪而不是羞耻，并在他们的生活中创造一些建设性的变化。[1]

## 二、预防老年性犯罪的对策建议

作为我国当前犯罪现象中的一个类别，老年性犯罪的预防不可能脱离我国现阶段的整个预防犯罪体系。随着我国老龄化社会的发展，老年性犯罪现象及其影响因素也在变化，加上老年性犯罪现象与社会生活具有内在的结构性，老年性犯罪的预防也会有一个随之保持动态性的调整过程。因此，作为对前述预防老年性犯罪理论框架的补充，笔者仅结合当前的实务角度，就预防老年性犯罪的对策完善提出一些建议。

（一）预防老年性犯罪的预防理念调整

预防犯罪是在一定的预防理念指导下的实践活动，预防犯罪的活动是否合理与预防犯罪的理念有直接关系。以笔者对我国近年的老年性犯罪现象的分析来看，如果以年满 60 岁作为界定老年人的年龄节点，在以强奸为代表的

---

[1] Theresa A. Gannon & Tony Ward, *Sexual Offending: Cognition, Emotion, and Motivation*, Chichester: John Wiley & Sons Ltd. , 2017, pp. 118-119.

性犯罪总体中，老年人实施的性犯罪所占比重不大。言外之意，在性犯罪的整体预防中，老年性犯罪可能不会引起特别关注。或者说，对于老年性犯罪，完全可以将其纳入性犯罪预防的整体布局中，没有必要予以特别强调。不过，在预防犯罪寓于社会发展的角度，面对我国人口老龄化的快速推进，如何调整某些既有的关乎预防老年性犯罪的理念仍是现实问题。

1. 在老年生活需求的联结中看待性犯罪实施

老年性犯罪以性欲的满足为动机，合理地认识性需求与性犯罪之间的关系是预防老年性犯罪的核心问题。涉及性的犯罪是古老的，但理解涉及性的犯罪的难度也是较大的。究其原因，不仅完整地界定性的含义是至今未完全解决的问题，且人们对作为一种基本需要的性需要的认识也存在分歧。奥地利学者西格蒙德·弗洛伊德（Sigmund Freud，1856—1939）认为，能够表达性这种生理需求的词是性欲，与之同义的是性冲动或性饥渴，在学术界称为"原欲"。[1]按照西格蒙德·弗洛伊德的观点，"性冲动最初是天生的，它扎根于人的体质之内，在某些情况下，它会演变成实际的性行为（性反常行为）"，即作为一种需要的性是与生俱来的。而且，由于人类的性冲动摆脱了其他动物性冲动的周期性特点，表现得更为强烈和持久。[2]在认同性的需要是人的一种自然本能的基础上，西格蒙德·弗洛伊德主张不能限制性行为[3]，因为"对性行为的限制，会大大增加一个种族的生存焦虑感和死亡恐惧感，从而影响每个个体享受生活的能力"[4]。与西格蒙德·弗洛伊德主张的本能论相对，美国学者亚伯拉罕·马斯洛认为，"本能论者和他们的反对者的严重错误都在于用非此即彼的两分法而不是按程度的差异来考虑问题"[5]，

〔1〕[奥]西格蒙德·弗洛伊德：《性学三论》，徐胤译，浙江出版联合集团、浙江文艺出版社2015年版，第2页。

〔2〕[奥]西格蒙德·弗洛伊德：《性学三论》，徐胤译，浙江出版联合集团、浙江文艺出版社2015年版，第198页。

〔3〕按照西格蒙德·弗洛伊德的观点，两性性器官结合的性交是最终的性目标，除此，像肛门、口腔都能成为性行为发生的人体部位。参见[奥]西格蒙德·弗洛伊德：《性学三论》，徐胤译，浙江出版联合集团、浙江文艺出版社2015年版，第16~19页。

〔4〕[奥]西格蒙德·弗洛伊德：《性学三论》，徐胤译，浙江出版联合集团、浙江文艺出版社2015年版，第214页。

〔5〕[美]亚伯拉罕·马斯洛：《动机与人格》（第3版），许金声等译，中国人民大学出版社2013年版，第52页。

"性与爱不能，也更不是互相分离的"〔1〕。犯罪是通过人的外在行为表达的，人们对性作为一种需要的理解不同，影响着人们对性犯罪的认识结论。如果按照本能论，我们可以跨过性欲满足这个犯罪动机，把性犯罪直接视为对性欲的满足，即有性欲就有性犯罪；如果按照亚伯拉罕·马斯洛的类本能论，性欲是性犯罪的动机，性的需要与性犯罪之间不是线性关系，在考察性犯罪时，还应分析其他类别的生活需要与性犯罪的关系。

性是理解性犯罪的核心角色，对性与性犯罪的关系有不同认识，会导致性犯罪的预防实践产生不同模式。假如认为性犯罪的实施与作为生物性需要的性欲直接相关，那么，可能就会在实践中侧重针对人的生物机体的特点采取预防措施。例如，采用物理阉割、脑外科手术、药物治疗（包括营养品摄入）等方法消除不必要的性冲动。〔2〕反之，假如认为人们实施性犯罪不是纯粹的生物因素作用，而是含有其他生活因素，那么，在预防活动中，就可能采取与此相应的预防措施。例如，有学者指出，"风险-需要-回应模式"（risk-need-responsivity model）〔3〕的缺陷是痴迷于将犯罪需要（criminogenic needs）作为其基本目标，在这种模式中，当事人被视为"风险携带者"而非以不当方式寻找人的利益的人，而"幸福生活模式"（the good lives model）是一种基于人本主义恢复理论（humanistic rehabilitation）的全面治疗，犯罪者被假定为像大多非犯罪者那样，享有同样的欲望并寻找同样的许多目标，也就是说，性犯罪者没有特别之处。〔4〕显然，按照"幸福生活模式"的预防犯罪观念，如果忽略对法律这种社会规则的违反，性犯罪者以犯罪满足性欲并不意味着在性欲满足方面有什么异常之处。那么，强调侧重生物性的预防措施可能就

〔1〕　［美］亚伯拉罕·马斯洛：《动机与人格》（第 3 版），许金声等译，中国人民大学出版社 2013 年版，第 164 页。

〔2〕　柳安然：《性罪犯循证矫正及其模式展开》，载《海南大学学报（人文社会科学版）》2018 年第 5 期。

〔3〕　"风险-需要-回应模式"是在 20 世纪 70 与 80 年代对犯罪学与矫正心理学的地位的一种回应，其主要应用于矫正项目；在这种模式中，风险原则、需要原则与回应原则是三大原则，风险原则是指干预必须与犯罪人的风险层级相适应，需要原则是指治疗应当以在经验意义上确定的、与再犯有关的那些方面为目标，回应原则是指治疗提供者调整他们的干预，以认可个体的特征与习性。该段资料系笔者对原文的翻译与整理。具体可参见 D. Richard Laws, *Social Control of Sex Offenders*：*A Cultural History*, London：Macmillan Publishers Ltd., 2016, pp. 177-178.

〔4〕　这段资料系笔者对原文的翻译与整理。具体可参见 D. Richard Laws, *Social Control of Sex Offenders*：*A Cultural History*, London：Macmillan Publishers Ltd., 2016, p. 186.

不尽合理，甚至意味着会抑制人的正常需要。

人的性是文化的产物，如同"吃"是人最基础的生理需求，而人们又为"吃"赋予了各种"吃"的文化，性的生物属性在生活中具有文化的成分是人类生活区别于动物界的表现。基于性的文化性，当性作为支配行为的动机而表现于外时，人们对性的判别无法摆脱文化的视角，其中也当然含有文化视角的异质性。例如英国学者法拉梅兹·达伯霍瓦拉（Faramerz Dabhoiwala）曾指出，自西方文明初始之时，人们就一直相信女人的性欲更加旺盛……因为人们认定女人很容易被唤起性欲，所以直至 18 世纪，人们普遍相信女性的性高潮对于怀孕而言必不可少……到了 1800 年，相反的观念却牢固地确立了起来，如今人们相信男性本质上更为好色，并且热衷于引诱女性。[1]针对性在人类生活中的文化性，笔者认为，即使认可性作为一种需要的生物属性，在外化为人的行为时，人类生活中的性也含有文化因素的介入，包括性犯罪的实施。笔者在调研中发现，性犯罪者，尤其是上了年岁的性犯罪者，不会直接陈述自己的性犯罪经历，即使认可自己实施了性行为，也不愿意直接承认是犯罪。例如，笔者在访谈一位老年性犯罪者时就遇到了这样的情况：这位性犯罪者说，自己的性能力已经不行了，只是用生殖器接触了一位幼女，怎么会构成强奸呢？笔者在监狱调查时还了解到，老年性犯罪者不想在服刑生活中提及自己是性犯罪者。人是文化的承载者，实施性犯罪的人也不例外。在理解人们为什么实施性犯罪时，如果只强调性欲的角色，有可能导致对性犯罪的认识偏差。例如，林桂凤在其博士学位论文《性侵害加害者依附经验之研究》一文中就指出，在不同类别的受试者中，回答生活寂寞这一项时，以"恋童加害者"的寂寞感的平均数为最高。[2]也就是说，隐藏在某些性侵害行为背后的，可能是加害人的精神匮乏。人的生活需求是多方面的，性犯罪的出现是行为人自身多种生活风险因素的作用结果。而且，当风险因素高度相关时，在人与人之间的研究中设定哪些是原

---

〔1〕 ［英］法拉梅兹·达伯霍瓦拉：《性的起源：第一次性革命的历史》，杨朗译，译林出版社 2015 年版，第 133 页。

〔2〕 林桂凤：《性侵害加害者依附经验之研究》，台湾警察大学犯罪防治研究所 2003 年博士学位论文，第 167 页。

因是很困难的。[1]在我国的某些传统文化中，性是一个近乎隐形的范畴。这种情形影响着人们对性以及性犯罪的完整认识，同样也影响着含于日常生活之中的预防犯罪活动。与我国的人口老龄化速度快和老年人口数量大相比，相关的老龄化问题研究却相对不足，甚至在对老年人问题的认识中还带有朴素的生活常识的成分以及将老年生活予以简化的色彩。性在生活中的意义是复杂的，包括在老年生活中。所以，笔者认为，在预防老年性犯罪的过程中，应消除对性需求与性犯罪之间的线性关系的认识，注重在老年生活需求的联结中看待老年性犯罪问题，从而将预防老年性犯罪和老年生活的塑造结合起来。

2. 注重引入老年身体健康与老年生活关怀的原则

文化与生活元素是合理地认识性与性犯罪之间关系的出发点，预防老龄化社会的老年性犯罪应倡导与老龄化社会的社会生活的适当。性犯罪的出现以及人们对性犯罪的认识具有较长的历史过程。在这个过程中，人们对如何预防性犯罪也尝试过较多的探索。然而，是否所有预防性犯罪的措施都适合于老龄化社会的老年性犯罪却是需要思考的问题。近些年来，我国的一些研究者注意到了某些国家或地区对性犯罪者适用化学阉割的做法，认为化学阉割"对于防控性侵害犯罪的再次发生，无疑具有重要作用"[2]。有的还认为，我国有必要引进该做法，这样可以体现我国刑事立法的前瞻性，可以完善我国的刑罚种类，可以遏制当前性犯罪上升的趋势等。[3]此外，还有观点认为，结合世界各国经验，鉴于我国性犯罪愈演愈烈，应对化学阉割全面适用。[4]我国台湾学者高凤仙则指出，为让罪犯有更多缓刑、假释、停止治疗之机会，使其到社区生活，疏解监狱人满为患问题，并兼顾社会大众之安全，可制定法律将化学去势作为性侵犯缓刑、假释、停止刑后强制治疗之条件。[5]笔者认为，在学术研究的层面，化学阉割的性质、其他国家或地区有关化学阉割

---

[1]　Matt DeLisi & Kevin M. Beaver (eds.), *Criminological Theory: A Life-Course Approach*, Burlington: Jones & Bartlett Learning, 2014, p. 242.

[2]　刘军：《性犯罪记录制度的体系性构建——兼论危险评估与危险治理》，知识产权出版社 2016 年版，第 56 页。

[3]　韩伟、张晶：《我国引进化学阉割制度的可行性探析》，载《长春理工大学学报（社会科学版）》2016 年第 1 期。

[4]　宋艳玲：《化学阉割在我国的适用》，载《四川警察学院学报》2016 年第 6 期。

[5]　高凤仙：《性侵害及性骚扰之理论与实务》，五南图书出版股份有限公司 2016 年版，第 238 页。

的争议，以及化学阉割在我国是否适用等，都是可以探讨的。但是，同样是在学术研究的层面，我们尚没有对性、性欲这样的涉及性犯罪的基础领域形成完整、充分的结论，对于人的性欲及其与性侵害行为之间的作用关系，也没有成熟的经验研究支撑着适用化学阉割的合理性。另外，在我国的人口老龄化背景下，笔者认为，也不应当简单地认同化学阉割在预防性犯罪中的作用。因为，长期服用化学阉割药物不仅对人体有害，还会有副作用。[1]世界卫生组织发布的《关于老龄化与健康的全球报告》指出，除了多重的社会心理与社会环境因素，无论男女，老年期的性受许多发生在老化过程中的生理变化的影响；由于老年期也是疾病的多发期，需要处理可能对性机能产生身体影响的疾病使得这些潜在的变化常常是复杂的。[2]也就是说，如果对性犯罪者适用化学阉割，有可能造成这些人在老年期出现复杂的身体伤害。显然，这与老龄化社会发展中的健康理念是不一致的。再者，对于老年性犯罪者，尤其是年龄较大的性犯罪者来讲，适用化学阉割可能还会挑战临终尊严。随着老年人口的数量快速增加，我国的老年性犯罪现象是否出现数量的增加不含有确定性。但是，在我国的老龄化社会发展中，至少对老年性犯罪者来讲，无论在身体健康还是社会伦理方面，简单地提倡化学阉割的适用都是不妥当的。

（二）预防老年性犯罪的老年偏见消除

预防犯罪渗透于日常生活，发挥文化对日常生活的引领与塑造功能是使人们将预防犯罪内化为生活需求的重要方面。老年性犯罪的出现是多种因素的综合作用。其中，有的来自老年人自身，有的则来自外在的生活环境。那么，在预防老年性犯罪的过程中，就应寻找和尽量消除这些可能导致老年性犯罪的生活环境因素，尤其是其中的文化因素。

1. 生活文化中的"老不言性"与"年老无性"

性源自人的身体，但包含着文化，文化中的性影响着人们的性表达。在一些性文化中，对于性不能直言，即使认可，也多以隐晦。就性在生活中的尴尬境遇，法国学者乔治·巴塔耶（Georges Bataille）指出："人类懂得将动

---

〔1〕 宋艳玲：《化学阉割在我国的适用》，载《四川警察学院学报》2016年第6期。

〔2〕 World Health Organization, "World Report on Ageing and Health 2015", https://www.who. int/ageing/events/world-report-2015-launch/en/，最后访问日期：2016年1月20日。.

物肉欲的世界限制在严格的范围内，这个肉欲的世界在这个范围内适得其所，但是人类并不愿意消除这个世界。"[1]在我国的传统文化中，性欲曾被作为禁忌。例如，我国古代文献《礼记·曲礼上》有这样的记载："男女不杂坐，不同椸枷，不同巾栉，不亲授。"[2]再如，中国古代汉语中没有用于表达"男女之事"的"性"这个词，性的含义是由相关词汇"推"出来的，如以贞操"守性"。由于性在生活中的文化隐藏，如果在生活中被发现沾染性欲并付诸"男女之事"，就要被斥为不耻。与性的隐藏这种现象相反，在我国传统文化中，年老者在社会上是"张扬"的，因为上了年岁的年长者受人尊敬。如《大学》云：所谓平天下在治其国者，上老老而民兴孝，上长长而民兴弟，上恤孤而民不倍。[3]孟子则提到，五母鸡，二母彘，无失其时，老者足以无失肉矣。[4]尊老文化是我国传统文化的组成部分，并渗透在了人们的生活观念之中。所以，在日常生活中，性欲与年长者之间似乎有一条不言自明、不可跨越的鸿沟，即"老不言性"。即便在当下，"老不言性"的观念仍在不同程度上存在。例如，2013 年的《人民法院报》曾有这样一则信息：在石家庄的公交车上，一位老人因一位女孩没给让座，愤怒之下直接坐在了女孩的腿上，如此蛮横的"尊老"诉求并没有得到大家的认同……挞伐之余，有网民感叹，"老人变坏了"，但马上有人更正了这一结论，"不是老人变坏了，而是坏人变老了"，引起了一片共鸣。[5]与"老不言性"类似，我国的社会生活中还存在着"老年无性"的认识。这种现象出现的因素是多方面的。例如，有观点曾指出，千百年来的封建旧观念和错误认识还在头脑中牢固存在，谬种误传、贻害不浅，严重地压抑了老年人的性欲和性要求，妨碍了他们正当的性生活。[6]此外，"老年无性"的观念可能还来自人们对老年人性机能衰退的认识。有观点认为，性机能随人的生理机能衰退而呈线型下降直至消失，"人到老年，无生育能力，也无性活动的需要"[7]。而且，现代生物学也表明，人

---

〔1〕 [法] 乔治·巴塔耶：《色情史》，刘晖译，商务印书馆 2009 年版，第 47 页。

〔2〕 《礼记·曲礼上》，载李志敏主编：《四书五经》（卷四），京华出版社 2010 年版，第 290 页。

〔3〕 《大学》，载李志敏主编：《四书五经》（卷一），京华出版社 2010 年版，第 8 页。

〔4〕 《孟子·尽心章句上》，载李志敏主编：《四书五经》（卷三），京华出版社 2010 年版，第 309 页。

〔5〕 秦至：《老人变坏了还是坏人变老了？》，载《人民法院报》2013 年 11 月 25 日。

〔6〕 严和骏：《老年人精神卫生》，上海科学技术出版社 1991 年版，第 54 页。

〔7〕 陆峥、高之旭：《老年人的性心理和性适应》，载《老年医学与保健》2004 年第 4 期。

的性机能会随着身体的老化而发生变化。例如，男性的性能力、性欲及受孕率减低，女性在停经前后逐渐出现的卵巢老化、阴道老化以及生殖器官、乳房等某些性征的老化。[1]

2. 合理地认识人的年老与性能力的存在

在老年群体中，性机能衰退并不是较普遍的现象，在有些老年人中，性行为仍处于活跃状态。例如，我国的研究者在20世纪80年代就指出，人类的性潜力比我们设想的更大，在青少年性发育提前的同时，我们可发现老年人性功能衰退在延迟，尤其部分性活跃的老年人，晚年性功能稳定在原有水平上。[2]已有的一些研究也表明，人在老年期的性行为是较为活跃的。例如，一项来自29个国家、调查时间为2001—2002年的"性态度与性行为全球研究"（The Global Study of Sexual Attitudes and Behaviors）的调查发现，在40~80岁的21 598人中，80%以上的男性和65%以上的女性认为，在接受访谈时的12个月间有性交行为（sexual intercourse）。[3]在我国，如果结合我国艾滋病的传播与感染的情况，在一定意义上也能表明老年者中的性行为持续。据刘芳、施雅莹等对"成都市2015年新报告60岁以上艾滋病异性性传播病例的传播方式"构成情况的分析，在60~64岁的291例男性病例中，属于商业性行为传播的占76.63%，所占比例为第一位，其次是属于非婚非商业传播的，占21.31%，在60~64岁的132例女性病例中，属于配偶阳性的占49.21%，其次是属于非婚非商业的，占45.45%；在65岁及以上的581例男性病例中，属于商业性行为的占68.50%，所占比例为第一位，其次是属于非婚非商业的，占28.40%，在65岁及以上的106例女性病例中，属于配偶阳性与非婚非商业的均为46.23%[4]（见表25）。笔者认为，刘芳与施雅莹等的研究不仅表明了60岁及以上的男性的性行为存在，还在一定侧面表明了这部分男性的性行为活跃，即属于商业性行为以及非婚非商业性行为的所占比重非常高。

---

〔1〕 楼迎统等：《老人生理学》，华都文化事业有限公司2011年版，第383~386页。

〔2〕 李学谦、郭连舫：《老年性行为研究概况》，载《自然杂志》1988年第12期。

〔3〕 Alfredo Nicolosi, et al., "Sexual Behavior and Sexual Dysfunctions After Age 40: The Global Study of Sexual Attitude and Behaviors", Urology, 64 (2004), pp. 992–993.

〔4〕 刘芳等：《成都市2010—2015年艾滋病疫情特点与趋势估计》，载《中国艾滋病性病》2017年第10期。

表 25　成都市 2015 年新报告 60 岁以上艾滋病异性性传播病例的传播方式

单位：%

| 年龄（岁） | 男　性 | | | | 女　性 | | | |
|---|---|---|---|---|---|---|---|---|
| | 配偶阳性 | 商业性行为 | 非婚非商业 | 未婚未分类 | 配偶阳性 | 商业性行为 | 非婚非商业 | 未婚未分类 |
| 60~64 | 1.72 | 76.63 | 21.31 | 0.34 | 49.24 | 5.30 | 45.45 | 0 |
| 65 及以上 | 2.41 | 68.50 | 28.40 | 0.69 | 46.23 | 7.55 | 46.23 | 0 |

资料来源：刘芳等：《成都市 2010—2015 年艾滋病疫情特点与趋势估计》，载《中国艾滋病性病》2017 年第 10 期，表 2。

　　"日常生活现实包含了一些类型化的图式"〔1〕，人们对他人及其生活的理解往往依靠这些类型化的图式。在一定意义上，作为类型化的生活图式的反映，"老不言性"与"老年无性"体现了社会文化中存在的某种老年偏见，而这种偏见严重地影响着老年群体正常的性需要的满足。在生活中，一些人在上了年岁之后自然将自己归于"无性"的行列，即使出现性冲动，也往往压抑着，哪怕是在夫妻之间。性欲是一种匮乏性需要，性欲的冲动必然会释放，老年人也是如此。在这种意义上，"老不言性"和"老年无性"是造成一些老年人"不得已"实施性侵犯的重要文化因素。当然，"老不言性"和"老年无性"也导致了人们对上了年纪的人不可能实施性犯罪的错误认识。"文化是一件关于照料与培育的事"〔2〕，文化的模式塑造生活的模式，对犯罪的预防需要借助文化的塑造功能。随着我国人口老龄化程度的加深，老年人口逐渐成为社会生活的主流。营造适合老年生活的文化环境、消除某些对老年人的文化偏见，是在我国老龄化社会发展中建设老龄文化、促进文化和谐发展的内在需求。性欲是健康的人需要面对的生活问题，所以，在预防老年性犯罪的过程中，一方面，应发挥公共舆论的导向功能，调整社会上传播的年老与性的文化偏见，消除"老不言性"和"老年无性"的错误认识，为老

〔1〕　［美］彼得·L. 伯格、托马斯·卢克曼：《现实的社会建构：知识社会学论纲》，吴肃然译，北京大学出版社 2019 年版，第 41 页。

〔2〕　［英］特里·伊格尔顿：《论文化》，张舒语译，中信出版社 2018 年版，第 28 页。

年人的正常性需求满足提供文化导向和创造文化环境空间；另一方面，在预防性犯罪体系的整体构造中，应注重老年性犯罪的预防，减少某些生活认识误区对预防老年性犯罪的消极影响。

（三）预防老年性犯罪的老年性需求引导

"人的动物性在社会化过程中被转化，但并没有被消除"[1]，性与人体的不可分决定了性问题是老年人在生活中无法回避的。人的行为具有自身的选择性，老年人的性行为与老年人自身的性观念有直接关系。所以，从老年生活与性需求的关系来看，合理地引导老年性需求，在老年人中树立健康的性需求观念也是预防老年性犯罪的组成部分。

人的机能平衡是人正常生活的基础。亚伯拉罕·马斯洛指出，一个人首先必须是健康的、具有女性特征的女人，或者具有男性特征的男人，这个作为一般意义的人才有可能完成自我实现。[2]也就是说，性需要是人作为人实现自我发展的必经通道。社会由不同的个体构成，个体之间的生活关系构成了社会生活。在社会生活这个范畴内，个体的生活通过人与人之间的关系来实现。因此，在人与人之间的关系中，个体的自我实现需要具备由社会所赋予的生活内涵，对性欲这个问题的认识也是如此。有研究指出，60岁以上的男性所分泌的睾酮足够维持他们的性行为，许多妇女50~60岁后停止性交，不是生理因素所决定的，而主要是受社会和心理的影响，特别是她们的性观念的影响。[3]按照基于对老年学科学研究文献的内容分析，美国学者克里斯汀·S. 舍雷尔（Kristin S. Scherrer）认为，这些文献挑战了将老年人视为无性之个体的刻板印象，并声言一个人的性是健康老龄化的自然的、必需的成分——对研究与政策具有意义的一种想象。[4]

作为社会成员的一部分，社会生活应当为老年人正常的性需要满足提供适合的条件，尤其在老龄化社会，性需求的正当满足是衡量老年性健康的一

---

〔1〕 ［美］彼得·L. 伯格、托马斯·卢克曼：《现实的社会建构：知识社会学论纲》，吴肃然译，北京大学出版社2019年版，第223页。

〔2〕 ［美］亚伯拉罕·马斯洛：《需要与成长：存在心理学探索》（第3版），张晓玲、刘勇军译，重庆出版集团、重庆出版社2018年版，第227页。

〔3〕 徐晓阳、马晓年主编：《临床性医学》，人民卫生出版社2013年版，第101~102页。

〔4〕 Kristin S. Scherrer, "Images of Sexuality and Aging in Gerontological Literature", *Sex Res Social Policy*, 6 (2009), p. 6.

项标准。而且，随着老年人口增多，老年人的性需求是否得到满足以及满足的程度会出现社会扩散效应。如有观点指出的，对性残缺的感受必须要被置于老化人口中恐慌四溢的背景下，因为，无论是在精神还是体能方面，处于老化阶段的这些人竭力进取的能力正在减弱。[1]诚然，对于老年人来讲，是否实施性行为以及怎样实施性行为是由老年人自身决定的。对此，笔者认为，在性需求与老年生活的关系上，固然要提倡老年群体重视性需求满足在老年生活中的作用，通过在社会环境中塑造一定的性观念，进而引导老年群体在生活中适度地进行性表达，从而填补性需求在老年生活中的欠缺。但是，与此同时，还应当注意倡导老年人满足性需求的适度。因为，一方面，性表达在老年群体中可能存在某些特殊性，比如，身体健康程度、性取向、日常生活中的精神需要状况、生活习惯与生活习俗等都会影响着老年人如何对待性问题。如果出现性观念传播在老年群体中的泛化，反而会引发一些有碍正常老年生活的情形，造成性观念与性生活塑造的庸俗化。另一方面，当前社会中出现的一些过度渲染性快感的文化现象可能对老年人的性观念与性生活产生消极影响。例如，潘绥铭等指出，21世纪以来，快乐开始成为判断"性"的好坏的首要标准。[2]人的变老与性需要之间的关系是微妙的。有研究指出，"怕老"是造成性压抑的主要原因，在不怕老的男女中，只有32.5%感到过性压抑，在有些"怕老"的男女里为38.5%，在比较"怕老"的男女里为44.9%，在非常"怕老"的男女中高达48.8%。按照此项研究结论，在老年群体中，如果"怕老"，反而更容易使老年人为了释放性压力而寻求自己认为的合理方法，包括嫖娼、实施性骚扰，甚至实施性犯罪。英国谢菲尔德大学（University of Sheffield）的沙伦·辛克利夫（Sharron Hinchliff）指出，"关于老年人无性的固有印象已成为过去时……可能受女性主义以及女同性恋、男同性恋、双性恋和变性人行动主义的影响，在对待性、关系以及对于步入老年的态度方面发生了社会转变（现在对谁能和谁发生性关系的限制越来越少），老年人的

---

〔1〕 Ian Stuart‐Hamilton, *An Introduction to Gerontology*, Cambridge：Cambridge University Press, 2011, p. 301.

〔2〕 潘绥铭、黄盈盈：《性之变：21世纪中国人的性生活》，中国人民大学出版社2013年版，第49页。

性健康需求正在受到关注。"[1]作为文化的塑造对象，老年人的行为无法摆脱性文化的纠缠。在现阶段，多样的性文化与开放的性观念会通过不同渠道影响着老年人。在多样的性文化与开放的性观念的影响下，冲破道德与法律的界限寻求性满足在老年群体中并非新鲜事。在一些新闻报道中，我们也会时常发现关于老年人嫖娼的报道，有的嫖娼者甚至是年届八旬的老年人。此外，笔者在调研中也了解到，有的老年人离婚的缘由之一是男性老年人在外嫖娼。因此，与生活中存在的"老不言性"和"老年无性"的文化偏见相对，在消除老年人的性禁锢的同时，也要充分认识当前的一些性文化对老年群体的不良影响。

（四）预防老年性犯罪的老年生活质量提高

附随于日常生活是老年性犯罪的明显特征。例如，笔者在前述的分析中指出，在14~70岁的犯罪年龄区间内，性犯罪的高发时间分布与性犯罪人的犯罪年龄增加之间呈现规则性变化的一个方面是，55~70岁的犯罪年龄区间的犯罪人的犯罪高发时间集中于午后，这种在犯罪高发时间方面的"昼出夜伏"体现了上了年岁的人的日常生活特点；加害人与被害人在犯罪加害前相识的"熟人强奸"在60~65岁的年龄群体中较为明显，这种现象与这部分加害人的"熟人圈子"大有关，即"熟人圈子"大，加害人选择被害人的机会就多。"生活圈"的缩小是人们进入老年期之后的重要生活转折。随着"生活圈"的缩小，老年生活的内容在事实上也浓缩了。可以说，日常生活几乎涵盖了老年群体在社会生活中的全部内容。笔者在前述指出，在宏观的社会生活细化为具体的个人生活时存在"沙漏滴沙"现象。在各种过滤中，人们的社会生活最终表现在了日常生活中。通过前述分析可发现，在影响老年性犯罪现象的因素中，有的在短期内是难以解决的，如出生人口性别比偏高；有的属于不能强制干预，如婚姻与人际交往；有的存在地区与个体层面的差异，如生活状况。事实上，这些难于解决的问题都会积聚在老年群体的日常生活中。在这个意义上，在预防老年性犯罪的过程中，注重老年群体的日常生活具有基础意义。

---

[1] 沙伦·辛克利夫（Sharron Hinchliff）：《性健康和老年人：对社会科学研究的建议》，陆彩玲译，载肖碧莲主编：《老年人性行为、性与生殖健康（生殖健康要略中文翻译版）》2016年第48期，第74页，载http://www.e-healthdata.cn/healthdata/szjkyl/5424.jhtml，最后访问日期：2018年9月10日。

人口老龄化既是人口问题也是社会问题。在这些社会问题中，所涉及的一个方面是如何构建老年生活。例如，有研究指出，老龄化水平的提高需要加大对老龄人口住房、养老、生活服务、娱乐等方面的供给力度，从而改变中国传统的代际利益分配格局[1]；随着老龄化的加剧，老龄人口持续增多，分享社会发展成果的意识增强，对适合保障和就业、教育等基本公共服务方面的诉求增多[2]；对于进入老龄后的生活，中国老龄群体普遍没有制定新的人生目标和规划[3]。人口老龄化是我国社会可持续发展的必经阶段，"对待老龄化和老年人的观点，将决定我们以及我们子孙今后的生活经历"[4]。习近平在中国共产党第十九次全国代表大会上的报告中指出，中国特色社会主义进入新时代，我国社会主要矛盾已经转化为人民日益增长的美好生活需要和不平衡不充分的发展之间的矛盾。[5]可以说，就我国当前而言，在老年生活的构建中，老年生活的质量是一个核心问题。

预防老年性犯罪是寻找个体老化与老龄化社会之间的作用关系的过程。在这个过程中，老年生活的塑造是重要环节，尤其是如何提高老年生活质量。对此，笔者认为，一是可把老年性犯罪的预防纳入老年生活质量提高的整体规划中，从老年人的实际生活状况出发，在物质生活、精神生活、社会参与等多方面充分地满足老年人的基本生活需求，实现老有所养、老有所医、老有所为、老有所学、老有所乐，以老年人是否适应在老年生活阶段的自我发展作为评价老年生活质量的出发点；二是应体现"以人为本"的理念，将老年生活作为促进老年人在老年期实现自我发展的重要依托，根据老年人的发展特点，适时调整对老年生活的社会支持程度，改善生活环境，排除老年歧视以及老年偏见等不公正的生活文化观念，使老年人充分地共享社会发展成

〔1〕 总报告编写组：《大转折：从民生、经济到社会》，载易鹏、梁春晓主编：《老龄社会研究报告（2019）》，社会科学文献出版社 2019 年版，第 16 页。

〔2〕 总报告编写组：《大转折：从民生、经济到社会》，载易鹏、梁春晓主编：《老龄社会研究报告（2019）》，社会科学文献出版社 2019 年版，第 16~17 页。

〔3〕 总报告编写组：《大转折：从民生、经济到社会》，载易鹏、梁春晓主编：《老龄社会研究报告（2019）》，社会科学文献出版社 2019 年版，第 18 页。

〔4〕 世界卫生组织编：《积极老龄化政策框架》，中国老龄协会译，华龄出版社 2003 年版，第 47 页。

〔5〕 习近平：《决胜全面建成小康社会 夺取新时代中国特色社会主义伟大胜利——在中国共产党第十九次全国代表大会上的报告》，载中国网，http://www.china.com.cn/19da/2017-10/27/content_41805113.htm，最后访问日期：2018 年 10 月 18 日。

果，在社会生活允许的范围内自主地选择自己的生活方式；三是基于老年生活以居住地域为主要生活环境的特点，发挥社区资源，立足社区，建立和完善适合于老年生活的综合服务系统，使"居民活动等多元的社会资源释放出应有的绩效"[1]，从而围绕着老年人的"老龄生活圈"形成适合于老年生活特点的老年生活空间；四是对于日常生活有困难或鳏寡孤独的老年人，应当在其老年生活中建立较为完整的常规性志愿服务体系，通过提倡公益或经济收益较为低廉的志愿服务，减少这些老年人的物质生活与精神生活的死角，引导老年人形成健康的老年生活方式。

## 三、小结

犯罪的预防随着不同犯罪现象的变化而变化。同样，在不同的认识角度，对犯罪预防的认识也有不同。在我国老龄化社会的发展中，预防老年性犯罪需要注重预防的针对性，同时也要注重与我国整个预防犯罪体系相协调。预防犯罪是一个重新调整社会生活的过程。在这个过程中，预防犯罪所改变的是具有犯罪性的人们的某些社会生活。老年性犯罪的出现是老年人的生活过程的体现。在预防老年性犯罪的过程中，老年期的生活塑造具有重要意义。对此，一方面，以老龄化社会的发展为背景，预防老年性犯罪不能只是针对当前的老年人，还要针对未来的老年人，引入生命历程的框架是在老龄化社会预防老年性犯罪的主线；另一方面，预防老年性犯罪也不是要把老年性犯罪控制在某种社会可忍受的范围内，而是要结合以老年生活的改善与提高，使预防老年性犯罪和老龄化社会的老年生活塑造联结为整体。

---

〔1〕［日］达山爱郎：《日本护理保险制度的现状与课题》，王璨玮译，载张季风主编：《少子老龄化社会：中国日本共同应对的路径与未来》，社会科学文献出版社 2019 年版，第 120 页。

# 结　论

人口老龄化是在当前和今后一段时期影响人类社会生活的一个重要的结构性因素，认识人口老龄化对社会生活的影响也就成为当今世界的一个重要主题。相对于世界上的其他国家或地区，我国的人口老龄化具有人口老龄化速度快以及老龄人口数量多的特点。这些特点决定了对我国人口老龄化的认识不仅要基于本土，还要将其视为人口现象之外的社会现象。党的十九大报告指出，人民健康是民族昌盛和国家富强的重要标志。[1]我国国务院发布的《"十三五"卫生与健康规划》指出，到2020年，我国的人均预期寿命将大于77.3岁。[2]中共中央、国务院印发的《"健康中国2030"规划纲要》进一步指出，到2030年，我国的人均预期寿命将达到79.0岁。[3]人的身体健康是人口老龄化形成的一个因素，将关注人的身体健康作为社会发展目标，这在一定意义上反映了我国老龄化社会发展中的社会发展与人的发展相互统一。社会性与文化性是人类生活的属性，形成适合与促进社会生活的品性是人类自我发展的目标。针对当今世界的人口老龄化，世界卫生组织在2002年发布的《积极老龄化政策框架》提出，健康是指身体、精神以及社会适应，在积极老龄化框架中，促进精神健康和社会接触的政策和计划，如同那些促进身体健

---

〔1〕　习近平：《决胜全面建成小康社会 夺取新时代中国特色社会主义伟大胜利——在中国共产党第十九次全国代表大会上的报告》，载中国网，http://www.china.com.cn/19da/2017-10/27/content_41805113.htm，最后访问日期：2018年10月18日。

〔2〕《国务院关于印发〈"十三五"卫生与健康规划〉的通知》，载中央人民政府网，http://www.gov.cn/zhengce/content/2017-01/10/content_5158488.htm，最后访问日期：2017年5月15日。

〔3〕　具体内容可参见《中共中央 国务院印发〈"健康中国2030"规划纲要〉》，载新华社网，http://www.xinhuanet.com/politics/2016-10/25/c_1119785867_5.htm，最后访问日期：2018年4月10日。

康的计划一样重要。[1]人口老龄化及其对社会生活的影响是与其他社会因素交织在一起的。因此，在社会与人的双重发展中，如何以老龄化社会的视角认识我国的人口老龄化，则呈现了一定的时代紧迫性。相应地，作为服务于社会发展的社会科学，如何在传统学科划分与现实生活的交汇中研究老龄化问题也成为当前的现实选择。

人口老龄化具有结构性与发展性，研究老龄化社会的老龄化问题也应体现这种结构性与发展性。当然，社会生活研究的结构性与发展性是涉及已有知识的认识能力和对已有知识进行整合的复杂过程。不过，在作用于知识的发展和社会生活的构造方面，知识的产生与成熟都是由一个个具体的认识过程构成的。因此，当着眼于一项具体的研究时，可以认为，社会生活研究的结构性与发展性至少反映在决定研究方向与研究过程的研究主题的选取、研究方法的设定以及理论支撑的选取这三个方面。老龄化不是孤立的社会生活片段，老龄化问题散落在社会生活的各个角落。而且，由于人口老龄化的快速推进，可以认为，我国老龄化社会的特点并非同步作用于所有的生活领域与生活过程。那么，对于老龄化问题研究的结构性与发展性来讲，事实上，可以看作是通过将人口老龄化的社会背景联结于不同的社会生活完成的。新的社会生活有一个面对已有社会生活的正当化过程。在这个过程中，"当制度脱离了其产生之时的那个社会过程，成为一种不具有原始相关性的'事实'时，与制度性的'程序过程'相抵触的行为'越轨'就有可能出现了"[2]。作为一个渐显的社会生活变量，人口老龄化的程度愈高，老龄化问题往往愈突出。相对于世界上的其他国家或地区，我国的人口老龄化速度较快。那么，假设我国的老龄化问题可能是凸显的，在将人口老龄化的社会背景联结于社会生活时，老龄化问题的研究不可避免地面临着整合已有知识的问题。相对于社会生活的客观与真实，社会科学研究本来就有来自研究者的主观元素的建构性。所以，在研究之始，对包含着研究假定、研究视角、研究技术等元素的研究方法及其与研究过程的关系加以明确是贯穿本课题的一条主线，其目的既是体现如何实现由已知到未知的认识过程，也是试图在能够扩展的视

---

〔1〕 世界卫生组织编：《积极老龄化政策框架》，中国老龄协会译，华龄出版社 2003 年版，第 9 页。

〔2〕 ［美］彼得·L. 伯格、托马斯·卢克曼：《现实的社会建构：知识社会学论纲》，吴肃然译，北京大学出版社 2019 年版，第 80 页。

角中接受合理性与否的公共判别。

犯罪现象源于生活，认识犯罪现象也应扎根于生活。一段时间以来，伴随我国人口老龄化进程的推进，老龄化问题以及老年人问题逐渐进入人们的视野，包括由老年人实施的性犯罪。诚如所知，在人类生活中，由于生物性与文化性的共融，性既是不可缺少又是内容多元的生活元素。通常看来，性犯罪是一类触犯人类朴素道德情感的犯罪。因而，对于实施性犯罪的人，在公共舆论方面，更多的是倾向于道德话语。从我国近年来的一些公共舆论的焦点看，对于老年人实施性犯罪这样的现象也确实包含着一定的道德谴责的成分。犯罪问题是复杂的。由犯罪现象所暴露的，可能不只是实施犯罪的个体的某些缺陷，可能还有社会在发展中存在的某些症结。老龄化社会是一种新的社会生活形态，社会生活转型中的某些社会发展的不适有其必然性。而且，某些社会的发展问题可能是前所未有的与潜在的，甚至会呈现历史的延续性。与此相应，在将老龄化的社会生活具体化，以及看待老龄化或涉及老年人的现象时，就需要转变某些传统的认识方式，特别是不能将老龄化或涉及老年人的现象抽离于现实生活所产生的某些碰撞。因此，笔者认为，对于近些年来我国公共舆论关注的老年人性犯罪，不应只看作个体层面的常见犯罪现象，而应将其置于社会角度加以认识。

人的"老"是一个过程。在生命历程的视角中，"老"既延伸了人的生命，又扩展了人的生活。如果将人的成长过程视为社会生活延展的缩影，年老的人则是对这个缩影的积淀与折射。在社会生活中，"人的每一种本质力量都有多种实现的可能性"[1]。在老龄化社会，老年人口中的问题也是老龄化社会发展中的问题。在这个意义上，对于老年人实施性犯罪这种现象，既不能只将其置于犯罪现象层面，也不能仅仅赋予其道德评价色彩，而应将老年人实施性犯罪视为观察某些老龄化问题的特殊视角。犯罪是社会生活的显示器。就当前来看，以老年人为犯罪主体的性犯罪在性犯罪总体中是较少的。然而，通过社会角度观察老年性犯罪这种现象，却可以发现一些在我国当前存在的应引起关注的社会问题，如同期群中的人口性别婚配比失衡、未婚老

---

〔1〕 ［美］伯特尔·奥尔曼：《马克思的异化理论》，王贵贤译，北京师范大学出版社 2018 年版，第122 页。

年人的增加、老年性犯罪的地区差异及群体差异、老年群体精神生活的不足、生活中的老年偏见、性文化的健康塑造、老年生活质量的提高，以及不同年龄群体的生活格局调整，等等。特别需要指出的是，涉及老年群体的性问题以及老年性健康的问题在我国当前仍带有一定的社会隐形性。

　　研究视角、研究主题以及研究主题所依托的社会生活背景是在研究社会问题时需要考虑的三个基本元素，同时也影响着社会问题研究模式的选择。个体的"变老"是个过程，社会的发展也是个过程。那么，当以老年人的生活现象为着眼点分析社会问题时，就需要考虑老年人个体生活的过程性与社会发展的过程性的统一。所以，针对我国老龄化社会的老年性犯罪这个主题，笔者借鉴了国外关于生命历程理论的研究框架以及生命历程理论在犯罪学中的相关研究。关于生命历程理论在犯罪学中的引入，美国学者罗伯特·J. 桑普森与约翰·H. 劳布曾指出，在发展涉及犯罪的持续与变化以及其他问题行为的知识状态方面，生命历程视角是最有前景的路径。[1]在发现和分析问题的过程中，理论的价值在于能够提供某种可能的方向。应当说，对于在过程与发展的角度研究生活现象，生命历程理论有其优势。例如，格伦·H. 埃尔德等人认为，对于当前描述的产生于力量互动的生命历程范式（paradigm），最好要被视为指导在背景之下研究人类行为的理论方向。[2]罗伯特·J. 桑普森与约翰·H. 劳布认为，当把个体的差异与诸如老化这样的类-法则（law-like）发展的观念合并时，生命历程路径强调时间过程中的发展历程的可变性与外生性影响，而这样的情形是在只关注持续的个体特征或以往的经历时不能预测的。[3]然而，作为一种研究框架或理论方向，除了一般性的研究假定和概念性的工具外，涉及具体的研究操作，生命历程理论是开放的。换言之，在将生命历程理论联结到具体的研究主题时，生命历程理论没有固定的操作性模式。即使是在当前国外的犯罪学研究中，笔者窃认为，生命历程理论的引入也主要是试图在更为宽广的视角中解释犯罪怎样终止（desistance），而较

---

〔1〕　Robert J. Sampson, et al. , "Desistance from Crime over the Life Course", in Jeylan T. Mortimer & Michael J. Shanahan（eds.）, *Handbook of the Life Course*, New York: Springer, 2003, p. 300.

〔2〕　Glen H. Elder, Jr. et al. , "The Emergence and Development of Life Course Theory", in Jeylan T. Mortimer & Michael J. Shanahan（eds.）, *Handbook of the Life Course*, New York: Springer, 2003, p. 10.

〔3〕　Robert J. Sampson, et al. , "Desistance from Crime over the Life Course", in Jeylan T. Mortimer & Michael J. Shanahan（eds.）, *Handbook of the Life Course*, New York: Springer, 2003, p. 306.

少涉及为什么犯罪会随着人的老化而继续出现。因此，如果把生命历程理论用于犯罪问题的研究，尤其是描述犯罪现象和解释犯罪的出现，具有启示性的一个方面是，如何在个体与社会相统一的前提下，把社会角度的日常生活与犯罪的出现，以及个体角度的生活变化与犯罪的实施联结为一个整体。当然，这就需要在犯罪现象之外寻找日常生活与犯罪现象的关系。同样，以犯罪现象本身为观察视角的某些理论或研究经验也会显现出某种不当。这种情形典型的表现在犯罪原因分析的"二元论"，以及直接以既定的犯罪状况来倒推犯罪现象与犯罪原因的做法之中。对此，笔者认为，无论是犯罪现象的描述还是犯罪现象的解释，都要立足于个体与社会相统一的社会生活，而不是分而治之。那么，犯罪现象的描述和解释就应注重犯罪现象及其相关影响因素在日常生活中的区位，且犯罪现象研究本来就是引领和促进社会生活发展的一部分。性犯罪的出现具有较强的日常生活逻辑，尤其涉及性在日常生活中的隐匿以及性在日常生活中的枝权繁衍。因此，在日常生活中分析性犯罪问题有些类似"剥洋葱"的过程。为此，在研究我国老龄化社会的老年性犯罪的过程中，笔者尝试性地注重了三类关系和两个主要的研究工具。其中，三类关系包括：老年生活中的"性张力"紧张与老年性犯罪现象出现的关系、个体的老化过程与性犯罪实施的关系、老年生活的形成与老年人实施性犯罪的关系；两个主要的研究工具包括"生活圈"以及"沙漏滴沙"的研究模式。

　　犯罪学产生和发展于相关领域的融合，犯罪问题的综合性以及由此形成的犯罪学研究的综合性决定了犯罪学始终是充满张力的研究领域，因为"犯罪学理论毕竟不是生长在岩石之中"[1]。在谈到犯罪学的发展特点时，查德·波斯基（Chad Posick）和迈克尔·亚克（Michael Rocque）曾指出，自犯罪学发端以来（取决于在哪里划起始线），辩论已实实在在地成为这个领域的特点，并一直激荡在当今时代。[2]由于受观察视角的影响，对犯罪问题的研究假定与研究模式是不同的。在论及犯罪与老年人的关系时，加拿大学者

---

〔1〕　Beverly Reece Crank & Timothy Brezina, "Self-control, Emerging Adulthood, and Desistance from Crime: a Partial Test of Pratt's Integrated Self-control/ Life-Course Theory of Offending", *Journal of Developmental and Life-Course Criminology*, 5（2019）, p. 56.

〔2〕　Chad Posick & Michael Rocque, *Great Debates in Criminology*, Abingdon: Routlege, 2019, p. 201.

E. A. 法坦赫与 V. F. 萨柯认为，当犯罪学家把视角转向老年时，他们观念上有种先入为主的思想，所探讨的第一个领域是老年公民怎样恐惧犯罪……如果用一种积极的思想代替这种消极的思想，即声明老年人也可以从事一些生产性工作，则研究焦点可能会有所改变，也可能会使学者们形成这样的一种观念，即老年人可以犯罪，而且还可能是严重的犯罪。[1]观察视角或研究视角的可变性会影响认识结论的判定。笔者的研究仅是考察我国老龄化社会的老年性犯罪的一个角度，相关的研究结论可能含有一些不可避免的缺陷或尚待完善的方面。例如，一方面，笔者将生命历程理论引入我国老龄化社会的老年性犯罪研究仅是尝试性的，其中可能涉及对生命历程理论的犯罪问题研究的操作性适用的不当；另一方面，某些研究方式可能不太成熟，如在修正犯罪原因分析的"二元论"的基础上提出的"沙漏滴沙"的"一元论"犯罪影响因素研究模式；再者，限于在宏观的社会角度考察老年性犯罪和采取了"剥洋葱"的方式，在分析的过程中可能显示了过于一般化的倾向，由此可能产生游离于个体生活随机性的问题；最后，性犯罪隐匿于被害人报案的可能性较大，取证与确证的难度也影响着性犯罪的破获与定罪的可能性，再加上当前我国采取的老年人犯罪从宽的刑事政策，经过法定程序确认的老年人性犯罪可能仅是老年人性犯罪总体的一部分，即笔者展示的老年性犯罪现象不一定代表我国在一段时间以来老年性犯罪现象的全貌。

---

〔1〕〔加拿大〕E. A. 法坦赫、V. F. 萨柯：《老年人被害与预防》，青峰等译，群众出版社 1992 年版，第 36 页。

# 参考文献 *

## 一、中文著作类

1. 江洋：《恩格斯〈家庭、私有制和国家的起源〉研究读本》，中央编译出版社 2017 年版。

2. 杜鹏：《中国人口老龄化过程研究》，中国人民大学出版社 1994 年版。

3. 中国对外翻译出版公司编辑：《老龄问题研究：老龄问题世界大会资料辑录》，中国对外翻译出版公司 1983 年版。

4. 张车伟、林宝、杨舸：《"十三五"时期老龄化形势与对策》，社会科学文献出版社 2016 年版。

5. 易鹏、梁春晓主编：《老龄社会研究报告（2019）》，社会科学文献出版社 2019 年版。

6. 党俊武主编：《老龄蓝皮书：中国城乡老年人生活状况调查报告（2018）》，社会科学文献出版社 2018 年版。

7. 党俊武：《超老龄社会的来临——长寿新时代人类的伟大前景》，华龄出版社 2018 年版。

8. 党俊武、李晶主编：《老龄蓝皮书：中国老年人生活质量发展报告（2019）》，社会科学文献出版社 2019 年版。

9. 翟绍果：《健康老龄化下老年人精神保障研究》，中国社会科学出版社 2018 年版。

10. 严景耀：《中国的犯罪问题与社会变迁的关系》，吴桢译，北京大学出版社 1986 年版。

11. 李银河编：《性学入门：人类在性学领域的探索》，上海社会科学院出版社 2014 年版。

12. 李银河：《性的问题》，内蒙古大学出版社 2009 年版。

13. 张仙桥、李德滨：《中国老年社会学》，社会科学文献出版社 2011 年版。

14. （宋）马端临：《文献通考》（第 1 册），上海师范大学古籍研究所等点校，中华书局

---

* 大体按在本书正文中出现的顺序进行分类排列。

2011 年版。

15. 邬沧萍、姜向群主编：《老年学概论》（第 3 版），中国人民大学出版社 2015 年版。

16. 潘绥铭主编：《中国"性"研究的起点与使命》，万有出版社 2005 年版。

17. 潘绥铭、黄盈盈：《性之变：21 世纪中国人的性生活》，中国人民大学出版社 2013 年版。

18. 郑杭生主编：《社会学概论新修》（第 5 版），中国人民大学出版社 2019 年版。

19. 赵凤喈：《中国妇女在法律上之地位》，山西出版传媒集团、山西人民出版社 2014 年版。

20. 章立明：《文化人类学视野中的身体与性研究》，中国书籍出版社 2013 年版。

21. 吴玉韶、郭平主编：《2010 年中国城乡老年人口状况追踪调查数据分析》，中国社会出版社 2014 年版。

22. 费孝通：《乡土中国》，人民出版社 2008 年版。

23. 费孝通：《生育制度》，群言出版社 2016 年版。

24. 邱天助：《社会老年学：年龄、世代与生命风格的探究》，基础文化创意有限公司 2007 年版。

25. 江晓原：《性张力下的中国人》，华东师范大学出版社 2011 年版。

26. 吴宗宪、曹健主编：《老年犯罪》，中国社会出版社 2010 年版。

27. 刘芳：《中国性犯罪立法之现实困境及其出路研究》，东北大学出版社 2015 年版。

28. 国家统计局人口和就业统计司编：《2015 年全国 1% 人口抽样调查资料》（电子版），中国统计出版社 2016 年版。

29. 周路主编：《当代实证犯罪学新编——犯罪规律研究》，人民法院出版社 2004 年版。

30. 周湘斌编著：《性的生理心理与文化》，冶金工业出版社 2012 年版。

31. 薛敦方、夏艺凯：《当代性犯罪透视》，上海市犯罪改造研究所 1990 年版。

32. 蔡德辉、杨士隆：《犯罪学》（增订 7 版），五南图书出版股份有限公司 2017 年版。

33. 冯国超：《中国古代性学报告》（增补版），华夏出版社 2014 年版。

34. 肖建国、姚建龙：《女性性犯罪与性受害》，华东理工大学出版社 2002 年版。

35. 钱穆：《文化学大义》，九州出版社 2011 年版。

36. 贺雪峰等：《南北中国：中国农村区域差异研究》，社会科学文献出版社 2017 年版。

37. 蔡枢衡：《中国刑法史》，中国法制出版社 2005 年版。

38. 孙隆基：《中国文化的深层结构》，中信出版社 2015 年版。

39. 侯崇文：《犯罪学：社会学探讨》，三民书局股份有限公司 2019 年版。

40. 刘慧君、李树茁等：《性别失衡的社会风险研究——基于社会转型背景》，社会科学文献出版社 2014 年版。

41. 全国老龄工作委员会办公室：《第四次中国城乡老年人生活状况抽样调查总数据集》，华龄出版社 2018 年版。

42. 彭大松：《村落里的单身汉》，社会科学文献出版社 2017 年版。

43. 杜凤莲等：《时间都去哪儿了？中国时间利用调查研究报告》，中国社会科学出版社 2018 年版。

44. 冯亚东：《理性主义与刑法模式：犯罪概念研究》，中国政法大学出版社 2019 年版。

45. 康树华主编：《犯罪学通论》，北京大学出版社 1992 年版。

46. 张滋生、汤啸天：《预防犯罪导论》，群众出版社 1994 年版。

47. 康树华、王岱、冯树梁主编：《犯罪学大辞书》，甘肃人民出版社 1995 年版。

48. 魏平雄等总主编：《中国预防犯罪通鉴》（上卷），人民法院出版社 1998 年版。

49. 张远煌：《犯罪学原理》（第 2 版），法律出版社 2008 年版。

50. 冯树梁：《中国犯罪学话语体系初探》，法律出版社 2016 年版。

51. 许福生：《犯罪学与犯罪预防》，元照出版有限公司 2016 年版。

52. 刘白驹：《性犯罪：精神病理与控制》（增订版·上），社会科学文献出版社 2017 年版。

53. 傅小兰、张侃主编：《心理健康蓝皮书：中国国民心理健康发展报告（2017—2018）》，社会科学文献出版社 2019 年版。

54. 刘军：《性犯罪记录制度的体系性构建——兼论危险评估与危险治理》，知识产权出版社 2016 年版。

55. 高凤仙：《性侵害及性骚扰之理论与实务》，五南图书出版股份有限公司 2016 年版。

56. 严和骏：《老年人精神卫生》，上海科学技术出版社 1991 年版。

57. 楼迎统等：《老人生理学》，华都文化事业有限公司 2011 年版。

58. 孙鹏娟：《中国老年人生活质量研究》，知识产权出版社 2007 年版。

## 二、中文译著类

59. ［德］乌尔里希·贝克：《风险社会：新的现代性之路》，张文杰、何博闻译，译林出版社 2018 年版。

60. ［德］福尔克马·西古希：《性欲和性行为：一种批判理论的 99 条断想》（上册），［德］王旭译，社会科学文献出版社 2018 年版。

61. ［德］冯·李斯特：《论犯罪、刑罚与刑事政策》，徐久生译，北京大学出版社 2016 年版。

62. ［德］克劳斯·罗克辛：《刑事政策与刑法体系》（第 2 版），蔡桂生译，中国人民大学出版社 2011 年版。

63. ［美］乔治·赫伯特·米德:《心灵、自我和社会》,霍桂桓译,译林出版社 2014 年版。

64. ［美］伯特尔·奥尔曼:《马克思的异化理论》,王贵贤译,北京师范大学出版社 2018 年版。

65. ［美］肯尼斯·J. 格根、玛丽·格根:《社会建构:进入对话》,张学而译,上海教育出版社 2019 年版。

66. ［美］彼得·L. 伯格、托马斯·卢克曼:《现实的社会建构:知识社会学论纲》,吴肃然译,北京大学出版社 2019 年版。

67. ［美］G. H. 埃尔德:《大萧条的孩子们》,田禾、马春华译,译林出版社 2002 年版。

68. ［美］Roger B. McDonald:《衰老生物学》,王钊、张果主译,科学出版社 2016 年版。

69. ［美］哈瑞·穆迪、詹妮弗·萨瑟:《老龄化》,陈玉洪、李筱媛译,江苏人民出版社 2018 年版。

70. ［美］格雷·F. 凯利:《性心理学》(第 8 版),耿文秀等译,上海人民出版社 2011 年版。

71. ［美］迈克尔·戈特弗里德森、特拉维斯·赫希:《犯罪的一般理论》,吴宗宪、苏明月译,中国人民公安大学出版社 2009 年版。

72. ［美］亚历克斯·皮盖惹主编:《犯罪学理论手册》,吴宗宪主译,法律出版社 2019 年版。

73. ［美］亚伯拉罕·马斯洛:《需要与成长:存在心理学探索》(第 3 版),张晓玲、刘勇军译,重庆出版集团、重庆出版社 2018 年版。

74. ［美］A. H. 马斯洛:《动机与人格》,许金声、金朝翔译,华夏出版社 1987 年版。

75. ［美］戴维·巴斯:《进化心理学:心理的新科学》(第 4 版),张勇、蒋柯译,商务印书馆 2015 年版。

76. ［美］瓦莱丽·M. 赫德森、［英］安德莉亚·M. 邓波尔:《光棍危机:亚洲男性人口过剩的安全启示》,邱彰译,中央编译出版社 2016 年版。

77. ［法］爱弥尔·涂尔干:《宗教生活的基本形式》,渠东、汲喆译,商务印书馆 2011 年版。

78. ［法］米歇尔·福柯:《安全、领土与人口》,钱翰、陈晓径译,上海人民出版社 2018 年版。

79. ［法］米歇尔·博宗:《性社会学》,侯应花、杨冬译,天津人民出版社 2010 年版。

80. ［法］米歇尔·福柯:《性经验史》(增订版),佘碧平译,世纪出版集团、上海人民出版社 2005 年版。

81. ［法］乔治·巴塔耶：《色情史》，刘晖译，商务印书馆 2009 年版。

82. ［法］E. 迪尔凯姆：《社会学方法的准则》，狄玉明译，商务印书馆 1995 年版。

83. ［法］亨利·柏格森：《创造进化论》，高修娟译，北京时代华文书局 2018 年版。

84. ［日］日本法务省综合研究所：《日本犯罪白皮书》，李虔译，中国政法大学出版社 1987 年版。

85. ［日］川出敏裕、金光旭：《刑事政策》，钱叶六等译，中国政法大学出版社 2016 年版。

86. ［日］河合雅司：《未来年表：人口减少的冲击，高龄化的宁静危机》，林咏纯、叶小燕译，究竟出版社股份有限公司 2018 年版。

87. ［日］大谷实：《刑事政策学》（新版），黎宏译，中国人民大学出版社 2009 年版。

88. ［日］长谷川和夫、霜山德尔：《老年心理学》，车文博等译，黑龙江人民出版社 1985 年版。

89. CAF-拉丁美洲开发银行主编：《为了一个更加安全的拉丁美洲：预防和控制犯罪的新视角》，中国社会科学院拉丁美洲研究所译，知识产权出版社 2015 年版。

90. ［阿塞拜疆］И. М. 拉基莫夫：《犯罪与刑罚哲学》，王志华、丛凤玲译，中国政法大学出版社 2016 年版。

91. ［英］罗杰·戈斯登：《欺骗时间：科学、性与衰老》，刘学礼、陈俊学、毕东海译，世纪出版集团、上海科技教育出版社 2014 年版。

92. ［英］雷蒙·威廉斯：《关键词：文化与社会的词汇》（第 2 版），刘建基译，生活·读书·新知三联书店 2016 年版。

93. ［英］霭理士：《性心理学》，潘光旦译注，商务印书馆 2012 年版。

94. ［英］霭理士：《性与社会》，潘光旦、胡寿文译，商务印书馆 2016 年版。

95. ［英］罗素：《科学的性道德》，陶季良等译，上海社会科学院出版社 2017 年版。

96. ［英］克里斯多夫·约翰·阿瑟：《新辩证法与马克思的〈资本论〉》，高飞等译，北京师范大学出版社 2018 年版。

97. ［英］罗杰·斯克鲁顿：《性欲：哲学研究》，朱云译，南京大学出版社 2016 年版。

98. ［英］理查德·沃特利：《犯罪心理学：犯罪为何会发生》，马皑、宋业臻译，中国法制出版社 2019 年版。

99. ［英］卡尔·波普尔：《客观知识：一个进化论的研究》，舒炜光等译，上海译文出版社 2015 年版。

100. ［英］大卫·班布里基：《中年的意义》，周沛郁译，北京联合出版有限公司 2018

年版。

101. ［英］安东尼·吉登斯：《社会学方法的新规则——一种对解释社会学的建设性批判》，田佑中、刘江涛译，社会科学文献出版社 2003 年版。

102. ［英］特里·伊格尔顿：《论文化》，张舒语译，中信出版社 2018 年版。

103. ［英］B. 卡尔：《人类性幻想》，耿文秀等译，华东师范大学出版社 2016 年版。

104. ［英］法拉梅兹·达伯霍瓦拉：《性的起源：第一次性革命的历史》，杨朗译，译林出版社 2015 年版。

105. ［荷兰］高罗佩：《中国古代房内考：中国古代的性与社会》，李零等译，商务印书馆 2007 年版。

106. ［美］Jerrold S. Greenberg、Clint E. Bruess、Sarah C. Conklin：《人类性学》（第 3 版），胡佩诚主译，人民卫生出版社 2010 年版。

107. ［德］恩格斯：《家庭、私有制和国家的起源》，中共中央马克思恩格斯列宁斯大林著作编译局译，人民出版社 1999 年版。

108. ［加拿大］E. A. 法坦赫、V. F. 萨柯：《老年人被害与预防》，青峰等译，群众出版社 1992 年版。

109. ［苏联］阿·尼·列昂捷夫：《活动 意识 个性》，李沂等译，上海译文出版社 1980 年版。

110. 世界卫生组织编：《积极老龄化政策框架》，中国老龄协会译，华龄出版社 2003 年版。

111. ［奥］西格蒙德·弗洛伊德：《性学三论》，徐胤译，浙江出版联合集团、浙江文艺出版社 2015 年版。

## 三、中文期刊文章与学位论文类

112. 翟振武、陈佳鞠、李龙：《2015—2100 年中国人口与老龄化变动趋势》，载《人口研究》2017 年第 4 期。

113. 王阳：《中韩积极应对人口老龄化的比较研究》，载《上海城市管理》2019 年第 4 期。

114. 姚金海、谢懋金：《中国人口老龄化研究热点及前沿演进》，载《贵州师范大学学报（社会科学版）》2017 年第 3 期。

115. 郭金华：《中国老龄化的全球定位和中国老龄化研究的问题与出路》，载《学术研究》2016 年第 2 期。

116. ［日］新田俊三：《现代社会研究的方法》，胡天民摘译，载《世界经济与政治论坛》1982 年第 4 期。

117. 姚尧等：《老年综合评估的定义、应用及在我国的发展趋势》，载《中华保健医学杂志》2017 年第 5 期。

118. 孙道胜、柴彦威、张艳：《社区生活圈的界定与测度：以北京清河地区为例》，载《城市发展研究》2016 年第 9 期。

119. 杨山等：《快速城镇化背景下乡村居民生活圈的重组机制——以昆山群益社区为例》，载《地理研究》2019 年第 1 期。

120. 吕丽等：《基于道家阴阳学说的〈黄帝内经〉的研究》，载《文艺评论》2013 年第 6 期。

121. 林麒等：《张家界市老年艾滋病感染者高危行为因素调查》，载《实用预防医学》2011 年第 5 期。

122. 中国疾病预防控制中心、性病艾滋病预防控制中心、性病控制中心：《2015 年 12 月全国艾滋病性病疫情及主要防治工作进展》，载《中国艾滋病性病》2016 年第 2 期。

123. 郝阳等：《"四免一关怀"政策实施十年来中国艾滋病疫情变化及特征分析》，载《中国疾病控制杂志》2014 年第 5 期。

124. 王静：《试论老年人性犯罪》，载《呼伦贝尔学院学报》2010 年第 6 期。

125. 陈元：《农村老年人性犯罪问题研究——基于 H 省的调查》，载《社科纵横》2016 年第 4 期。

126. 董玉庭：《三种语境下的犯罪概念》，载《学术交流》2010 年第 7 期。

127. 孔一：《何谓"犯罪"》，载《青少年犯罪问题》2014 年第 4 期。

128. 晋涛：《在传统与现代之间：性犯罪的构建与解释》，载《南海法学》2017 年第 6 期。

129. 解访：《简论男性老年的性犯罪心理》，载《中国老年学杂志》1986 年第 3 期

130. 戴信刚等：《男性性犯罪与睾丸容积和性激素关系的研究》，载《男性学杂志》1992 年第 1 期。

131. 杨士隆、郑瑞隆：《台湾地区性侵犯罪成因之实证调查研究》，载《犯罪学期刊》2002 年第 9 期。

132. 丁志宏：《老年人性犯罪的特点、原因和对策初探》，载《兰州学刊》2006 年第 5 期。

133. 李健、张二军：《广安市农村老年人性犯罪的调查》，载《西南政法大学学报》2008 年第 3 期。

134. 梅慧生：《人体衰老与延缓衰老研究进展——人体老化的特征和表现》，载《解放军保健医学杂志》2003 年第 1 期。

135. 吴宗宪：《论老年男性的犯罪心理》，载《政法论坛》1992 年第 3 期。

136. 沈莉莉、刘旭刚、徐杏元：《老年人性犯罪的原因及其矫治对策》，载《中国性科学》2010 年第 5 期。

137. 高维俭、李晓磊：《"明知是精神病妇女而与之发生性关系"定性的类型化研究》，载《理论月刊》2015 年第 9 期。

138. 王志强：《女性被害问题的实证分析》，载《江西公安专科学校学报》2007 年第 2 期。

139. 陈童鑫：《关于熟人强奸被害人的被害性研究——基于 A 省 H 市五年案件数据的分析》，载《犯罪研究》2015 年第 4 期。

140. 王尧基：《人际关系"圈"的"圆系模型"与关系网——读〈特权与优惠的经济学分析〉有感》，载《世界经济文汇》1998 年第 6 期。

141. 张翼：《中国的人口转变与未来人口政策的调整》，载《中国特色社会主义研究》2013 年第 3 期。

142. 孙炜红、谭远发：《1989—2030 年中国人口婚姻挤压研究》，载《青年研究》2015 年第 5 期。

143. 李雨潼、黄蕾：《基于出生队列的中国人口性别结构特征分析》，载《人口学刊》2017 年第 4 期。

144. 郭建安：《预防犯罪：中外理念之差异》，载《河北公安警察职业学院学报》2001 年第 1 期。

145. 岳平：《我国犯罪预防理论有效性的检视与发展进程》，载《上海大学学报（社会科学版）》2014 年第 6 期。

146. 张建荣：《犯罪学若干问题初探》，载《学术交流》1997 年第 4 期。

147. 王诗元等：《老年精神疾病与犯罪（附 62 例临床分析）》，载《中国老年学杂志》1996 年第 3 期。

148. 张伟：《基于理性选择理论角度的二胎生育意愿和生育行为分析》，载《理论观察》2016 年第 3 期。

149. 吴莹等：《谁来决定"生儿子"？——社会转型中制度与文化对女性生育决策的影响》，载《社会学研究》2016 年第 3 期。

150. 卢敏、彭希哲：《基于期望余寿理论的老年定义新思考与中国人口态势重新测算》，载《人口学刊》2018 年第 4 期。

151. 柳安然：《冲突与平衡：性侵害犯罪再犯预防机制研究》，载《犯罪与改造研究》2018 年第 7 期。

152. 柳安然：《性罪犯循证矫正及其模式展开》，载《海南大学学报（人文社会科学版）》2018 年第 5 期。

153. 韩伟、张晶：《我国引进化学阉割制度的可行性探析》，载《长春理工大学学报（社会科学版）》2016 年第 1 期。

154. 宋艳玲：《化学阉割在我国的适用》，载《四川警察学院学报》2016 年第 6 期。

155. 陆峥、高之旭：《老年人的性心理和性适应》，载《老年医学与保健》2004 年第 4 期。

156. 李学谦、郭连舫：《老年性行为研究概况》，载《自然杂志》1988 年第 12 期。

157. 刘芳等：《成都市 2010—2015 年艾滋病疫情特点与趋势估计》，载《中国艾滋病性病》2017 年第 10 期。

158. 李佩嵘：《老年人性犯罪初探》，山东大学 2012 年硕士学位论文。

159. 戴莉：《高龄犯罪之概念与处遇相关问题之探讨》，辅仁大学 2005 年硕士论文。

160. 李梦洁：《强制猥亵罪问题研究》，河北师范大学 2016 年硕士学位论文。

161. 林桂凤：《性侵害加害者依附经验之研究》，台湾警察大学犯罪防治研究所 2003 年博士学位论文。

## 四、外文著作、期刊文章与学位论文类

162. Peter Uhlenberg（ed.），*International Handbook of Population Aging*，New York：Springer Science+Business Media B. V.，2009.

163. Julian V. Roberts & Loretta J. Stalans，*Public Opinion*，*Crime*，*and Criminal Justice*，Boulder：Westview Press，1999.

164. David Garland & Richard Sparks，*Criminology and Social Theory*，Oxford：Oxford University Press，2000.

165. Alan A. Malinchak，*Crime and Gerontology*，New Jersey：Prentice-Hall，1980.

166. Azrini Wahidin & Maureen Cain，*Ageing*，*Crime and Society*，Cullompton：Willan Publishing，2006.

167. Aida Y. Hass，Chris Moloney & William J. Chambliss，*Criminology*：*Connecting Theory*，*Research and Practice*，2nd ed.，New York：Routledge，2017.

168. Robert Agnew，*Toward a Unified Criminology*：*Integrating Assumptions about Crime*，*People*，*and Society*，New York：New York University Press，2011.

169. Matt DeLisi & Kevin M. Beaver（eds.），*Criminological Theory*：*A Life-Course Approach*，Burlington：Jones & Bartlett Learning，2014.

170. Jeylan T. Mortimer & Michael J. Shanahan（eds.），*Handbook of the Life Course*，New York：Springer，2003.

171. Jennifer Hillman，*Sexuality and Aging*：*Clinical Perspectives*，New York：Springer Science+Business Media，2012.

172. Carter Hay & Ryan Meldrum，*Self-Control and Crime over the Life Course*，Thousand Oaks：

SAGE Publications, Inc. , 2016.

173. Ron H. Aday, *Crime and the Elderly: An Annotated Bibliography*, Connecticut: Greenwood Press, 1988.

174. Arjan Bloklan & Patrick Lussier (eds. ), *Sex Offenders: A Criminal Career Approach*, Chichester: John Wiley & Sons, 2015.

175. Max B. Rothman, et al. (eds. ), *Elders, Crime, and the Criminal Justice System*, New York: Springer Publishing Company, 2000.

176. Sheldon & Eleanor Glueck, *Later Criminal Careers*, New York: The Commonwealth Fund, 1937.

177. Leslie A. Morgan & Suzanne R. Kunkel, *Aging, Society, and the Life Course*, New York: Springer Publishing Company, 2011.

178. Stephen T. Homlmes & Ronald M. Homlmes, *Sex Crimes: Patterns and Behavior*, 3rd ed. , Thousand Oaks: SAGE Publication, 2009.

179. Sandra Walklate (ed. ), *Handbook of Victims and Victimology*, New York: Routledge, 2018.

180. Dragan Milovanovic (ed. ), *Chaos, Criminology, and Social Justice: The New Orderly (Dis) Order*, Westport: Praeger, 1997.

181. Richard Quinney, *The Social Reality of Crime*, New Brunswick: Transaction Publishers, 2001.

182. Ian Taylor, et al. (eds. ), *Critical Criminology*, Abingdon: Routledge, 2012.

183. D. Richard Laws, *Social Control of Sex Offenders: A Cultural History*, London: Macmillan Publishers Ltd, 2016.

184. Ian Stuart – Hamilton, *An Introduction to Gerontology*, Cambridge: Cambridge University Press, 2011.

185. Brian de Vries, "Introduction to Special Issue Sexuality and Aging: A Late–Blooming Relationship", *Sexuality Research & Social Policy*, 6 (2009).

186. Bernice L. Neugarten & Dail A. Neugarten, "Age in the Aging Society", *The Aging Society*, 115 (1986).

187. Glen H. Elder, Jr. , "The Life Course as Developmental Theory", *Child Development*, 69 (1998).

188. Robert J. Sampson & John H. Laub, "A Life–Course View of the Development of Crime", *The Annals of the American Academy of Political and Social Science*, 602 (2005).

189. Tara Renae McGee, et al. , "Advancing Knowledge about Developmental and Life–course Criminology" , *Australian & New Zealand Journal of Criminology* , 48 (2015).

190. Karl Ulrich Mayer, "New Directions in Life Course Research", *Annual Review of Sociology*,

35 (2009).

191. Tony Ward, "The Explanation of Sexual Offending: From Singlefactor Theories to Integrative Pluralism", *Journal of Sexual Aggression*, 20 (2014).

192. Henry Yeomans, "Historical Context and the Criminological Imagination: Towards a Three-dimensional Criminology", *Criminology & Criminal Justice*, 19 (2019).

193. David O. Moberg, "Old Age and Crime", *The Journal of Criminal Law, Criminology, and Police Science*, 43 (1953).

194. Marnie E. Rice & Grant T. Harris, "What Does it Mean When Age is Related to Recidivism Among Sex Offenders?", *Law and Human Behavior*, 38 (2014).

195. Seena Fazel, et al., "Risk Factors for Criminal Recidivism in Older Sexual Offenders, Sexual Abuse", *A Journal of Research and Treatment*, 18 (2006).

196. Brad D. Booth, "Elderly Sexual Offenders", *Current Psychiatry Rep*, 18 (2016).

197. Catrien Bijleveld, "Sex Offenders and Sex Offending", *Crime and Justice in the Netherlands*, 35 (2007).

198. Travis Hirschi & Michael Gottfredson, "Age and the Explanation of Crime", *American Journal of Sociology*, 89 (1983).

199. Gary Sweeten, et al., "Age and the Explanation of Crime, Revisited", *Journal of Youth and Adolescence*, 42 (2013).

200. Alex R. Piquero, "What We Know and What We Need to Know about Developmental and Life-course Theories", *Australian & New Zealand Journal of Criminology*, 48 (2015).

201. Nicolas Favez & Hervé Tissot, "Attachment Tendencies and Sexual Activities: The Mediating Role of Representations of Sex", *Journal of Social and Personal Relationships*, 34 (2017).

202. Donald A. Bloch, "Sex Crimes and Criminals", *American Journal of Nursing*, 53 (1953).

203. Susan Mary Benbow & Derek Beeston, "Sexuality, Aging, and Dementia", *International Psychogeriatrics*, 24 (2012).

204. Alfredo Nicolosi, et al., "Sexual Behavior and Sexual Dysfunctions after Age 40: The Global Study of Sexual Attitude and Behaviors", *Urology*, 64 (2004).

205. Kristin S. Scherrer, "Images of Sexuality and Aging in Gerontological Literature", *Sex Res Social Policy*, 6 (2009).

206. Beverly Reece Crank & Timothy Brezina, "Self-control, Emerging Adulthood, and Desistance from Crime: a Partial Test of Pratt's Integrated Self-control/ Life-Course Theory of Offending", *Journal of Developmental and Life-Course Criminology*, 5 (2019).

207. Liam E. Marshall，"Aging and Sexual Offending：An Examination of Older Sexual Offender"，PhD diss.，Queen's University at Kingston，2010.

## 五、网络文献类

208. 総務省統計局：《人口推計（平成 28 年 1 月報）》，载 http://www.stat.go.jp/data/jinsui/2.htm#annual，最后访问日期：2020 年 2 月 12 日。

209. 法務総合研究所：《犯罪白書（平成 27 年版）》，载 http://hakusyo1.moj.go.jp/jp/62/nfm/mokuji.html，最后访问日期：2020 年 2 月 12 日。

210. 法務総合研究所：《犯罪白書（平成 30 年版）》，载 http://hakusyo1.moj.go.jp/jp/65/nfm/n65_2_7_3_1_1.html，最后访问日期：2020 年 2 月 12 日。

211. 中国国家统计局：《2017 年中国统计年鉴》，载 http://www.stats.gov.cn/tjsj/ndsj/2017/indexch.htm，最后访问日期：2018 年 7 月 11 日。

212. World Health Organization，"World Report on Ageing and Health 2015"，https://www.who.int/ageing/events/world-report-2015-launch/en/，最后访问日期：2018 年 12 月 3 日。

213. World Health Organization，"China Country Assessment Report on Ageing and Health"，https://www.who.int/ageing/publications/china-country-assessment/en/，最后访问日期：2017 年 1 月 3 日。

214. 中国人民大学中国调查与数据中心：《2014 年中国老年社会追踪调查（CLASS）报告》，载 http://class.ruc.edu.cn/index.php?r=data/report，最后访问日期：2017 年 9 月 10 日。

215. United Nations，Department of Economic and Social Affairs，Population Division，*World Population Ageing 2015：Report*，http://www.un.org/en/development/desa/population，最后访问日期：2016 年 7 月 20 日。

216. 司法大数据研究院、司法案例研究院：《司法大数据专题报告之性侵类犯罪》，载最高人民法院网，http://www.court.gov.cn/fabu-xiangqing-63182.html，最后访问日期：2017 年 11 月 2 日。

# 后记与致谢

　　社会生活具有动态性，有关社会科学研究的理论具有发展性。因此，社会科学研究永远是开放的，尤其在当今的全球化时代。奥地利学者维特根斯坦曾讲过这样一句话：人们想说，一个命题的意义自然可能没有决定这点或那点，但是，该命题可是必定具有一个确定的意义。[1]理想的图像始终要面临现实的选择。由于涉及对如何开展社会科学研究的不同理解，实际生活中的社会科学研究总是异彩纷呈。应当说，多维视角的呈现有利于真实的寻找与发现。然而，"生物为了持久生存下去，需要可靠的信息"[2]。换言之，即使强调多维视角的必要，其本身也应以追求真实为前提。所以，作为服务于社会生活发展的一种需要，社会科学研究应始终把衔接于现实生活的开放性作为重要品性。当然，这也为社会科学研究者提出了要时刻自省的一个问题：如何在生活与思维的开放中进行自我批判。

　　社会科学研究是一项自觉的事业。对于一个普通的研究者来讲，这种自觉是由来自日常生活与社会科学研究的双重挑战构成的。在日常生活中，没有谁会脱离衣食住行的烦扰；在社会科学研究中，没有谁会脱离理论分歧的困惑。应当说，在将文字重复率作为检测研究文本质量的标准的当下，经受上述双重挑战的过程是极度痛苦的。犯罪学对我的启蒙可以追溯到大学本科时代。那个时候，犯罪学对我来说是神秘和耀眼的。三十余年来，尽管曾接触过零星的研究，但对于什么是标准的犯罪学研究，却是至今未完全能

---

　　〔1〕 [奥] 维特根斯坦：《哲学研究》，韩林合译，商务印书馆2013年版，第81页。

　　〔2〕 [荷] 克里斯·布斯克斯：《进化思维：达尔文对我们世界观的影响》（第3版），徐纪贵译，四川人民出版社2018年版，第206页。

解答而又希望能解答的一个问题。《中国老龄化社会的老年性犯罪》这本小册子是在本人的博士学位论文的基础上进一步修改完成的。在某种角度上，也可以看作是本人对所承担的国家社会科学基金一般项目——《中国老龄化社会进程中老年人犯罪及其治理的性镜像透视》的前期研究的一个总结。坦诚地讲，无论是老龄化问题还是性问题，都是我以往从未接触过的。在研究过程的自我整合中，也深感将老龄化、犯罪以及性问题融合在一起并非如同文字表达和降低文字重复率那样简单。因为，其中涉及一个最简单且必须面对的问题：老年人犯罪和性的议题在我们的日常生活中都是隐形的和零散的，而我的研究习惯又倾向于立足经验事实和尽可能地发展理论概括。

社会科学研究的启迪与素材不能摆脱现实生活。限于各种因素，笔者没有将调研中的原始资料呈现在研究成果中，但根据本书主题的研究特点，基于日常生活的研究思维以及某些理论假设却受到了这些调研过程的启发，也即试图以生活的现实性揭示现实的生活。希望自己的研究完美是研究者的夙愿。严谨的社会科学研究不是单纯的文字表述，扪心自问，这本小册子还有很多不足。对此，希望广大读者给出诚恳的批评与建议。

一个人的成长离不开他人的真心与热情的帮助。在此，特别感谢北京师范大学刑事法律科学研究院的吴宗宪教授（我的博士生导师）、中国社会科学院的陈泽宪教授（我的硕士生导师）和北京师范大学刑事法律科学研究院的张远煌教授、刘志伟教授、王志祥教授、周振杰教授、赵军教授、袁彬教授、赵书鸿老师和许君竹老师，以及北京师范大学刑事法律科学研究院的其他老师。犯罪问题研究离不开经验事实。为此，我特别感谢曾为我的调研工作提供过帮助的全国老龄办的巡视员曹健同志、河北省某监狱的干警张强同志、陕西省渭南监狱的干警贺晓云同志、山东省临沂市兰陵县卞庄街道北小庄村支部书记徐雷同志、山东省临沂市兰陵县司法局的卞晓东同志、贵州航天精工制造有限公司的李垣梁同志等。本书的出版得到了天津商业大学的资助，在此，特别表示衷心感谢。在本书的出版中，天津商业大学法学院的吴春雷同志给予了很大支持，在文献资料的提供上，中国国家图书馆、北京师范大学图书馆给予了很大的支撑，特别表示衷心感谢。同时，也特别感谢中国政法大学出版社编辑团队为本书的出版所做的辛勤奉献。多年来，在妇女权益保障的社会服务中，天津市妇联给予了无私的帮助与支持，特别是天津市妇联的王燕、刘海燕和左志敬同志，在此，表示衷心感谢。

"老"是一种生活，对"老"的研究也是一种生活。如果说"意会认知其实正是所有知识的支配原则"[1]，那我就以李茂山原唱的《迟来的爱》这首歌曲为这本小书画上个句号吧。

愿所有的人在老年都会幸福！

王志强

2020 年 4 月 18 日于天津

---

〔1〕 ［英］迈克尔·波兰尼:《科学、信仰与社会》（第 2 版），王靖华译，南京大学出版社 2020 年版，第 97 页。